기독교문서선교회(Christian Literature Center: 약칭 CLC)는 1941년 영국 콜체스터에서 켄 아담스에 의해 시작되었으며 국제 본부는 미국 필라델피아에 있습니다.
국제 CLC는 59개 나라에서 180개의 본부를 두고, 약 650여 명의 선교사들이 이동 도서차량 40대를 이용하여 문서 보급에 힘쓰고 있으며 이메일 주문을 통해 130여 국으로 책을 공급하고 있습니다. 한국 CLC는 청교도적 복음주의 신학과 신앙 서적을 출판하는 문서선교기관으로서, 한 영혼이라도 구원되길 소망하면서 주님이 오시는 그날까지 최선을 다할 것입니다.

추천사

김홍열 목사
빅하트크리스천스쿨 이사장, 분당 한마음교회 담임

저자 장보현 씨를 처음 접한 것은 80년대 초 본인이 강북의 어느 교회에서 부교역자로 일할 때였습니다. 새로운 교회를 담임한 후에 한동안 보지 못하다가 대학생이 되어 나를 다시 찾아온 그는 30년 넘게 내가 담임하고 있는 교회를 섬겨 왔습니다. 2000년대 초에는 내가 이사장으로 재직하고 있는 '빅하트크리스천스쿨'을 설립했을 때 그들 부부도 함께해 주었습니다.

장보현 씨는 뜨겁지는 않으나 늘 말없이 봉사하는 모태신앙인이었습니다. 신앙과 삶의 근본 문제에 대해서는 누구보다 큰 갈증을 갖고 살아온 것은 분명합니다. 요즘에는 목말라하는 모습보다 생수의 기쁨을 느끼는 그 모습이 흐뭇합니다. 몇 년 전부터는 예배가 끝나고 큰 가방을 들고 미술학원에 가길래 그림에 취미가 있는 정도로만 알았는데 책의 페이지마다 작품을 게재할 정도로 열정이 있는 줄은 몰랐습니다.

최근에 공무원을 퇴직하고 나서는 그림을 재료로 책을 쓴다는 소식을 듣고 나서, 책을 당장 낼지 말지 고민하길래 바로 출판하라고 격려해 주었습니다. 장보현 씨는 얼마 안 되어 『수채화에 새긴 약속: 느드러움의 삶에 대하여』라는 제목의 원고를 내게 들고 와 추천의 글을 써 달라고 부탁했습니다. 책을 받아 들고 읽어 본 후 갖는 몇 가지 소감을 밝히겠습니다.

첫째, 저자가 오랫동안 공직생활을 하며 접해 온 크고 작은 이슈에 대해 깊이 고민하며 신앙의 양심으로 풀어 보고자 애쓴 흔적이 곳곳에 나타납니다. 현직에 있을 때는 공적인 자리에 있는 한계로 인해 문자화하기 어려웠던 생각을 담담하게 풀어냈습니다. 책장을 넘겨 가면서 직업공무원으로, 평신도로서 맞닥뜨렸던 저자의 처절한 삶의 고민과 믿음의 적용방식에 대해 많이 공감할 수 있을 것입니다.

둘째, 저자는 자신의 그림 작품에 스토리를 넣어서 독자의 이해를 한층 높입니다. 책 속의 그림에는 자신이 하고 싶은 말들이 담겨 있습니다. 그림을 그리며 가졌던 생각을 그림이 속한 주제와 연관 지어 솔직하게 터놓습니다. 어느 때는 장황한 말보다도 그림 한 장이 더 좋은 설명을 해 줄 수 있습니다. 책에 들어 있는 그림에는 같은 시대를 살아가는 인생의 삶과 기쁨, 고통과 인내, 자연의 아름다움이 담겨 있습니다. 작품에 달린 설명과 그 그림이 설명하고자 하는 주제가 독자의 심층적인 감상의 범위를 확장할 것입니다.

셋째, 이제까지의 책들은 신앙 서적과 일반 서적으로 이분법적으로 갈라져 있던 것이 사실입니다. 일반인들이 기독교를 제대로 이해하고 기독교인들은 일반인의 시각에서 자기를 바라보아야 하는데, 우리의 책장에는 그런 틈새가 보이지 않았습니다. 『수채화에 새긴 약속』은 신학적 지식보다는 일상의 깨우침을 끌어내 모두 공감하며 소통할 수 있도록 눈높이를 불특정 다수에게 맞추었습니다.

평신도인 직업공무원, 그림에 소질이 있는 사람만이 써낼 수 있는 『수채화에 새긴 약속』은 나이와 성별에 관계없이, 종교에 상관없이 편하게 접할 수 있습니다. 특히, 교회 밖 예수 그리스도의 정신을 찾는 사람들, 예수 그리스도의 가르침이 실제가 되기를 원하는 성도를 독자로 초청합니다. 목양하는 분들에게는 양의 형편을 살피는 데 보탬이 되어 줄 것입니다. 경건함과 삶이 점점 분리되고 성실과 겸손이 값싼 진리가 되어 가는 이때, 47가지의 다짐은 나를 돌아보고 위대한 정신으로 사회의 책임 있는 일원이 되는 데 있어서 작은 실마리가 되어 줄 수 있을 것입니다.

수채화에 새긴 약속

느드러움의 삶에 대하여

A Promise Made in Watercolor: On a Relaxed and Gentl Lifestyle
Written by Bohyon Jang
All rights reserved.
Korean Edition Copyright © 2023 by Christian Literature Center, Seoul, Korea.

수채화에 새긴 약속
느드러움의 삶에 대하여

2023년 5월 15일 초판 발행

지 은 이 | 장보현

편 집 | 전희정
디 자 인 | 서민정
펴 낸 곳 | (사)기독교문서선교회
등 록 | 제16-25호(1980. 1. 18.)
주 소 | 서울 동대문구 천호대로71길 39
전 화 | 02-586-8761~3(본사) 031-942-8761(영업부)
팩 스 | 02-523-0131(본사) 031-942-8763(영업부)
이 메 일 | clckor@gmail.com
홈페이지 | www.clcbook.com
송금계좌 | 기업은행 073-000308-04-020 (사)기독교문서선교회
일련번호 | 2023-43

ISBN 978-89-341-2549-5 (03230)

이 책의 출판권은 (사)기독교문서선교회가 소유합니다.
신저작권법에 의하여 한국 내에서 보호를 받는 저작물이므로 무단 전재와 무단 복제를 금합니다.

수·채·화·에 새긴 약속

느 드 러 움 의 삶 에 대 하 여

글/그림 장보현

CLC

차례

추천사 · 1
그림 목록 · 10
들어가며 · 12

하나 / 느드럽게

느드러움 자각하기 · 18
내 마음의 수채화 · 26
쉴 休(휴) · 31
천재는 만들어진다 · 36
아름다움이 백발이라고 · 44
쏠림 없이 조화롭게 · 49
똑똑하게 열심히 즐겁게 · 54
비우는 법 채우는 법 · 60
있을 때 잘하기 · 66
아름다울 미(美) · 71

둘 / 모두 가치

노숙자와 비둘기 · 78
쪽갈비 골목에 가는 이유 · 83
방관자 구경꾼 사마리아인 · 87
깍두기 인생 · 92
공평한 저울과 추 · 97
나도 아프다 · 103
ㅗ - ㅣ = ㅡ · 108
냄새의 추억 소리의 기억 · 113

셋 / 목자처럼

가죽만 남는 인생 · 122
두갈래 길 · 127
인내의 열매 · 132
금 금 금 · 137

돈 돈 돈 · 143
기생 공생 희생 · 149
양은 누가 키우나 · 156
전쟁은 왜 허락하셨나요 · 161
감사의 기쁨 기쁨의 감사 · 169
아픔의 찬가 · 173

넷 / 생명

사랑이와 노루 · 182
참새와 제비 · 187
예하면 예 아니면 아니오 · 192
먹을 게 없다고 · 198
입이 기쁘게 몸도 즐겁게 · 203
청계천 비둘기 · 208
나쁜 벌레는 없다 · 213
다 공짜예요 · 218
모가지가 길어 슬픈 짐승 · 224

다섯 / 관계

엄마 사랑 · 230
네발자전거 · 236
親舊(친구) 청구 · 241
혈연! 본능에 충실하자 · 246
인정을 향한 그 피곤함 · 251
아주 무서운 무기 · 256
맹세하지 말자 · 261
열대어 잔혹사 · 267
말로 사랑받기 · 272
소리의 추억: 접촉 전달 접속 · 277
못다 한 이야기 · 285

그림 목록

그림 1 〈말과 나〉, 2020, 수채화, 50×36cm — 25

그림 2 〈정오에〉, 2022, 수채화, 28×21.5cm — 30

그림 3 〈쉴 休(휴)〉, 2022, 수채화, 50×36cm — 35

그림 4 미켈란젤로〈천지창조〉중 아담 창조 모작(模作), 2021, 수채화, 50×35.7cm — 43

그림 5 〈무제〉, 2021, 수채화, 72.7×53cm — 48

그림 6 〈무제〉, 2022, 수채화, 37.5×28cm — 53

그림 7 〈무제〉, 2022, 수채화, 37.5×28cm — 59

그림 8 〈무제〉, 2021, 수채화, 30.4×45.4cm. — 65

그림 9 〈벌초할 적에〉, 2020, 수채화, 40.7×30.7cm — 70

그림 10 〈미소〉, 2021, 수채화, 50×36cm — 76

그림 11 〈노숙자와 비둘기〉, 2022, 수채화, 37.5×28cm — 82

그림 12 〈무제〉, 2021, 유화, 97×117cm — 86

그림 13 〈무제〉, 2021, 수채화, 97×117cm — 91

그림 14 〈각자〉, 2022, 수채화, 50×36cm — 96

그림 15 〈세종대왕〉, 2021, 만년필드로잉/수채화, 31×19.5cm — 102

그림 16 〈Banjiha〉, 2020, 수채화, 31×24cm — 107

그림 17 〈남대문의 아침 햇살〉, 2022, 수채화, 37.5×28cm — 112

그림 18 〈모녀와 강아지〉, 2022, 펜/수채/아크릴, 37.5×28cm — 120

그림 19 〈저녁 무렵〉, 2022, 유화, 50×40.9cm — 126

그림 20 〈두 갈래 길〉, 2021, 수채화, 37×30cm — 131

그림 21 〈동이 틀 무렵〉, 2020, 수채화, 31×24cm — 136

그림 22 밀레의〈만종〉모작(模作), 2021, 유화, 53×40.9cm — 142

그림 23 〈폐지 줍는 노인〉, 2020, 수채화, 72.7×53cm — 148

그림 24 〈높은 나무숲〉, 2022, 아크릴, 60.5×45.4cm — 155

그림 25 〈무제〉, 2022, 수채화, 50×36cm — 160

그림 26 〈우크라이나〉, 2022, 유화, 53×40.9cm　　　　　　　　168

그림 27 〈제주도 귤〉, 2021, 수채화, 50×36cm　　　　　　　　172

그림 28 〈파라오와 모세〉, 2022, 수채화, 37.8×28cm　　　　　180

그림 29 〈사랑이와 노루〉, 2021, 수채화, 50×36cm　　　　　　186

그림 30 〈빨랫줄 참새〉, 2021, 수채화, 50×36cm　　　　　　　191

그림 31 〈백로〉, 2021, 수채화, 40.7×30.7cm　　　　　　　　　197

그림 32 〈소가 있는 초원〉, 2021, 수채화, 65.1×50cm　　　　　202

그림 33 〈동대문 골목식당〉, 2022, 수채화, 37.5×28cm　　　　207

그림 34 〈청계천 비둘기〉, 2020, 수채화, 23.7×16.8cm　　　　212

그림 35 〈딱정벌레〉, 2021, 수채화, 31×21.4cm　　　　　　　217

그림 36 〈파란 장미〉, 2022, 유화, 50×40.9cm　　　　　　　　223

그림 37 〈노루〉, 2021, 수채화, 40.7×30.7cm　　　　　　　　228

그림 38 〈엄마와 아기〉, 2022, 수채화, 40.7×30.7cm　　　　　235

그림 39 〈네발자전거〉, 2022, 펜드로잉/수채화, 50×17.5cm　　240

그림 40 〈칭구들〉, 2020, 수채화, 40.7×30.7cm　　　　　　　245

그림 41 〈아버지와 딸〉, 2022, 수채화, 38×28cm　　　　　　　250

그림 42 〈광화문 창가〉, 2020, 수채화, 38×28cm　　　　　　　255

그림 43 〈두 여인〉, 2021, 수채화, 47×37cm　　　　　　　　　260

그림 44 〈무제〉, 2021, 수채화, 50×36cm　　　　　　　　　　266

그림 45 〈화병 속 구피〉, 2020, 수채화, 50×36cm　　　　　　271

그림 46 알바로 캐스타그넷 작품 모작(模作), 2021, 수채화, 40.7×30.7cm　276

그림 47 〈소리의 추억〉, 2022, 수채화, 34×24.7cm　　　　　　284

그림 48 〈18시00분〉, 2021, 수채화, 38×28cm　　　　　　　　294

그림 49 〈광채〉, 2022, 유화, 60.5×45.4cm　　　　　　　　　295

그림 50 〈마음의 고향〉, 2023, 나이프유화, 45.4×34cm　　　　296

들어가며

2020년 7월 어느 날 작은 화실 문을 조심스럽게 두드렸습니다.
'잘하는 사람들만 있으면 어떡하지?'
'젊은 사람만 있으면 어떡하지?'
걱정이 좀 되었지만 등록하고, 꽃병을 처음으로 그렸습니다.
저는 초등학교 시절 미술 시간이 있으면 전날 밤잠을 설쳤습니다. 크레파스나 색연필 중에서 초록색과 보라색은 쓰지 않아 늘 새것이었습니다. 지금은 초록색이 워낙 많이 쓰여서 그렇게까지 좋아하지는 않습니다.
저는 꽃병 같은 정물화에는 취미가 없었나 봅니다. 인터넷에서 '풍경수채화'를 찾아보고 자꾸 따라 그렸습니다. 학원에서도 주로 풍경화를 그렸는데 유명 화가의 작품을 따라 그리는 일은 드물었습니다. 명작(名作)을 모작해야 실력이 많이 는다는데 저는 모작(模作)이 내키지 않았습니다.
선생님이 가르쳐 주는 진도를 충실히 따라가야 기본이 탄탄해지는데 저는 너무 그림이 그리고 싶어 진도를 앞서가며 그렸습니다. 다음 시간에 배울 공간을 남겨 두었는데 그걸 제멋대로 그려 가서 선생님이 당황하셨을 겁니다. 아니 황당해하셨을 겁니다. 그 당시 저는 불량 학생이었습니다.

순수 작품 대상을 구해야 했으니 풍경을 스스로 카메라에 담는 일이 많았습니다. 틈나는 대로 찍었는데 나도 모르게 일관성이 생겼습니다. 일상생활에서 사람들이 살아가는 모습을 계속 찍고 있었습니다. 노부부의 뒷모습, 달동네, 노점상 등 고단하게 살아가는 사람이 등장하는 풍경이 제 휴대전화 갤러리를 많이 차지했습니다. 때로는 굴뚝에서 연기 나는 저녁 풍경, 한적한 인사동 거리, 재래시장 사람들, 친근한 동물도 등장합니다.

한번 그리기 시작하자 진도가 무서울 정도로 빨라졌습니다. 2020년에는 수채화의 'Wet on Wet'(번지기 기법)을 활용하여 '1일 1그림'의 속도를 내기도 했습니다. 'Wet on Dry'(덧칠하기)보다 속도가 빠르기 때문입니다. 사실 Wet on Dry가 기초인데 저는 '덧칠하기'를 잘 못하는 것도 사실입니다. 뒤에 나오는 수채화는 거의 번지기 기법으로 그렸다는 것을 알 수 있을 것입니다. 때때로 '이런 그림들은 거실벽과 어울리지 않아 선물할 수도 없겠다'고 생각했습니다. 전시회를 열어도 초보자가 그린 이런 그림은 그리 인기가 없을 것입니다.

그러나 사람의 일상이 들어간 작품에는 순간의 메시지가 들어 있습니다. 저는 사진을 찍는 순간, 그림을 그리는 순간 혼자서 그 메시지를 떠올렸습니다. 그러나 그 메시지들이 금세 잊혔습니다. 어느 날 '이 그림들을 가지고 책을 쓰면 좋지 않을까' 하고 생각했습니다. 그 후에는 사진을 찍을 때도, 그림을 그릴 때도 스토리를 염두에 두게 되었습니다.

저는 나이 50이 넘었어도 청년입니다. 저는 교회 청년대학부 시절 아내를 만났습니다. 작은 교회에 출석하기 때문에 30년 넘게 아내와 함께 청년 노릇을 하고 있습니다. 먼저 가서 문을 열 때도 있고 선곡하고 악보를 뽑아 가고 ….

크리스마스 때는 당연히 트리 장식을 합니다. 예전에는 '이 노릇을 언제까지 해야 하나' 하고 생각하기도 했는데 지금은 일절 없습니다. 오히려 나이가 들어서기까지 젊은 역할을 하는 게 감사합니다.

저는 모태신앙인이다. 그런데 중년이 될 때까지 쭉 '못해 신앙인'처럼 살아왔습니다. 늘 놀던 곳이 교회이고 보이던 것이 십자가이기 때문에 종교가 삶의 일부가 되어 미지근하게 살아왔습니다. 그러나 진리에 대한, 삶의 근원과 죽음 이후에 대한 갈증은 여느 사람 못지않았습니다. 저는 오랜 세월 현실과 적당히 타협하고 겉모습은 경건하게 살아왔습니다. 남들로부터 점잖은 사람이라는 이야기도 들었습니다. 그러나 속에서는 자책감과 해갈되지 않는 목마름으로 괴로워했습니다.

저는 끊임없이 기적을 찾아 헤맸습니다. 그러다가 나이 50이 넘어 기적이 찾아왔습니다. 기적이 없어도 진리에 가까워질 수 있다는 깨달음을 얻었습니다. 과거의 위선과 미움과 교만과 욕심과 대면했습니다. 그리고 하고 싶은 말이 생겨났습니다.

30년 넘게 청년의 역할을 하면서 일상에 대하여, 신실함에 대하여 느낀 점을 가족·친지에게, 친구에게, 젊은이에게 말해 주고 싶었습니다. 그것은 바로 '느드러움의 삶'입니다.

'느드러움'이란 말은 제가 창작했습니다. '느리고 부드러움'이라는 뜻인데, 매사에 서두를 것 없으며 부드러운 것이 강한 것을 이긴다는 뜻에서 책의 부제로 달았습니다. '연약하고 겸손한 것이 강함'이 된다는 그리스도 정신이 될 수도 있고, 형태 없는 물이 바위를 이기는 무위(無爲)의 '도가사상'(道家思想)과도 맥을 같이합니다. 음악 용어로 대체한다면 안단테-피아노(Andante-Piano)겠지요. 실제로 본문을 보면 '느드러움'의 느낌이 나는 대목이 많이 나옵니다.

저는 살아온 과거에 대해 별로 내세울 것이 없으므로 면전(面前)에서 귀에 대고 말을 할 용기는 없었습니다. 생각해 보니 글과 그림으로는 가능하겠다 싶었습니다. 그동안 그렸던 그림들을 하루하루의 삶에 대해, 인생에 대해, 인간관계에 대해, 믿음에 대해, 생명에 대해 크게 구분하고 각각의 그림들은 소주제와 가장 어울리는 곳에 배치했습니다. 참고로 그림에 등장하는 인물들은 허락을 얻은 경우를 제외하고는 얼굴 모습을 다르게 그리거나 뒷모습을 그렸음을 밝힙니다.

제1부, '느드럽게'에서는 느드러움의 개념 잡기, 일하는 즐거움, 진정한 쉼은 무엇이며 나이 들어가는 것의 의미, 삶의 균형과 조화, 진정한 아름다움에 관해 이야기합니다.
제2부, '모두 가치'에서는 변두리에 있는 이웃과 연약한 사람 아우르기, 공정함과 고통 분담, 협력과 화합 등의 주제를 다룹니다.
제3부, '목자처럼'에서는 삶과 죽음, 일상에서의 믿음, 시간과 돈의 의미, 평안과 감사, 희생과 고통의 의미에 대하여 나눕니다.
제4부, '생명'에서는 반려견, 사라진 새, 음식 문제, 생태계 문제와 자연의 아름다움을 말하면서 동물에게서 지혜를 얻고자 하는 내용을 다룹니다.
제5부, '관계'에서는 본질적인 사랑, 부부와 혈연·친구 관계, 비난과 질투, 말 잘하기, 디지털 문명 시대에 있어서 소통의 중요성 등에 관해 이야기합니다.

제가 평생 직업공무원 생활을 하다 보니 글이 '공무원스러울' 수 있습니다. 독자의 마음을 헤아려 최대한 공무원스럽지 않으려 노력했습니다. 접속사를 줄이고 전문용어나 시사용어는 빼고 형용사와 부사를 절제했습니다. 읽으면서 바로 알아들을 수 있게 문장을 최대한 쉽고 간결하게 쓰려 애썼습니다. 전문 작가가 아니기에 문장이 눈에 거슬려도 양해하여 주시기 바랍니다.

저는 이 책을 쓸 때 아는 척하지 않기 위해, 최대한 솔직해지려고 노력했습니다. 또 책에 나와 있는 그대로 살고 있어서 책을 쓰지 않았습니다. 그래서 썼다면 저는 희대의 사기꾼이겠지요.

이 책은 종교 서적이 아닙니다. 모두 일상에서 직면하고 있는 소소한 문제에 대해 진지하게 고민해 보자는 일종의 제안서(Issue Paper)라고 봐야 옳을 것입니다. 늘 쫓기며 살다가 무심코 지나쳤던 문제의 실마리를 각자 찾아보자는 글입니다.

이 책이 아무쪼록 공무원의 책상머리 발상 같은 뜬구름 잡기가 아니라 차 한잔하며 나누는 진지한 이야깃거리로 다가갔으면 좋겠습니다.

하나

느드럽게

느드러움 자각하기

거미줄 치듯 바쁘게 돌아가는 실리콘밸리에 '서두르지 말고 기다리되 포기하지 말라', '성공하기보다는 승리하라'는 그리스도의 정신이 소환된다.

또 2,500년 전 제자백가(諸子百家) 시대에 살았던 노자(老子)의 정신이 오늘날 '경험과 감각이 자산이 되는' 실리콘밸리서 살아난다. 그곳은 분명 無為(무위)를 강조한 노자의 철학이 발붙일 틈이 없어 보인다. IT 분야 스타트업의 성공 확률이 1퍼센트밖에 안 되는 곳에서 혁신의 아이콘이 된 기업의 CEO들에게서 도가사상(道家思想)을 발견한다는 게 역설적이다.

노자가 왜 실리콘밸리에 다시 나타났는지 박영규의 『실리콘밸리로 간 노자』에서 설명한다. 박영규는 실리콘밸리의 리더들과 노자의 『도덕경』(道德経)을 비교 연구한 결과 이렇게 말한다.

> 노자가 『도덕경』에서 말하는 도(道)의 본말이 제4차 산업혁명 시대를 이끌어가는 CEO들의 리더십과 혁신이라는 과녁을 정통으로 꿰뚫고 있다.

"최고, 최상, 최후의 혁신이란 가장 작은 것, 가장 소박한 것, 가장 심플한 데에 있다. 극단적으로 말하면 혁신의 종착지는 무(無)다"라고 하면서 애플(Apple)의 심플한 디자인, 구글(Google)의 비우는 검색창, 아마존(Amazon)의 무소유 등을 예로 든다.[1]

스티브 잡스(Steve Jobs)에 비해 그 후임자 팀 쿡(Tim Cook)은 평가절하된 사람이다. 스티브 잡스가 애플(Apple)에서 물러나고 팀 쿡이 그 자리를 대신했을 당시 애플의 경영 상황은 매우 위태로웠다. 디자인에서 우위를 차지해 온 애플이 삼성의 추격에 힘겨워 하고 있었다. 쿡은 빨리 이 위기에서 벗어나기 위해 긴급조치를 해야만 했다.

그러나 쿡은 너무도 느긋했다. 월스트리트저널은 "애플은 결국 삼성에게 멋을 빼앗기고 말 것"이라는 자극적 기사를 냈으나 팀 쿡은 아랑곳하지 않고 잡스의 부족한 부분을 메꿔 가며 회사를 점점 'Job's apple'이 아닌 'Cook's apple'로 바꿔 나갔다.

결국, 애플의 시가 총액은 1년 만에 두 배로 올랐다. 팀 쿡이 잡스의 명성에 뒤지지 않기 위해 급하고 과시적인 조치를 했다면, 오늘의 애플은 존재하지 않았을 것이다.[2] 여유와 절제, 부드러움이 급박한 환경과 날카로운 비판을 견뎌 낸다.

"급할수록 돌아가라"
"천릿길도 한 걸음부터"
"아무리 바빠도 바늘허리에 매어 쓰지 못한다."
"우물에서 숭늉 찾는다."

이 속담들은 서두르다가는 낭패당한다는 경고의 메시지다. 선인들의 삶의 경험과 느림의 지혜가 문장에 녹아 있다. 역사의 흐름 속에서 개인이나 집단, 국가가 자연의 시간을 거스르다 공든 탑이 무너지듯 대형 프

---

1   박영규, 『실리콘밸리로 간 노자』 (더난출판사, 2020), '머리말'.
2   박영규, 『실리콘밸리로 간 노자』, '24장. 요란스럽게 자신을 드러내지 마라'.

로젝트가 수포로 돌아가고, 일촉즉발의 전쟁이 발발하고, 집단이나 개인사에 왜곡이 생기는 일이 얼마나 많은가. 각종 자연 재난이나 사고가 발생하면 '사람이 먼저'라는 매뉴얼대로 수습하지 못하고 당황하여 우왕좌왕…, 피해는 커지고 책임 공방은 격해진다. 개인의 일상에서도 성가시고 벅찬 일이 생기면 '빨리 해치우려고' 서둘다가 오히려 일이 거꾸로 간다.

급할수록 들숨을 길게 들어 마셔야 한다. 첫발을 딛기 전 골똘히 생각해야 한다. 일단 시작하면 서두르지 말고 즐기면서 해야 한다. 육군 훈련소 시절 화장실에 있던 글귀가 생각난다.

> 누군가 할 일이라면 내가 하고, 언젠가 할 일이라면 지금 하라.

나는 여기에 한마디 더 붙인다.

> 누군가 할 일이라면 내가 하고, 언젠가 할 일이라면 지금 하고,
> 어차피 할 일이라면 즐기면서 하라.

즐기면서 하면 일이 술술 잘 풀리고 지치지도 않는다.

현실을 보면 일을 즐겨 하는 사람은 거의 없어 보인다. 미국에서 '조용한 사직'(Quiet Quitting)이 유행한다고 한다. 조용한 사직이란 진짜로 사직하는 것이 아니고 업무 시간에만 필요 최소한도의 일을 하는 것을 말한다. 주로 MZ 세대를 중심으로 조용히 퍼져 나가는 현상인데 '일을 열심히 해도 월급은 똑같이 받는데 왜 고생하나'라고 여기고 일은 하면서도 '마음에는 퇴사' 상태로 있는 태도다.

조용한 사직은 미국의 어느 엔지니어가 틱톡 영상에 올린 뒤 400만 이상의 조회 수를 기록했다. 「아시아경제」는 구인 구직 플랫폼 '사람인(人)'이 조사한 '요즘 직장인의 자세'에 대한 통계를 제시하며 답변자 중 70퍼

센트나 "딱 월급 받는 만큼만 일하면 된다"라고 했다고 밝혔다.[3] 신문 기사를 보고 "그래요. 딱 일한 만큼만 받으세요"라고 말할 뻔한 나 자신을 보니 나는 기성세대인 게 분명하다. 일을 노동으로만 생각하면 지겹기만 하고 오래 못 버틴다.

마크 트웨인(Mark Twain)의 소설 『톰 소여의 모험』(The Adventure of Tom Sawyer)에서 기억에 남는 상면이 있다. 톰 소여는 사고를 치고 이모 폴리한테 벌을 받는다. 그 벌은 울타리에 페인트칠을 하라는 것이었다. (이모는 벌을 핑계 삼아 갑질을 하네요.)

톰이 귀찮은 페인트칠을 억지로 하고 있는데 곁을 지나가던 친구 벤이 톰에게 쌤통이라고 놀렸다. 톰이 갑자기 꾀를 내서 페인트칠이 아주 재미있는 것처럼 시늉했다. 벤은 같이 칠하자고 했다. 톰이 벤은 소질이 없어서 안 된다고 하자 벤은 안달이 났다. 결국, 톰은 뇌물까지 받고 벤에게 페인트칠시켰다. 그리고 벤은 아주 즐겁게 페인트칠했다. 아마도 서둘러 칠하지 않았을 것이다. 그 자체가 놀이였기 때문에 빨리 해치울 필요가 없었다.

내가 이 세상에서 가장 좋아하는 동물은 말(馬)이다. 그 날렵한 몸매와 긴 다리, 윤기 나는 피부, 쏜살같이 달릴 때 흩날리는 갈기 …. 특히, 거침없이 달리는 야생마가 더 멋지다. 미국 서부 개척 시대의 보안관 찰스 부른슨(Charles Bronson)이 말을 타고 먼지를 일으키며 달려 번개처럼 악당을 해치우는 장면 때문인지도 모르겠다.

말은 길을 들이는 데 1년이나 걸린다고 한다. 무조건 고삐를 달아 힘으로 제압한다면 영원히 길들이지 못할 수도 있다. 인내를 가지고 신뢰 관계를 쌓아야 한단다. 천천히 부드럽게 나의 몸짓과 냄새, 목소리를 익히게 해야 한다. 그래야 완전한 나의 말이 된다. 말은 우리에게 서두르지 않

---

[3] "'딱 월급 만큼만 일할래요' … MZ세대의 '조용한 사직'", 「아시아경제」, 2022.9.27.

고 부드럽게 다루는 게 얼마나 중요한지 알려 준다.

 오늘 등장하는 그림도 말을 다루는 그림인데 어느 중국 작가가 야생마를 길들이는 장면을 그린 작품에서 영감을 받았다. 그의 그림은 몽골의 많은 관중이 있는 경기장을 배경으로 하고 있지만 나는 초원과 흙으로 대체했다. 또 그림에서나마 말과 나를 일체화하기 위해 기수를 내 모습으로 대체했다. 격렬하게 움직이는 말의 다리와 갈기를 불분명하게 묘사하고 중심선만 잡는 기법을 활용했다.

 이 기법이 처음 쓰였을 때는 기존 예술에 반항하는 일종의 '다다이즘'(Dadaism)에 속해 있었다. 반항하며 달아나는 말을 묘사하기 딱 좋다. 흩날리는 먼지는 수채화 특유의 번지기 기법을 활용하고 튀는 흙은 문질러 발랐다.

 일제 강점기 때 목수 일을 하셨던 내 할아버지 같은 분이 말을 키우기에 딱 적격이다. 할아버지는 틈틈이 집에 닭장을 짓고 선풍기 몸체도 나무로 조립하는 등 많은 것을 손수 만드셨다. 나는 할아버지가 작업하시는 것을 곁에서 보기를 좋아했다. 할아버지는 결코 서두르는 법이 없다. 지금 표현으로 '세월아 네월아' 했던 것 같다. 길이를 재고, 톱질하고, 못 박는 일이 아주 느리게 진행된다. 그러다 보면 어느새 양계장보다 훨씬 튼튼하고 멋진 닭장이 생겨난다.

 어느 때는 버려진 대나무 우산을 주어다가 할아버지한테 갖다 드리면 방패연을 만들어 주셨다. 빨리 연을 날리고 싶은데 대나무살 쪼개고 다듬는 데 반나절, 종이를 재단하고 풀 먹이는 데 반나절, 균형 잡아 연줄 묶는 데 한참 …. 오랜 기다림 끝에 옥상에서 할아버지와 함께 구경하는 방패연의 춤사위는 오래도록 내 머릿속에 남아 있다. 나는 할아버지에게서 일을 느긋하게 재미 삼아 할수록 더 좋은 성과가 더 빠르게 이루어진다는 점을 깨닫는다.

신은 절대 서두르지 않으시고 후회도 안 하신다. 기독교, 이슬람교, 유대교의 조상 아브라함에게 아들을 주겠다고 약속하시고서는 25년이나 흐른 뒤에야 아들을 낳게 하셨다. 이집트 왕자 모세를 이스라엘 지도자로 부르실 때도 40년 동안 광야에서 잊힐 만한 존재로 버려두셨다. 이스라엘이 이집트에서 노예 생활을 할 때도 그들을 해방해 주겠다는 약속의 성취는 400년이 지나서였다. 그들이 이집트를 탈출해서도 "젖과 꿀이 흐르는 약속의 땅" 팔레스타인에 들어가기까지 40년이 걸렸다.

구약의 시대가 끝나고 그리스도가 이 땅에 오시는 데 400년이 걸렸다. 신은 우리나라가 싫어하는 숫자 4를 좋아하시나 보다. 그분은 아브라함 때부터 약속하신 언약을 성취하심으로써 존귀함을 받으셨다.

우리 입장에서 약속의 성취는 왜 그렇게 지체되는지 의문을 품게 되지만 신이 창조하신 시간은 정해져 있다. 인간이 기다린 시간은 고난을 통한 훈련과 인내의 시간이었다. 교만한 인간이 겸손을 배우는 시간이었다. 우리는 깨달아야 한다. 기다림의 시간이 있었기 때문에 약속의 성취는 완전한 때에 이루어졌음을 ….

알렉 모티어(Alec Motyer)는 이렇게 말했다.

> 우리가 구하는 것마다 주신다면 나는 절대 기도하지 않겠다. 구하려는 나 자신의 지혜에 대해 확신하지 못하기 때문이다. 우리가 구하는 것마다 구하는 때에 주신다면 연약한 인간의 지혜에 무거운 짐을 부과하는 셈이다. 우리가 어떻게 그 짐을 견딜 수 있는가?[4]

많은 경우 우리 사회에 얽히고설킨 문제는 섣부른 판단이 가져온 결과다. 과업을 즐기지 못하고 여유를 갖지 못한 채, 시간도 거슬러 달려간 책

---

[4] 존 스토트, 『존 스토트의 산상수훈』, 정옥배 역 (생명의말씀사, 2011), 10장.

임이 있다. '쾌도난마'(快刀乱麻)[5]로 풀 수 있는 문제가 아니다. 애당초 실타래가 엉키지 않도록 설계도를 먼저 들여다보고 느긋하되 긍정적인 태도로 해야 한다. 모두가 다 '지금 곧바로 해 주세요.'라고 기도하고 그것이 이루어진다면 역사의 실타래는 자꾸 꼬여만 갈 게 뻔하다. 일에 대한 마음가짐과 순간순간의 선택이 평생을 좌우한다. 그러므로 모든 일을 대하는 내 마음부터 다스려야 하고 순간의 선택을 섣불리 믿으면 안 된다.

---

5   잘 드는 칼로 마구 헝클어진 삼 가닥을 자른다는 뜻으로, 어지럽게 뒤얽힌 사물을 강력한 힘으로 명쾌하게 처리함을 이르는 말(표준국어대사전).

하나. 느드럽게 / 느드러움 자각하기   25

그림 1 〈말과 나〉, 2020, 수채화, 50×36cm

내 마음의 수채화

나는 수채화가 좋다. 수채화, 유화, 아크릴화, 도시 풍경을 스케치하고 채색하는 어반 스케치(Urban Sketchers)까지 다 시도해 봤지만, 나의 결론은 수채화다. 수채화는 물의 과학이다. 안료가 물이라는 용매를 만나 자기끼리 섞이고 퍼지고 굳어져 형상을 창조해 내고 빛깔이 탄생한다. 덧칠하기(Wet on Dry)로 완전히 의도된 묘사를 할 수도 있고 번지기 기법(Wet on Wet)을 통해 의도치 않은 결과를 만들어 내기도 한다.

수채화는 상선약수(上善若水)[1]가 실재가 되는 도구다. 물이 물감을 머금고 흘러 만물을 이롭게 한다. 하늘도 만들고 구름도 만들고 땅도 만들고 수풀도 만들고 바위도 만들어 낸다. 물은 중력에 반항하지 않기 때문에 수채화지를 기울여 놓으면 겸손히 흐른다. 그래서 아름다운 형상을 자기끼리 만들어 낸다.

이에 반해 유화 물감은 중력을 거스른다. 캔버스를 세워 놓아도 물감이 흐르지 않는다. 사람이 비비고 발라야 색이 섞인다. 유화는 그려 놓으면 500년도 보존할 수 있고 언제든지 고치고 또 고칠 수 있는 장점이 있다. 수채화는 한번 그리면 고치기 어렵다. 그래서 비구상화(非具象画)가 아니

---

[1] 낮은 곳으로 흐르고 저항하지 않으며 두루 이롭게 한다는 뜻.

면 밑바탕이 중요하고 붓칠 하나하나가 전술과 전략이다.

오늘 그림은 내가 그린 그림 중 유일한 '비구상화'다. 그림을 두 가지로 나누는 방법 중 하나가 '구상화'(具象畵)와 '비구상화'(非具象畵)로 나누는 것인데, 구상화는 간단히 말해 사실에 가깝게 표현하는 것이고 비구상화는 사실의 묘사보다는 점·선·면으로 대상의 느낌을 표현하는 그림이다. 흔히 말하는 추상화에 가깝다.

나는 이제까지 비구상화를 그리지 않았다. "기초도 안 된 녀석이 무슨 비구상이냐"라는 말을 들을까 봐 시도조차 하지 않았다. 괜히 있어 보이려 하는 것 같아서다. 그러다가…. '어디에 발표할 것도 아닌데 어때'라고 생각하고는 붓을 잡았다.

수채화지 앞뒤를 물에 잠기도록 적시고는 내가 좋아하는 색으로 몽땅 메꿨다. 쎄룰리안 블루(하늘색), 라벤더(연보라), 알리자린 크림슨(진한 적장미), 코발트 터콰이즈(청록색), 퍼머넌트 그린(연두) 크림슨 레이크(피색), 울트라 마린(군청색), 오페라(분홍), 엘로우 딥(진한 노랑), 오랜지, 붉은 과슈(불투명 물감), 바이올렛(보라), 레드 브라운(붉은 벽돌)[2] 등…. 모두가 번지기 기법이다. 밑그림도 없이, 물이 흐르는 대로, 안료가 모이는 대로, 형태가 나오는 대로 그렸다. 쾌감이 느껴졌다.

'아! 미술치료가 효과가 있겠구나' 하는 생각이 들었다. 어느 부분은 휴지로 닦아 내서 해가 되었다. 흰색 물감으로 뿌린 것이 태양 빛이 되었다. 푸른 계열의 색이 물에 옅어진 것은 구름이 되었다. 두껍게 여러 번 바른 붉은 물감은 도시 건물이 되었다. 건물 위에 손톱과 나이프로 긁어 낸 것은 건물의 층과 옥상이 되고 골목이 되었다.

수채화는 정직하다. 물의 과학이다. 수채화 작업을 할 때는 물의 양과 마르는 속도, 물감의 농도를 거스를 수 없다. 어릴 적 수채화 그릴 때 처

---

2 가로 안의 색은 글쓴이 나름대로 표현.

음에는 예쁘게 그리다가 더 잘 그리려는 욕심에 자꾸 덧칠하다가 물감이 번지고 탁해져 끝내는 망친 경우가 나만의 경험은 아닐 것이다.

초등학교 미술 시간에 우리를 좌절하게 했던 것이 이른바 '백런'(Back Run)이라는 현상이다. 영어로는 '콜리플라워 엣지'(Cauliflower edges)라고 하는데 물감이 완전히 마르기 전 다른 물감을 칠하면 얼룩이 날카롭게 지는 현상을 말한다.

오늘 그림에는 콜리플라워 엣지를 일부러 사용한 것이 있다(흰 물감 뿌린 것). 어릴 적 얼룩이 지는 것, 형태가 잡히지 않고 번지는 것이 고민이었는데 이것이 이렇게 유용한 도구인 줄 알게 된 지금 너무 행복하다.

수채화 붓으로 터치한 표현은 잘 고쳐지지 않는다. 수채화는 솔직하고 직설적이다. 유화나 아크릴화처럼 몇 번이고 원래 모습을 지우고 감출 수 없다.

오늘 그림에는 수채화의 이런 특성이 나의 채색 본능을 지원한다. 그림이 그려지고 나서야 해석할 수 있다. 정오의 태양은 강렬하다. 파란 하늘은 자꾸 내려오려 하고 빨간 땅은 자꾸만 오르려 한다. 햇빛은 눈처럼 떨어진다. 계산되지 않은 붓질과 색감이 어찌 보면 내 마음 상태를 말해 주는지 모르겠다. 기회가 된다면 나는 이 그림을 미술치료 전문가한테 보여 줄 테다.

내가 제일 좋아하는 화가는 미켈란젤로(Michelangelo)이지만 존경하는 화가는 많다. 그중에 한 명을 꼽으라면 앙리 마티스(Henri Matisse)다. '색'을 이야기할 때 빠지지 않은 화가인데 "그림에서 색을 해방했다"라는 평가를 듣는다. 그는 사물이 보이는 대로 색을 칠하지 않았으며 대중이 이미 알고 있는 색을 택하지도 않았다. 마치 고갱과 같이 자연의 색채에 충실하기보다는 가슴이 느끼는 대로 색을 구현했다.

1905년 전시된 그의 〈모자를 쓴 여인〉은 아내를 모델로 그린 그림인데 얼굴은 팔레트에 있는 온갖 색을 덕지덕지 바른 것 같은 작품이다. 1905

년 전시를 통해 그는 '야수파'를 대표하는 인물이 되었다. 그는 아주 강렬하고 가장 단순하게 자기 느낌을 화폭에 담았다. 죽을 때까지도 그는 작품에 대한 열정을 버리지 않았다. 병실에서 붓을 놀릴 힘이 없어지자 그는 색종이를 가위로 잘라서 작품을 만들었다.[3]

나는 눈으로 보기에 멋진 작품도 좋지만 솔직한 그림을 그리고 싶다. 내 느낌과 마음을 전달하는 그림을 그리고 싶다. 거리를 다니며 눈에 밟히는 사람의 모습, 고통을 이겨 내는 순간들, 인상파 화가들처럼 갑자기 눈에 잡힌 황홀한 풍경들, 살아 움직이는 생명체, 유럽의 궁정 화가들이 그렸던 럭셔리한 작품이 아닌, 순간의 시간과 공간에서 표출되는 느낌을 그리고 싶다.

독일의 철학자 벤야민(Benjamin, Walter)은 '아우라'라는 표현으로 복제품이 갖지 못하는 "시간과 공간에서 예술 작품이 갖는 유일무이한 현존성"을 강조한다. 나도 벤야민의 '아우라'를 추구하고 싶다.

우리는 인생의 그림을 그릴 때 남 보기 좋은 색채, 유행하는 형태를 표현하려 한다. 시장에서 잘 팔릴 것 같은 작품을 만들려 한다. 예술이 공급 과잉으로 소비주의 노선을 따른다. 원래 의도했던 색과 붓질을 감추려 자꾸 덧칠을 한다. 그림에 장신구가 덕지덕지 늘어 간다. 중심 주제에 집중해야 하는데 여기저기 설명해서 시선이 분산된다.

나의 눈물과 땀방울이 수채화의 용매가 되어 중력을 따라 흐르고 나의 말과 행동은 마티스의 색깔처럼 단순하고 강렬했으면 좋겠다. 우리 인생이 물이 그려 내는 수채화였으면 좋겠다.

---

[3] 정우철, 『내가 사랑한 화가들』(나무의 철학, 2021), 40-62 참조.

그림 2 〈정오에〉, 2022, 수채화, 28×21.5cm

쉴 休(휴)

'쉼'의 반대는 '일하는 것'이 아니라 '염려와 불안'이다. '염려와 불안'의 반대는 '편안함'이다. 따라서 쉼은 편안함이다. 일할 때도, 쉴 때도 편안할 수 있다. 그러나 아무리 좋은 휴양지에서 값비싼 여가 활동을 하더라도 마음속에 근심과 걱정이 있으면 쉬는 게 쉬는 게 아니다. 아무리 환경이 열악하더라도 마음이 편한 장소에 있다면 그곳이 바로 달콤한 안식처다. 그래서 냄새나는 화장실을 'Rest Room'이라고 하나 보다.

예전 '포장이사 서비스'가 없던 시절 손수 이삿짐을 날랐다. 온종일 이삿짐을 나르고 얼음물을 마신 후 자장면을 시켜 먹을 때의 그 나른한 뿌듯함은 경험하지 못한 사람은 모른다. 땀 흘려 일한 후 갖는 휴식이 보람 있는 쉼이다.

포장이사를 하면 이사회사 직원이 짐을 다 날라다 주니 몸은 편한데 맘은 편치 않다. 한 짐 한 짐 옮길 때마다 한 번 위치를 지정하면 두 번 이상 바꾸기가 쉽지 않다. 땀 뻘뻘 흘리는 직원한테 계속 말하는 게 힘들어 스트레스를 받는다. 이삿짐 나르기가 다 끝나면 자잘한 짐은 다시 정리해야 한다. 끝나도 끝난 게 아니다. 몸이 힘들어도 내가 다 하는 게 편할 수도 있다.

휴식(休息)의 休는 사람이 나무 밑에서 쉬는 모습이다. 쉰다는 것을 생각할 때 가장 흔하게 떠오르는 모습이다.

석가모니는 궁에서 살 때 산해진미와 아름다운 아내로도 번민에서 벗어나지 못했다. 세상을 돌아다니며 고통에 대한 해답을 얻으려 해도 번민을 해결할 수 없었다. 그는 보리수 아래에서 비로소 마음의 쉼을 얻었다.

구약의 요나도 박 넝쿨이라는 나무 아래에서 쉼을 얻었다. 요나는 구약의 선지자인데 원수의 나라를 구원하라는 명령받았으나 듣는 둥 마는 둥 한 후 언덕에 올라가 그 나라가 망하는 것만을 기다리고 있었다.

어느 날 요나 머리 위에 박 넝쿨이 올라와 시원한 그늘을 만들어 주어 기뻤다. 그러나 요나가 원수를 구하라는 명령에 반박하자 박넝쿨을 벌레가 갉아먹어 뙤약볕이 내리쬤다. 요나는 차라리 죽여 달라고 했다. 요나는 나무 그늘에서 잠깐의 휴식을 취할 수 있었으나 불순종과 미움으로 인해 바로 번민이 찾아왔다.[1] 우리를 쉬게 해 주는 나무는 그늘뿐 아니라 마음에 수액을 줄 수 있는 그런 나무가 되어야 한다.

나는 직장 초년생일 때 월요병이 있었다. 능력은 안 되는데 번번이 현안 부서에 발령이 나서 정책 보고서를 많이 써야 했다. 항상 번갯불에 콩 볶아 먹는 게 다반사였다. 그 당시에는 간부들이 늦은 오후에 지시하고는 다음날 아침에 보자고 하는 경우가 많았다. 황당했다.

'이러려고 직장에 들어왔나?'

이런 생각을 한 적이 한두 번이 아니었다. 월요일에 숙제 검사받을 일이 많아 일요일 저녁이 되면 가슴이 콩닥콩닥 ….

일요일 오후 하릴없이 출근하는 것은 일상이 되었다. 더 잘해야지 하는 욕심도 나의 마음을 피곤하게 했다. 능력 이상으로 성과를 내려 하는 의욕이 어깨에 짐이 되었다.

---

1 구약 요나서 4장의 내용을 각색.

예수님은 이렇게 말씀하셨다.

> 수고하고 무거운 짐 진 자들아 다 내게로 오라 내가 너희를 쉬게 하리라. 나는 마음이 온유하고 겸손하니 나의 멍에를 메고 내게 배우라 그리하면 너희 마음이 쉼을 얻으리니 이는 내 멍에는 쉽고 내 짐은 가벼움이라 (마태복음 11장 28-30절).

무거운 짐이란 후회와 자책을 포함한다. 쉬게 한다는 말은 먹고 사느라 지친 몸과 마음을 쉬라는 것만 아니다. 과거의 잘못에서 벗어나 새 희망을 품는 것이 근원적인 휴식이다.

사람은 누구나 양심의 가책을 느끼고 본질상 죽음을 두려워한다. 양심을 거스른 가책과 인생의 종착역이 어디인지에 대한 불안감을 내려놓지 못하면 충분한 휴식을 누리지 못한다. 진정한 쉼을 얻기 위해서는 마음의 창에 진 얼룩을 제거하고 불안과 두려움의 덫에서 풀려나야만 한다.

내가 가장 감명 깊게 본 영화 중 하나는 로버트 드니로(Robert De Niro)와 제레미 아이언스(Jeremy Irons)가 주연한 〈미션〉이다. 이 영화는 300여 년 전 남미 과라니족이 포르투갈의 침략으로 전멸할 위기에 처하자 '가브리엘 신부'(제레미 아이언스)와 살인 복역수 '멘도자'(로버트 드니로)가 가톨릭 개종 신자인 원주민을 돕는 내용의 영화다. 이 영화에서 가장 기억에 남는 장면이 있다. 멘도자는 복역하기 전 과라니족 마을에 와서 사람을 잡아다가 시장에 팔거나 죽이기를 밥 먹듯이 했고 자기 연인이 동생과 염문에 이르자 동생을 죽이는 등 많은 죄를 지었다. 가브리엘 신부에 의해 회심한 후, 그는 그동안 지은 죄에 대해 괴로워한다.

어느 날 그는 신부들과 함께 과라니족에게 용서를 빌러 마을에 찾아간다. 등에 자기의 온갖 무기와 쇳덩이로 이루어진 짐을 힘겹게 지고 강을 건너고 절벽을 오른다. 짐이 너무 무거워 가다가 엎어지고, 벼랑을 오르다가 굴러떨어지고, 폭포수를 오르다가 탈진한다. 보다 못한 신부가 짐을 묶은 밧줄을 끊어 버린다. 멘도자는 저 멀리 굴러떨어진 짐을 다시 묶어서 절벽을 오른다. 겨우겨우 절벽을 올라 마을 입구에서 과라니족을 만난다.

마을 사람들은 원수가 왔다고 하는 듯 흥분하며 소리친다. 갑자기 족장이 가브리엘에게 엄숙하게 뭐라고 말하더니 칼을 들고 멘도자에게 다가간다. 한 신부가 말리려 하자 가브리엘 신부가 저지한다. 멘도자는 눈을 지그시 감고 운명을 맡긴다. 그때 족장이 짐에 달린 밧줄을 잘라 버린다. 그제야 멘도자는 감격에 복받쳐 눈물을 흘린다. 얼굴은 뜨거운 눈물이 범벅이 된 채 미소가 가득 번진다. 신부들과 온 마을 사람들이 따라 웃는다. 죄를 지으며 돈을 벌 때 느끼지 못했던 마음의 쉼을 이제 얻는다.

멘도자는 동생 살인죄로 교도소에서 복역했으나 죄에서 해방되지 못했다. 죄에 대한 양심의 가책이 그의 마음을 여전히 괴롭히고 있었다. 가브리엘 신부의 도움으로 마음의 짐을 벗고 나서야 비로소 쉼을 얻게 되었다.

진정한 휴식을 가질 수 있는지 아닌지는 각자 발걸음에 달렸다. 산 정상에 서서 도달하려 남을 밟고 올라가려는 인생은 피곤하다.

'오늘 못 오르면 그만이지'라는 생각으로 경치를 둘러보며 가는 사람은 편안하다. 산책로 주변의 꽃과 나무를 즐기는 사람은 성공하지 못하더라도 승리할 수 있다.

성공을 목표로 사는 사람은 성공을 얻지 못하고 쉬지도 못할 가능성이 크다. 성공은 일부에게 해당되지만 승리는 마음만 먹으면 누구에게나 가능하다. 남의 눈치를 보며 사는 인생은 휴식을 누리지 못한다. 남의 성공에 배 아파하는 사람도 쉴 수 없다. 필요 이상으로 쌓아놓으려 하는 사람은 가져가지도 못할 것으로 고단해진다. 한 가지 명심할 점은 목적지가 어디인지 막연하고 불안한 사람은 점점 더 휴식하지 못한다는 사실이다.

그림 3 〈쉴 休(휴)〉, 2022, 수채화, 50×36cm

천재는 만들어진다

사람들이 바티칸에 여행 가면 꼭 들르는 곳이 있다. 1475년 성모 승천을 기념해 교황 식스투스 4세에 의해 지어진 시스티나 성당이다. 성모 승천을 기념해서 가는 것이 아니다. 40.5×13.5미터의 사각형 예배당에 오목하게 굽은 형상의 천장을 보기 위해서다. 거기에는 미켈란젤로의 그 위대한 작품〈천지창조〉가 있다. 그 그림 중 가장 널리 알려지고 활용되는 장면이 '아담 창조' 부분이다.

『Michelangelo: 미켈란젤로 부오나로티』에서 김려원은 말했다.

> 신의 손가락은 강하고 에너지가 넘치는 반면 아담은 몸에 기운이 부족하고 손가락 또한 무기력하다.[1]

아담 창조 부분은 바로크 화풍에 영향을 주어 수 세기 동안 서양 화법을 지배할 양식의 기반이 되었다고 한다.

내가 모작한 '아담 창조' 부분은 원작과는 조금 다르다. 원작의 배경은 흰 계통으로 밋밋하다. 신의 손과 아담의 손이 맞닿는 순간 번개와 같은

---

1 김려원, 『Michelangelo: 미켈란젤로 부오나로티』(감성기록, 2020), 50 참조.

불꽃이 튀는 장면을 연출하기 위해 앞서 말했던 '백런'(Back Run) 현상을 활용했다. 신의 손 윗부분에도 활용했다. 하늘이 완전히 창조되기 전(물감이 덜 말랐을 때) 물을 하늘에 떨어뜨려서 번개와 거친 구름을 만들었다. 이 그림을 그리면서 남성의 근육에 대해 많은 학습을 했다.

1504년 바티칸 대성당의 시스티나 예배당에 균열이 생기고 장식이 훼손되기 시작하자 예배당 천장을 새롭게 장식해야 했다. 교황은 미켈란젤로, 라만테, 라파엘로 같은 당대의 거장들을 불러들였다.

그리고는 미켈란젤로에게 어처구니없는 제안을 했다. 평생 조각만 해오고 회화를 경멸해 왔던 미켈란젤로에게 시스티나 예배당의 천장화를 맡긴 것이다. 여기에는 브라만테와 같은 경쟁자들이 덫을 놓으려는 의도가 숨어 있었다. 미켈란젤로의 실패작을 통해 비교우위에 서려는 나쁜 의도를 그들은 가지고 있었다.

미켈란젤로는 어쩔 수 없이 높이 20미터, 폭 13미터, 길이 41미터의 천장에 창세기에 나오는 천지를 창조하기 시작한다. '프레스코(Fresco) 기법'[2]에 문외한이었던 그는 기존 화가가 쓰는 방법이 아닌 새로운 기법을 적용하고자 했다.

혼자 일꾼 몇 명 데리고 예배당에 들어가 작업을 하던 그는 일을 포기하려 했던 적이 한두 번이 아니었다. 프레스코는 세밀한 기술을 요구하는 작업이었다. 석회를 바르고 마르기 전에 초벌 그림을 그려야 하는데 완전히 말라야 덧칠을 할 수 있다. 회반죽은 굵은 것을 먼저 마른 다음, 조금 고운 두 번째 것을 바르고 나면, 목탄으로 스케치를 할 수 있다. 그다음 아주 고운 회반죽을 바르고 나자마자 재빨리 그림을 그려야 한다.

미켈란젤로의 제자 바사리는 이렇게 말했다.[3]

---

2   벽화를 그릴 때 새로 석회를 바르고 채 마르기 전에 물감을 칠하는 화법.
3   김려원, 『Michelangelo: 미켈란젤로 부오나로티』, 44-53 참조.

계획한 공간은 반드시 하루에 그려야 한다. … 젖은 표면 위에 칠한 색은 마르면서 변하는 효과를 낸다.

미켈란젤로가 천장에 매달려 프레스코화를 그리는 작업이 얼마나 고통스러웠는지 소네트에 잘 나와 있다.

> 이 기괴한 자세 때문에 나는 갑상선종에 걸리고 말았네
> (…) 위장이 목구멍까지 치밀어와 턱 밑에 걸려 있는 듯하네
> 턱수염은 하늘을 향해 있고, 목덜미는 등에 닿아 있네
> 나는 하르피이아처럼 가슴을 구부린다네
> 그런데도 위에서는 물감이 계속 흘러내려 내 얼굴은 물감 범벅이 되고 마네
> 허리를 바짝 당겨 배가 불룩 나오고,
> 평형을 유지하느라 엉덩이는 말 엉덩이처럼 된다네
> 그러면 다리는 어디에 두어야 할지 난감해지지 (…).[4]

미켈란젤로는 결국 4년 동안의 대장정 끝에 작품을 공개했다. 미켈란젤로에게 불가능한 일을 맡겨서 곤경에 처하게 하려 했던 이들에 대한 복수로 결말이 났다. 시스티나 천장화가 대성공을 거둔 이유 중 하나는 화가가 아닌 조각가의 눈으로 작업을 했기 때문이었다. 마치 조각상에 물감을 칠하는 것 같은 방법으로 입체감을, 생동감을 불어 넣었다.

미켈란젤로의 〈데이비드〉나 〈피에타〉를 본 사람이 있다면 '사람이 어떻게 이렇게 인체를 완벽하게 묘사할 수 있을까?' 하고 생각할 것이다. 조

---

4 김려원, 『Michelangelo: 미켈란젤로 부오나로티』, 52., 소네트: 13세기경 이탈리아에서 발생한 10음절 14행으로 이루어진 짧은 시.

각한 사람은 죽었으나 조각상은 날이 갈수록 더 생동감이 넘친다. 그는 조각을 깎듯이 인체의 구조와 뼈마디, 힘줄을 이해하고 사물에 반사된 빛과 어둠을 제대로 관찰했기 때문에 그림에도 큰 영감을 주었다고 생각한다.

미켈란젤로는 작업을 시작하면 시간 가는 줄 모르고 돌을 다듬느라 밥도 먹지 않았다고 한다. '열정'이 천재적인 결과물을 낳았다고 볼 수 있다. 대리석에서 살아 있는 숨결을 느끼는 그는 융합형 인재이기도 하다.

모든 사물의 근본을 파헤친 그는 건축, 조각, 회화를 넘나드는 관찰력과 응용능력을 가졌다. 레오나르도 다빈치의 경우 회화뿐 아니라 과학, 기하학, 해부학 등 호기심 있는 분야를 자유롭게 넘나들었다. 다빈치는 교육을 통해 만들어진 인물이 아니라 다양한 사물에 대한 지적 호기심과 열정 자체가 만들어 낸 융합형 인재다.

제4차 산업 시대에는 '융합형 인재'가 필요하다고 한다. 융합형 인재상은 오늘날 생겨난 개념이 아니다. 수십 년 전부터 과학 분야의 학문 간 융합, 공학의 분야 간 융합을 넘어 과학과 인문사회의 융합이 미래형 인재를 길러 낸다고 이야기한다.

대학에서는 '융합'이라는 말이 들어간 수많은 학과와 전공으로 신입생 유치 경쟁에 열을 올리고 있다. 주로 다양한 학과의 커리큘럼을 연계해 놓고 학생들이 자기의 전공에 맞는 과목을 찾아서 듣는 형태다. 교수들은 각자 자기 것만 가르치고 교단에서 충분히 소통하지 않는다. '융합 연구'의 경우도 큰 연구주제가 있으면 그 밑에 여러 연구팀이 각자 연구를 수행한 후, 한데 모으는 방식이 흔하다.

융합 교육이든 연구든 학생이나 연구자들이 머리를 맞대고 프로젝트를 수행하거나 문제를 해결하는 방식이어야 하는데 외형만 융합의 형태를 띤 경우가 많다.

현시대를 살았던 대표적인 융합형 인재를 뽑으라면 나는 주저 없이 이어령 교수를 꼽겠다. 그야말로 우리가 찾는 제4차 산업 시대가 찾는 창조적 인재다. 그의 강의를 들어 보면 막힌 담이 없고 틀도 없다. 그러면서도 옆으로 새지 않고 기승전결이 있으며 메시지가 분명하다.

김민희 기자가 저술한 『이어령, 80년 생각』을 통해 깨달은 점이 있다.

'천재는 만들어지는 거구나!'

'융합형 인재는 여러 학문을 한 사람에게 전수하는 것이 아니라 한 사람의 끝없는 지적 호기심이 꿈틀대도록 놔둬야 하는 거구나!'

책을 좋아했던 어머니와 기계를 다루던 아버지 밑에서 태어난 이어령 교수는 어려서부터 궁금한 것은 못 참는 성격이었다. 뭐든지 다 알려 달라고 조르는 이어령을 당해 내지 못해 서당에 보냈는데 하루 만에 쫓겨났단다. "하늘천따지 검을현 누르황 …" 하며 천자문을 외는 데 이어령은 훈장한테 왜 하늘(天)이 푸르지 검으냐(玄)고 계속 따지자 훈장이 "예전부터 그래 왔다"라면서 쫓아냈다고 한다.

또 한번은 제비가 새끼에게 벌레를 물어다 주는데 어떻게 공평하게 나누어 주는지 참 궁금했단다. 모든 새끼가 어미가 올 때마다 다 입을 쩍쩍 벌리는데 어미가 어떻게 알고 고르게 먹이는지 궁금했다는 것이다. 어떤 사전을 찾아봐도 나오질 않고 누구에게 물어봐도 궁금증이 풀리지 않다가, 나중에 어느 영상을 보고 그 비밀이 풀렸단다. 먼저 먹이를 받아먹은 놈은 덜 배가 고파 입을 덜 벌리더라는 것이다. 어미 새는 그 미세한 입 크기를 보고 먹이를 고르게 배분하는 것이었다.[5]

이어령 교수는 지적한다. 천자문 외우기식 교육이 우리 아이들의 창의성을 다 망쳐 놨다고 …. 누구나 천재성이 있는데, 호기심이 있는데 제도화된 교육이 지적 궁금증을 억압하여 아이들이 질문을 못 한다는 것이다.

---

5   김민희, 『이어령, 80년 생각』(위즈덤하우스, 2021), 01장.

이어령 교수는 노년기에 들어서도 그 지성의 날카로움에 빛을 더했다. 후기 정보화 시대를 예견하는 '디지로그'(Digilog)[6]의 개념도 그가 만들어 낸 것이고, 산업·금융 자본주의를 대체하는 '생명 자본주의'는 포스트 코로나 시대를 준비하는 데 필요한 새 버전을 미리 제시했다. 전 세계로부터 찬사를 받았던 88올림픽 당시 '굴렁쇠 소년'의 등장도 그가 기획한 것임을 아는 사람은 다 안다.

우리 모두에게는 창조될 때 부여받은 재능이 있고 유난히 가슴이 뛰는 흥미거리가 있다. 그 재능과 열정은 무한 상상력을 통해 더욱 키워진다. 규격화된 경험과 책, 교과서의 이론은 천재로 가는 길에 도움이 될지 걸림돌이 될지는 아무도 모른다.

아이큐 200짜리 천재가 방송에 나와서 세상을 깜짝 놀라게 하면 잠시 그대로 두었으면 좋겠다. 아이가 어떤 유명한 학교에 조기입학을 하고 월반하면 기특하긴 하지만 왠지 불안하다. 혹시 정형화된 지식의 틀에 갇혀 지적 호기심이 한풀 꺾이지 않을까, 그래서 융합형 천재가 되는데 지장을 받지 않으려나 걱정이 된다.

"뛰어 봤자 벼룩"이라는 말을 함부로 하면 안 된다. 자기 키의 100배 이상 뛰어오르는 벼룩이 이 말을 들으면 얼마나 섭섭하겠는가. 앞으로 누구를 칭찬하거나 격려할 때 "이야, 벼룩 같은데", "벼룩같이 뛰어올라라"라고 해야 한다.

우리의 교육이 아이들을 "뛰어 받자 벼룩"도 아닌 '실험용 벼룩'처럼 만들었다. 실험용 벼룩을 작은 상자에 가두어 보자. 벼룩은 계속 뛰어올라 천장에 부닥친다. 계속 충격을 받은 벼룩은 어느 순간부터는 더 이상 높이 뛰어오르지 않는다. 천장을 없애도 뛰어오르지 않는다. 우리의 아이들도 벼룩 상자와 같은 교육의 틀에 가두어 자신의 잠재력 키 높이만큼 뛰

---

6   Digital과 Analogue의 합성어. 배달 음식점이 주방을 공유하는 것이 한 예.

어오르지 못하게 한다.

  이제부터는 정해진 틀에 진입하기 전에 신이 허락한 탤런트에 깃을 달고, 뛰는 심장 소리에 귀를 기울여 보자. 마음이 가는 대로, 손이 뻗는 대로 다 경험해 보고 시간 가는 줄 모르게 되고, 아무 소리도 들리지 않는 순간이 오면 이제 돛을 달아야 한다. 대리석에서 생명체를 추출하여 영구적으로 호흡하는 작품을 만들어 낸 미켈란젤로처럼. 지적 호기심과 상상력을 결합하고 발전시켜 학문과 분야를 넘나드는 걸작을 만들어 낸 이어령 교수처럼 ….

하나. 느드럽게 / 천재는 만들어진다 43

그림 4 미켈란젤로〈천지창조〉중 아담 창조 모작(模作), 2021, 수채화, 50×35.7cm

아름다움이 백발이라고

나의 순간은 과거가 되고 타인의 시간은 미래가 되어 한 번도 같은 시간을 공유할 수 없는 삶을 산다면 그 느낌이 어떨지 상상할 수 있는가?

미국 영화 〈벤자민 버튼의 시간은 거꾸로 간다〉에서 벤자민(브래드 피트 [Brad Pitt] 분)이 보내는 시간은 아픔의 순간들이었다. 벤자민의 시간은 늘 과거로 향하여 육신이 젊어지고 타인은 계속 늙어 간다. 그는 시간을 거슬러 살기 때문에 그 누구와도 동시대에 살 수 없다.

우리도 벤자민 만큼은 아니지만, 시간을 거슬러 살고 싶어 한다. 어릴 적에는 나이 들어 보이고 싶어 하고 나이 들어서는 어려 보이고 싶어 한다. 그러다가 죽을 날이 가까워지면 아프지 않기만을 바란다.

15세 시절의 나는 20세 정도로 보일 만큼 겉늙었다는 평가를 받았다. 그 당시 그것은 수모가 아니었다. 고등학교에서는 그게 장점이 되었다. 학우들이 나를 함부로 건드리지 못했다. 내 덕에 친구들이 혜택을 보았다.

성년이 되어서부터는 역전 현상이 일어났다. 예전에 이미 다 커 버렸기 때문에 성장세포가 더 이상 팽창하지 않아 동안(童顔)이라는 이야기를 듣게 되었다. 학생 때보다 기분 좋은 소리로 들렸다. 이제는 머리카락 볼륨이 꺼지고 새치가 늘어가는 걸 보니 미리미리 노인이 될 준비를 해야겠다.

'OECD 보건통계(Health Statistics) 2022'에 의하면 한국인의 평균수명이 83.5세로 10년 전보다 3.3년 올랐다고 한다. OECD 평균수명은 80.5세다. UN의 정의에 따르면 65세 이상 노인이 인구의 7퍼센트 이상일 경우 '고령화 사회'라고 하는데 우리나라는 2000년 '고령화 사회'에 진입했고 노인이 14퍼센트 이상인 '고령 사회'에는 2018년에 진입한 데 이어 2025년에는 20퍼센트 이상인 '초고령 사회'에 이를 전망이다.

인간의 수명이 계속 늘어나자 UN은 최근 18세에서 65세까지를 청년으로 구분한 바 있다. 이것이 실제의 삶에 언제 스며들지 예측할 수는 없다. 본질은 '노인'에 대한 사회적 합의와 당사자의 인식이다. '생산가능연령'(64세까지)이란 개념을 이제는 받아들이기가 어색하게 되었다. 노령층은 아직 한창이라고 하고 사회에 진입하는 청년이나 경제활동이 왕성한 중년층은 비켜 달라고 한다.

누가 봐도 노인으로 보이는데 화장을 두껍게 칠해 목과 얼굴이 분리된 것 같은 분, 몇 가닥 남지 않은 백발을 모자로 감추고 흰 바지에 흰 구두를 신고 허리 펴고 걷느라 애쓰시는 분 …. 왠지 몇 년 후 내 모습을 보는 것 같다.

내가 나이 먹는 티 내지 않으려 젊은 사람들이 쓰는 용어 몇 개 배워서 아재 개그를 했을 때 상대방의 억지웃음 속에 감추어진 신묘막측한 반응들 ….

'왜 했을까?'

후회하면서 또 하는 나는 (마음속으로) 아직 젊다고 우기기를 밥 먹듯이 한다.

'청년은 청년답게, 중년은 중년의 티를 내고, 노인은 어른으로서 역할을 하면 어떨까'라는 말은 너무 당연해서 싫증 날까?

김경일 교수의 『공자가 죽어야 나라가 산다』에 보면 老人(노인)은 백발의 노인이 지팡이를 짚고 있는 모습이고, 孝(효)는 아들이 노인을 업고 있는 모습이라고 한다. 김경일 교수의 글에서 받은 느낌은 우리의 효가 오히려 고령 사회에서 노인의 역할을 작게 만든 게 아닌가 싶다.

노인은 일선에서 물러나 자식의 봉양을 받고 손주를 돌보아야 하며 자식들의 효도프로그램에 의한 외식(外食)과 여가를 따라 주어야 하는 존재가 되어 가는 게 아닐까?

받는 사람의 존재가치와 주는 사람의 모양새가 잘 어울리지 않아 노인이 어른으로서 역할을 하기보다는 다음 세대에 바통을 넘겨주는 자리에 머물러 오지 않았나 하는 생각이다.

잠언에서 말한다.

> 손자는 노인의 면류관이요 아비는 자식의 영화니라(잠언 17편 6절).

> 젊은 자의 영화는 그의 힘이요 늙은 자의 아름다움은 백발이니라(잠언 20장 29절).

노인이 가문의 어른일 수 있기 때문에 손자가 면류관이 되고 백발이 아름답다. 늙은 자의 아름다움을 발견할 수 있는 골목이 있다. 안국동 길을 걷다 보면 노부부가 뽀뽀하는 그림이 있다. (그림을 자세히 보시라) 거기에는 'We are Young'이라는 문구가 있다.

'이 그림을 누가 그렸을까?'

몹시 궁금했었는데 신문 기자인 친구가, 그 주인공은 'SIS'라는 이름으로 활동하는 '그라피티 아티스트' 원영선 씨라는 것을 알려 주었다. 미술을 전공하지도 않은 한 육군 장교가 명품 골목에 재능기부를 해 주었다고 한다. 자기 할아버지 할머니를 떠올리며 2013년에 벽에 그라피티를 했는데, 세월이 흘러 벽이 훼손되는 바람에 2018년 종로구청에서 원작자를 수

소문하여 복원했다고 한다.[1]

　단골 산책로인 이 골목을 지날 때마다 벽화와 문구에 나의 시선이 머물렀다. 그리고는 화폭에 남기기로 하고 볕 좋은 어느 겨울날 사진을 찍었다, 원래 노부부는 존재하지 않았는데 내가 두 분을 등장시켰다. 노년이 된 우리 부부가 손잡고 힘차게 걷는 모습을 그림으로 표현했다. '휴식 금지'라는 사인도 일부러 넣고 곁에서 "We are Young!" 하며 당당히 걷는 모습을….

　노인이란 존재(사회적 지위 고하를 막론하고)를 꼼꼼히 되새겨 보아야 한다. 노인이란 '늙은이'가 아니라 '어른'이라는 존재가치를 인식해야 한다. 국어사전에 따르면 어른이란 "다 자란 사람. 또는 다 자라서 자기 일에 책임을 질 수 있는 사람"이라고 정의한다. 나이가 들면서 평생 쌓인 경험과 지식이 어른의 밑천인 셈이다. 그래서 나이 든 어른들이 휴식을 거부하고 계속 걸을 수 있다.

　올해로 103세를 맞이한 연세대 철학과 김형석 교수는 100살을 넘게 살아 보니 60세에서 75세의 시기가 인생의 전성기라고 했다. 노자 철학으로 보면 어떤 것도 걸리적거릴 게 없는 물과 같은 시기라고 짐작한다. 75세 이후에도 기력은 쇠하지만, 가슴과 머리는 계속 자라난다. 나는 얼마 전까지만 해도 나이 먹는 게 두려웠었다. 외형적으로는 피부가 처지고 근육이 물러지고 관계적인 측면에서는 사회에서 변방으로 밀려나서, 모든 게 빠져나갈 것 같은 그 느낌….

　그러나 이제 최종 목적지를 확인하고, 늙은 자의 백발이 아름다움이라는 것을 알아 가면서 나이 들수록 더 아름답게 살아가리라는 다짐을 엄숙히 선서하는 바이다.

1　"삼청동 명물 '노부부 키스' 벽화 … 누가 그린 건지 궁금하셨죠?", 「조선일보」, 2018.4.20.

그림 5 〈무제〉, 2021, 수채화, 72.7×53cm

쏠림 없이 조화롭게

미술 사조를 크게 두 방향으로 나누어 볼 때 사실적인 것, 즉 조화와 균형을 중요시하는 것과 감성과 느낌을 중시하는 사조를 들고 싶다.

이집트 미술을 기원으로 고대 미술은 완벽을 추구하는 그리스와 로마 미술을 거쳐 기독교의 전파와 함께 종교예술이라 할 수 있는 중세 미술(5세기-14세기)로 이어졌다.

15세기 이후에는 인간의 이성과 계몽사상의 영향을 받아 예술 작품에 이상과 완벽을 추구했다. 르네상스 시대를 대표하는 화가 레오나르도 다 빈치, 미켈란젤로, 라파엘로의 그림이나 조각은 사람의 구조를 해부하여 캔버스에 옮겨 놓은 것처럼 섬세했다.

화려함을 추구하는 바로크와 로코코 시대를 지나 신고전주의 시대에는 고대의 그레코-로망(Greco-Roman) 예술의 완벽성을 재현하고자 했다. 소실점과 원근법을 활용하여 사실을 지향하는 계열에서는 조화와 완전성을 추구하지만 감성과 느낌을 중시하는 계열에서는 고대 이집트 벽화와 피카소의 입체파 미술처럼 보고 싶은 대로 그림 그리기를 좋아한다고 생각한다(현대 미술은 나타내고 싶은 대로 그림을 그린다)[1]

---

1   이론적 배경에 따른 구분 방식이 아니며 글쓴이 나름대로 기술한 것이다.

우리의 내면은 조화와 균형을 추구한다. 예술도 사실에 근거한 조화와 균형을 추구하다가 작품들의 차별성이 불분명해지면서 작가들마다의 개성과 희소성을 표출하게 되었다. 현실 세계에서 우리 눈에 보이는 구도와 색을 파괴하게 되었다는 뜻이다.

이에 더해 카메라가 등장하면서 사물을 똑같이 그린다는 것의 의미가 퇴색하여 시시각각 변하는 대상의 느낌을 표현하는 '인상주의'가 생겨나고, '입체파', '표현주의' 등이 뒤따랐다. 그림이나 예술 작품에서는 균형과 조화를 파괴하면 보는 이의 시선을 끌지만, 현실에서는 균형이 무너지면 그 부조화를 매우 불편해한다.

우리는 고속도로를 주행할 때 짐을 잔뜩 실은 5톤 트럭이 앞에 가고 있으면 차선을 바꾼다. 특히, 짐을 과도하게 싣고 가는 차 뒤에서는 더 빨리 피하려 한다. 최근 맥주를 싣고 가던 차가 맥주 상자를 떨어뜨려 도로에 온통 깨진 맥주병과 거품이 가득하여 교통이 마비된 현장을 보았다. 또 횟감용 생선이 담긴 수족관을 싣고 가던 차가 수족관을 떨어뜨려 각종 생선이 도로 위에 파닥거리는 것도 종종 본다. 아마도 짐을 과도하게 실었거나, 밧줄을 제대로 조이지 않았든지, 또는 운전자가 급회전했을 것이다. 모두 균형과 조화가 무너진 결과다.

오늘 그림에는 목재를 가득 태운 작은 트럭의 모습을 담았다. 차에 비해 통나무가 너무 많아 비포장도로를 달리는 것이 불안해 보인다. 꼭 조인 밧줄도 잘 안 보인다. 저 멀리 급회전 길에서 통나무 몇 개 떨어질까 조마조마하다.

사물과 인간의 아름다움이나 힘은 균형과 조화에 있다. 스포츠를 예를 들자면 축구의 경우 양발을 균형 있게 써야 좋은 선수가 된다. 손흥민의 경우 원래 오른발잡이였는데 어릴 때 아빠가 매일 수도 없이 왼발 슛을 하게 했단다. 평발인 박지성도 양발 잡이로서 영국 프리미어 리그에서 위대한 족적을 남겼다. 골프를 비롯한 많은 스포츠가 균형 잡힌 자세와 근육을 갖출 때 경쟁에서 살아남고 선수로서 수명이 오래 간다.

예전에는 천해 보인다고 왼손 젓가락질을 못 하게 했는데 요즘은 안 쓰는 손을 자꾸 쓰게 한다. 지능을 높이고 경쟁력을 키우려 하는 조치다. 몸의 왼편을 관장하는 우뇌와 오른편을 관장하는 좌뇌의 소통을 원활하게 하려는 의도이기도 하다.

우리는 흔히 예체능에 재능이 있고 감각적인 우뇌형 인간, 공부를 잘하는 언어능력이 발달한 좌뇌형 인간으로 사람을 이분법적으로 구분하여 대우해 왔다. 이것은 각자 자기가 속한 부류에 대한 스테레오타입(Stereotype)에 얽매여 스스로 조화와 균형을 제한하는 꼴이다.

서울대병원 박한선 정신건강의학과 전문의는 말한다.

> 좌뇌와 우뇌 관련한 대중적 편견보다 더 위험한 것은 잘못된 뇌과학 개념의 상업적 오용입니다. 수많은 어린이는 ⋯ '좌뇌아', '우뇌아'로 분류됩니다. ⋯ 멀쩡한 아이를 느닷없이 좌뇌 혹은 우뇌가 '덜 발달'한 아이로 만드는 것이죠. 그리고 '이미 발달한 쪽은 더욱 발전시키고, 부족한 쪽은 얼른 보완해 준다'고 하는 고액의 학습을 강요받습니다. ⋯
> 그냥 '판단력이 뛰어나다' 혹은 '감성이 풍부하다'라고 하면 곤란한 것일까요?[2]

MBTI도 과신하면 안 된다. 요즘 일반 회사와 결혼정보회사에서 개인의 MBTI 결과를 요청하기도 한다. 결혼하는 커플 스스로도 MBTI 결과를 보고 결혼 여부에 대해 고민한다고 한다. 그런데 테스트 결과가 일관성이 없는 경우가 많다. 내 경우도 예전에 테스트했던 결과와 최근의 결

---

2 "[내 마음은 왜 이럴까?] 좌뇌형 인간, 우뇌형 인간 정말 따로 있나?", 「동아사이언스」, 2018.2.18.

과는 거의 반대로 나왔다. 결과가 바뀌는 이유는 실제 성격에 근거하기보다는 자신의 이상적인 자화상을 염두에 두고 테스트지에 답을 한 결과일 수도 있고, 삶의 오래된 경험과 숙련을 통해 모든 면이 둥글둥글해졌기 때문일 수도 있다.

나의 경우는 신앙 안에서 기쁨의 교제를 나누게 되면서 테스트 결과가 바뀌었다고 생각한다. 이로 보건대, 사람을 인위적인 틀로 재단하지 말고 그 자체로서 인정하는 게 옳다고 생각한다. 그래야 각자의 잠재된 능력을 최대한 발휘할 테니까.

종교인들도 신앙생활에 조화가 부족하여 사회로부터 인색한 평가를 받고 있다고 생각한다.

베드로(Peter)는 말한다.

> 너희가 더욱 힘써 너희 믿음에 덕을, 덕에 지식을, 지식에 절제를, 절제에 인내를, 인내에 경건을, 경건에 형제 우애를, 형제 우애에 사랑을 공급하라
>
> (베드로후서 1장 5-7절).

믿음으로부터 사랑으로 올라간다. 믿음은 기본이고 이웃을 향한 사랑으로 신앙이 완성된다. 지식이 없는 믿음은 맹신이요 믿음이 없는 지식은 종교의식이 될 뿐이다. 덕과 경건, 사랑이 빠진 불균형적인 신앙은 사람들에게 감동을 줄 수 없다. 덕과 경건이 있어도 이웃에 대한 사랑이 없다면 그리스도에 대해 말할 자격이 없다. 아니, 사람들을 그리스도께 데려올 수 없다.

그림 6 〈무제〉, 2022, 수채화, 37.5×28cm

똑똑하게 열심히 즐겁게

　세계 최초로 '유인동력 비행기'를 만든 사람은 '라이트 형제'(Wright Brothers)라는 건 다 아는 사실이다. 그러나 그보다 먼저 야심 찬 비행체 개발계획으로 주목을 받은 사람이 있었다는 사실은 많이 알려지지 않았다.

　미국의 사무엘 랭글리(Samuel Langley) 교수는 하버드대학 교수를 역임하고 당시 미국과학협회 위원으로 일하면서 유인동력 비행기를 발명하고자 했다. 사회적으로 높은 지위에 있던 랭글리 교수는 많은 유력 인사로부터 지원받았다. 심지어 국방부에서 당시 5만 불이라는 거금을 지원받는가 하면 최고의 전문가로 이루어진 드림팀을 만들어 프로젝트를 진행하였다.

　그러나 세계 최초의 유인 비행기 발명이라는 타이틀은 오하이오의 듣보잡 발명가 라이트 형제에게 내주어야 했다. 랭글리 교수는 라이트 형제의 비행기 발명 소식을 듣고 자신의 프로젝트를 포기했다.[1] 랭글리 교수는 한 수 아래였던 라이트 형제가 자기 아이디어를 가로챘다는 모함을 부추기는 등 평생 이들을 미워하며 살다가 화병으로 죽었다고 한다.

　막대한 자금을 들여 비행기 개발 프로젝트를 진행했던 랭글리 교수와 라이트 형제의 다른 점은 무엇이었을까?

1　사이먼 시넥(Sion Sinek), Ted 강연(2009.9.29.) 참고.

랭글리는 '세계 최초의 유인동력 비행체' 발명가라는 명성을 얻고 돈을 벌겠다는 욕심이 동기가 되었던 것이고, 라이트 형제는 하늘을 나는 꿈을 품고 날 수 있는 기계를 만들 수 있다는 믿음을 끝까지 포기하지 않았다는 점이다. 그들은 새 날개가 움직이는 원리뿐 아니라 자전거의 움직임과 선박의 흐름 등을 참고하여 기존 글라이더 연구의 한계를 돌파하기 위해 땀을 흘렸다. 막대한 자금과 조직력이 대학에서 정규 교육도 받지 않은 이들의 열정을 이기지 못했다.

에디슨은 학교에서 석 달 만에 퇴학당했다. 병아리를 스스로 부화시켜 보겠다고 달걀을 품었던 일화는 다 아는 일이다. 호기심과 상상력이 풍부한 에디슨에게 기존 지식은 흥미거리가 되지 못했다. 스티브잡스의 경쟁자 빌 게이츠도 중퇴했다. 아인슈타인의 경우 인문학을 중시하는 '김나지움'[2]에서 질문을 받으면 대답 못 하는 학생으로 평가받았다. 한 교사는 아인슈타인에게 나중에 쓸모 있는 인물이 절대 되지 못할 것이라고 저주할 정도였다. 결국 미래의 천재를 알아보지 못한 학교는 아인슈타인을 한 학년 남겨 놓고 쫓아내는 결과를 자초했다.

우리는 흔히 말한다.

"머리 좋은 사람이 열심히 하는 사람을 못 당하고 열심히 하는 사람이 즐기는 사람을 당하지 못한다."

아인슈타인, 에디슨, 빌 게이츠는 과거의 지식을 전수하는 공부에 흥미를 느끼지 못했고 열심히 하지도 않았다. 그러나 그들이 학교에서 '커밍아웃'(coming out) 하여 각자가 재능을 발휘할 수 있는 분야에 발을 담그자 누구보다 즐거워하며 날 새는 줄 모르고 일에 몰입했다. 게다가 그들은 모두 선천적으로 머리가 좋은 사람들이다. '머리가 좋고 일을 즐기고 열심

---

2 그리스어의 김나시온(*gymnasion*: 체육장)에서 유래. 독일에서 16세기에 고전적 교양을 목적으로 하는 학교를 김나지움이라 하였고, 19세기 초 대학 입학을 위한 교육기관이 되었음(두산백과 두피디아).

히 하는 사람들'이니 일을 낼 수밖에….

하인에게 주어지는 달란트[3]에 관한 예화가 있다.

어떤 사람이 외국으로 여행을 하면서 한 종에게 다섯 달란트를 맡기고 또 한 종에게는 두 달란트를 맡겼다. 마지막으로 세 번째 종에게는 한 달란트를 맡겼다. 얼마 후 다섯 달란트를 맡은 자는 장사를 열심히 하여 다섯 달란트를 남기고 두 달란트를 맡은 자도 두 달란트를 더 남겼다. 그러나 한 달란트를 받은 자는 달란트를 땅에 묻어 두었다. 주인이 돌아와서 종들과 결산하였다.

첫 번째 종과 두 번째 종에게는 "잘하였도다. 충성된 종아. 네가 작은 일에 열심히 하였으니 더 큰 것을 네게 맡길 것이다"라고 했다.

세 번째 종에게는 "악하고 게으른 종"이라 하고 왜 차라리 은행에 맡겨 이자라도 받지 않았느냐고 하며 한 달란트마저 빼앗고 쫓아냈다. 그 종은 주인이 엄한 사람이라고 생각하여 한 달란트를 빼앗아 갈까 봐 두려워서 땅속에 보관했기 때문이었다.

우리 각자의 DNA에는 고유의 달란트가 있다. 인문사회, 과학기술, 예체능 등 다양한 분야에서 재주를 가지고 있다. 작게는 말 잘하는 것, 명석하게 판단하기, 웃음을 주는 일, 섬겨 주기, 청소 잘하는 것 등 수많은 달란트를 지녔다. 하지만 사농공상(士農工商)의 유교 문화를 중시하던 우리는 판검사, 의사, 변호사, 고위 공무원, 대학교수 등 사회적 신분을 서열화하고 제도권 교육은 좋은 시험 성적을 요구한다.

학생들은 다양한 경험을 해 보지 못하고 입시교육에 매몰되어 자신의 진짜 재능이 무엇인지도 모른 채 성공방정식의 변수가 되어 간다. 직장에

---

[3] '탈란톤'(talanton)이 라틴어 '탈렌툼'(talentum)을 거쳐 '달란트'가 되었음. 무게의 최대 단위. 구약 시대에 약 34킬로그램(3,000세겔), 그리스에서 1달란트는 노동자 하루 품삯이었음. 천부적 재능이나 능력을 나타내는 말로도 사용(라이프성경사전, 2006.8.15., 가스펠서브).

들어가서는 '천직이려니' 하며 퇴직할 때까지 각종 업무 스트레스를 참아내며 가족을 부양한다. 그러다가 은퇴 후에는 지친 몸과 마음을 달래려 소일거리를 찾거나 여행 등 흔한 취미생활을 한다.

직업 활동이 경직된 사회에서 자신이 진짜 좋아하는 일이 무엇인지 찾아내기란 쉽지 않다. 해답을 찾기 위해서는 젊을 때일수록 다채로운 경험을 해야 한다. 여건이 되면 가 보고 싶은 나라를 방문하고 온갖 아르바이트를 해 보며 고생도 사서 해야 좋다. 그러다가 심장이 뛰고 가슴 설레게 하는 일을 찾아내면 그게 바로 신께서 각자에게 주신 달란트임을 깨달아야 한다. 각자 그 달란트를 통해 소명을 깨닫고 사회에 기여할 수도 있다. 그러면 돈은 자연스럽게 따라온다. 돈을 쫓아가면 안 된다.

한 가지 짚어 볼 점은 좋아하는 일이 전업이 되는 경우 그 일을 지속적으로 좋아할 수 있는지다. 그 일이 뭐가 있을까 찾아봐도 쉽게 떠오르지 않는다. 예를 들면, 사진 찍는 일에 재능이 있는 사람이 문화재청에서 천연기념물을 관리한다면 재능기부를 통해 평생직장에 몸담을 수 있다.

이런 고민은 오늘 등장하는 그림을 배경으로 한다. 노란 유채꽃에 파묻힌 분은 대전에 있는 어느 연구소의 박사님인데 그의 사진은 취미라고 하기에는 한눈에 봐도 전문가급이다. 나의 페북 친구인 이분이 사격하듯 촬영하는 모습이 인상적이어서 수채화로 담았다.

대개는 일하다 지쳐 자신의 재능에 싫증을 내는 경우가 꽤 있다. 유능한 인재가 직장에서 인정받지 못하고 좋은 재능을 묻어 버리게 되는 것을 경험을 통해 알게 된다. 한 가지 해결책을 제한하자면, '자신이 좋아하고 재능을 발휘할 수 있는 일'을 재능기부로 하고, '그다음으로 좋아하는 일'을 전업으로 하는 것이다.

재능으로 돈을 벌면서도 보람을 얻는 방법이 있다. 존 칼빈의 '직업 소명설'에 의하면 모든 직업은 하늘이 우리에게 부여한 소명으로서 직업의 귀천이 없다고 한다. 모든 사람은 각자의 소명을 위해 근면 성실하게 일하고 남을 도와야 한다고 말했다. 각자가 구원받았는지 아닌지는 주어진 직업에서 땀흘려 일하여 성공했는지 여부로 판가름할 수 있다고 칼빈은 말했다.

이 이론은 자본주의 정신의 밑바탕이 되었다. 각자의 소명에 따라 주어진 재능을 바탕으로, 기쁜 맘으로 할 수 있는 직업을 찾아 땀 흘려 일하는 것이 즐겁고 오래 일하는 비결이다.

우리의 DNA 속 달란트는 그냥 묻어 두라고 부여받은 것이 아니다. 굳이 칼빈의 직업 소명설을 거론하지 않더라도 우리는 일터에서 최선을 다하여 달란트를 사용함으로써 염도 높은 땀을 흘려야 한다. 내가 하는 일이 누군가에게 도움이 되고 재능을 부여한 존재에게도 기쁨이 된다는 점을 인식해야 한다.

다섯 달란트, 두 달란트를 받고 두 배로 남긴 자의 일은 그냥 'Job'(일, 직장)이 아니라 'Vocation'(천직, 소명 의식)이다. Vocation으로서 직업윤리의 본을 보일 때, 예수 그리스도께서 말씀하셨듯이 사람들이 우리의 착한 행실을 보고 재능을 허락한 그분을 존경하게 된다.

이렇게 일하는 사람은 '즐기면서, 열심히' 한다. 즐기면서 열심히 하다 보면 두뇌 회전이 빨라지고 결국 '좋은 머리로, 즐기면서, 열심히' 할 수 있게 된다. 이것이 바로 세계 최고로 향해 가는 지름길이기도 하다.

그림 7 〈무제〉, 2022, 수채화, 37.5×28cm

비우는 법 채우는 법

"양 한 마리, 양 두 마리, 양 세 마리 …."

서양에서 잠이 올 때 쓰는 방법이다. 우리나라 아이들도 설레는 일이 있어서 잠이 오지 않을 때 숫자를 센다. 근데 "몇 까지 셌더라?"라고 하면 잠이 달아난다. 잠 오게 하는 숨쉬기도 있다. 들이쉴 때 몇 초, 조금 참았다가 내쉴 때 몇 초 …. 시간 재다가 오히려 잠이 오지 않는다. 이런 방법들은 잠자리에서 잡념을 떨쳐 버리고자 하는 방편이다.

나도 50대가 되니 잠이 오지 않아 힘들었는데 의사가 가르쳐 준 숨쉬기 방법을 해 보기도 하고 예전에 좋았던 기억을 떠올려 봐도 좀처럼 잠이 오지 않았다. 잡생각을 쫓거나 긴장을 풀어내지 못했다. 그러다가 그림 그리기에 푹 빠지고 나서는 잠 때문에 어려움을 겪지 않는다. 잠자리에서 낮에 그리던 그림을 머릿속에 떠올려 계속 그려 나가다 보면 어느새 스르륵 잠이 든다. 생각은 생각으로 비워야 한다는 것을 깨닫는다.

법륜스님이 〈힐링 멘토들과 함께하는 행복 여행(2013)〉에서 '나'를 어떻게 비울 수 있는지 설명했다.

택시를 타면 당신은 누가 되죠?
남편에게 당신은 누구인가요?

자식에게 나는 어떤 신분인가요?
어머니에게는 뭐가 되나요?

법륜스님은 이런 질문을 하고는 '나'는 '무아'(無我)라고 말했다. 그런데 '만남'을 통해 '나'의 존재가 생긴다고 했다. 대상이 누구냐에 따라 나는 달라지기 때문에 본질에서 나는 없어지고 괴로움도 사라진다고 했다. 그러면서 "색즉시공 공즉시색"(色卽是空 空卽是色)[1]이란 말을 덧붙였다.

질량은 물리적으로 사라진 것처럼 보여도 없어진 게 아니라 우주 공간에 에너지로 변한 것이라는 아인슈타인의 이론은 당시 주류과학 갈릴레이와 뉴턴의 역학을 흔들어 놓았다. 그는 시간과 공간의 개념을 바꾸었고, 질량과 에너지의 등가성(等價性)의 방정식으로 인류의 과학을 바꾸었다.

성철스님은 상대성이론을 불교 사상과 연계시켰다고 알려져 있다. 아인슈타인의 등가성 이론을 불교로 해석하면, 질량(色)과 에너지(空) 보존 법칙($e=mc^2$)이라고 할 수 있다.

불교와 아인슈타인의 이론은 '사물이 완전히 없어지는 것이 아니라 상황에 따라 변한다'라는 사실을 깨우쳐 준다. 법륜 스님의 말에 대입하면 '나'는 '만남'에 따라 생겨나고 항상 변하기 때문에 고정된 '나'는 없고 그래서 비울 수 있다고 한다.

오늘 그림은 분당의 단골 식당 옆에 있는 호수를 배경으로 내 뒷모습을 딸이 사진에 담은 모습이다. 뒷모습을 더 멋지게 그렸었는데 너무 비현실적이어서 수정했다. 실제 키도 그림보다 작다. 이 그림은 원근감이 부족하고 풀과 물의 경계에 날카로워 보이는 하드 엣지(Hard edge)가 많아 불만이 있는 작품이다. 어쨌든 물과 나무를 보며 머리를 식히고 있는 모습이

---

[1] 반야심경에 나오는 구절로 대승불교의 핵심사상, 우리가 사는 세계는 자성이 없는 허상의 세계지만 인연으로 인하여 분명히 존재하는 세계이므로 집착 없이 최선을 다해 살아야 한다는 뜻.

오늘 주제와 어울린다.

예수께서 이렇게 말씀하셨다.

> 무리와 제자들을 불러 이르시되 아무든지 나를 따라 오려거든 자기를 부인하고 자기 십자가를 지고 나를 좇을 것이니라 누구든지 제 목숨을 구원코자 하면 잃을 것이요 누구든지 나와 복음을 위하여 제 목숨을 잃으면 구원하리라 사람이 만일 온 천하를 얻고도 제 목숨을 잃으면 무엇이 유익하리요 (마가복음 8장 34-36절).

자기를 부인한다는 것이 쉽지 않다. 자아를 버리고 자기 생각도 비우고 순종하라는 말이다. 자기를 부인하고 스승을 따르는 사람은, 소극적 표현으로 '자기를 부인'하는 사람이지만 적극적 의미로는 내 속에 최고의 가치로 꽉 채우는 사람이다.

사람들은 걱정과 근심, 염려와 불안, 스트레스에서 벗어나고자 수많은 방법을 동원한다. 스포츠, 술과 담배, 여가 활동 등 머릿속 걱정거리를 쫓아내기 위해 무언가에 몰두한다. 어떤 사람은 폭식하기도 하고 쇼핑이나 게임에 빠지거나 음란 동영상에 중독되기도 한다. 그러다가 마약에 손을 대는 사람도 있다.

그러나 이런 방법은 근본적인 해결책이 되지 못한다. 어떤 이에게 "파란 코끼리'를 절대 생각하지 말라"라고 한다면 그 사람 머릿속에서는 파란 코끼리를 지우려 할수록 그 모습이 더 뚜렷해진다는 것을 알 수 있다. 어떤 학생이 음란 동영상을 봤다면, 공부할 때 그 잔상을 아무리 지우려 해도 지워지지 않는다.

잡념을 비우고 정신을 맑게 하려고 많은 사람이 명상이나 요가를 한다 (살 빼기 위해 하는 경우도 있지만). 그런데 명상을 통해 생각을 비우기란 여간 어려운 것이 아니라고 한다. 혈기 왕성한 상태에서 생각을 비우기 힘들어서 밥을 굶기까지 하면서 수양하기도 한다. 소승불교의 많은 수도승이 금식하고 물도 먹지 않아 마른 나무 같은 몸 상태로 수양하는 것도 같은 이유에서다. 석가모니도 보리수 밑에서 극한의 굶주림 속에서 깨달음을 얻었다.

요즘 노자(老子)나 장자(莊子)의 도가사상이 흥행하는 듯하다.『도덕경』에 나오는 "上善若水"(상선약수)는 많은 사람이 좋아하는 한자 성어다. 낮은 곳으로 흐르고 저항하지 않으며 두루 이롭게 한다는 뜻인데 물과 같이 고집하지 않고 여유롭고 부드러워지고자 많은 이가 이 사자성어를 인생의 좌우명으로 삼고 있다.

예전에 '자민련'(自民聯)의 김종필 총재가 상선약수를 좌우명으로 삼았다. 내가 모시던 김우식 전(前) 과학기술 부총리도(현 KAIST 이사장) 취임을 앞두고 언론 인터뷰에서 '상선약수'를 강조하셨다. 반기문 총장의 입에도 단골 메뉴였다.

노자는『도덕경』에서 작아지고 단순하며 소유하지 않는 것이 道(도)라고 했다. 원래 이 사상은 그 이전 맹자의 '유가사상'이 정치의 수단으로 활용되었던 것에 대항하기 위해 만들어졌으나 지금은 바쁜 일상으로 인한 스트레스, 고정화된 틀에서의 해방을 찾기 위해 소환되고 있다. 오늘날 노자와 장자가 월스트리트나 강남에 와서 산다면 그들의 무위사상을 자신 있게 설파할 수 있을지 모르겠다.

극한의 고통으로 인해 딴 생각이 나지 않게 하는 '비움'이 아닌 기쁘고 행복한 '비움'의 방법이 있다. 쓰레기같이 더러운 생각들, 독버섯처럼 끈질긴 잡념들, 들킬까 봐 두려운 탐욕들은 스스로 나가려 하지 않는다.

이것들을 쫓아내는 방법은 '기존 것과 비교할 수 없이 좋은 것'으로 채우는 것이다. 빛이 내 안에 들어올 때 어두움은 차지할 공간을 잃게 된다. 새로운 가치에 대한 희망은 나의 노력이나 지식으로 얻을 수 있는 것이 아니다.

예수께서 베드로에게 "나를 따르라"라고 하셨을 때, 또 이스라엘에서 세금을 걷어 로마에 바치는 삭개오에게 "이리 내려오라"라고 하셨을 때처럼 내게 영원한 가치를 약속할 때 생겨난다. 나를 비우려 발버둥 치다가 애써 비운 사이에 더 나쁜 것이 들어올 수 있다. 내 가슴에 바뀌지 않는 가치로 끊임없이 '꽉 채워서 비우는' 비결을 배워야 한다.

그림 8 〈무제〉, 2021, 수채화, 30.4×45.4cm.

있을 때 잘하기

벌초 시즌이 돌아왔다. 벌초 때가 되면 차량 흐름이 뉴스의 단골 메뉴가 되고 제초기 사고와 벌에 쏘이는 일이 지면에 등장한다. 우리 집도 내일 충북 음성으로 벌초하러 가야 한다. 매년 벌초하러 가지만 가도 별로 할 일이 없다. 300평도 안 되는 산소에는 잡초도 많지 않아 주면 나뭇가지 자르고 잔디 고르기만 해 주면 된다. 일꾼 한 명 사서 벌초를 맡기지 않고 자손들이 직접 하는 것은 조상에 대한 예이고 가족 간의 친목을 다지기 위함이기도 하다.

오늘 그림은 오래전 벌초하러 갔을 때 찍은 사진을 화폭에 담은 것이다. 그림에서 노란 점퍼를 입고 앉아 있는 분이 우리 아버지다. 그 뒷모습이 참 무기력해 보인다. 그날 아버지는 제초기 연료가 음료수인 줄 알고 마셨다가 혼이 나셨다. 그 후 일손을 놓고 돌에 걸터앉아 먼 산을 바라보고 계셨다. 속에서는 불이 났을 것이다. 돌이켜 보니 병원도 안 가고 속이 가라앉을 때까지 참은 것이 미련했다. 하긴 예전에 기생충을 죽이려고 일부러 휘발유를 마시기도 했으니 죽을 일은 아니었나 보다.

이후에도 아버지는 매년 벌초하러 가시기는 했으나 거들지는 못하셨다. 묘를 이발한 듯 새로 단장해 놓으면 흐뭇한 표정으로 구경만 하셨다. 그리고는 지난봄에 거기 묻히셨다. 내가 그렇게 따르고 좋아했던 할머니,

할아버지도 같은 장소에 묻히셨다. 한 번도 보지 못한 할아버지의 첫 번째 부인(큰할머니)도 거기 계신다.

산에 갈 때마다 느끼는 것이지만 우리나라에는 죽은 사람이 산 사람보다 더 좋은 땅을 차지하고 있다. 산행하다 보면 볕 잘 들고 경치 좋은 곳, 명당자리에는 항상 묘가 있다. 묫자리를 잘 써야 자손이 잘된다는 풍수지리 때문에 자손들이 전국 방방곡곡 산 좋고 물 좋은 곳을 귀신같이 찾아 차지했던 탓이다.

음성에 있는 우리 선산도 햇볕이 잘 들고 마을이 한눈에 들어오는 명당이다. 한번은 아버지와 동생과 함께 큰할머니 묘의 벌초를 하러 갔는데 그 지역이 명당자리였는지 수많은 묘가 몰려 있었다. 묘에 비석도 없고 잡초가 무성하여 할머니 묘 찾기가 여간 어려운 게 아니었다.

아버지가 "찾았다. 일 시작하자" 하시고는 한참 일하다가 "여기가 아닌가 보다"라고 해서서 다른 묘에 가서 열심히 풀을 베었다. 그런데 다 베고 나니 아버지가 "아까 거기가 맞나 보다" 하셔서 아까 그 묘에 가서 벌초했다. 일을 끝내자 아버지가 또 "근데 여기도 아닌 거 같다" 하셔서 결국 그 일대에 걸쳐 모든 산소의 풀을 베었다. 인근 산소의 주인들은 아마도 천사가 왔다 갔을 거로 생각했을 것이다.

예전에 분봉에 묻혔던 조상들이 차지하는 땅은 지금보다 더 컸다. 불교가 도입된 이후 화장문화가 전파되고 골분(骨粉)만 수습하여 안치하는 장례가 자리를 잡으면서 그나마 공간의 여유가 생겼다.

시신을 처리하는 방법은 종교나 풍습, 지리적 환경 등에 따라 다르다.

티베트는 땅이 좁고 땔감이 부족하여 시신을 까마귀나 독수리에게 먹이로 주는 조장(鳥葬)을 행한다.

아마존의 어느 부족은 사람이 죽으면 시신을 나무에 올려놓고 새와 벌레가 먹고 나서 살이 완전히 분해되면 뼈를 가지고 내려와 빻아서 가족들이 마신다고 한다. 시신을 완전히 자연으로 돌려주고 흔적을 없앤다. 이런 의식이 조상을 위하는 마음인지 시신을 마땅히 처리할 방법이 없어서 인지는 모르겠으나 나쁘지는 않은 것 같다.

　법정스님이 "공수래공수거"(空手來空手去)라 했듯이 사람은 땅에서 빈손으로 나서 빈손으로 돌아간다. 살았을 때 가지고 있던 것 다 놓고 빈손으로 돌아가는데 후손들이 죽은 손에 자꾸 쥐어 주려 한다. 살아계실 때 더 못 해 드린 것이 아쉬워서일 수도 있고 조상에 대한 예로서 그렇게 하는 것일 수도 있다. 혹은 조상님을 잘 모셔야 복을 받을 수 있다는 관념 때문일 수도 있다.

　아버지는 음성에 묻히시기 전 오랫동안 파킨슨병으로 고생하셨다. 하도 약을 많이 드셔서 약 기운에 몽롱하셨다. 왜 그렇게 걷잡을 수 없이 흔들리는 손을 온몸으로 부여잡고 그림을 그리셨는지 …. 우리 집에 오셨을 때는 내가 그림 그릴 때 옆에서 따라 그리려 애쓰시는 모습이 애처로웠다. 바둑을 좋아하셔서 휴대전화로 바둑을 두시는데 손이 떨려 대신 돌을 놔 드린 기억도 선하다. 생각해 보니 파킨슨은 마음의 병을 동반한다고 하는데 아버지는 무기력한 몸과 마음을 온몸으로 버텨 내셨다.

　우리가 아기였을 때는 아버지의 존재를 잘 깨닫지 못한다. 어린아이가 되어서 아버지는 세상에서 가장 힘이 센 슈퍼맨이고 못 하는 게 없는 맥가이버가 된다. 그러다가 청소년이 되면 꼰대 같은 아버지 모습이 보기 싫어질 때도 있고 성년이 되어 자식을 낳고 키워 보면 아버지를 이해하게 된다. 중년이 되면 그 뒷모습에 측은함을 느끼게 되다가 장년이 넘어서 아버지가 돌아가실 때가 되면 "아버지는 위대하셨다"라고 고백한다. 그리고 더 잘해드리지 못한 걸 후회한다.

　잠언에서 이렇게 말한다.

> 내 아들아 네 아비의 훈계를 들으며 네 어미의 법을 떠나지 말라 이는 네 머리의 아름다운 관이요 네 목의 금사슬이니라 (잠언 1장 8-9절).

아비의 훈계와 어미의 법을 따름으로 기쁨을 드리는 일은 그들이 살아 계실 때 유효하다. 돌아가시고 나서는 그 말씀이 더욱 크게 들리지만, 어찌할 도리가 없다. 조금이라도 힘이 남아 계실 때 잘해드리자. 돌아가셔서 아무리 좋은 땅에 모시고 묘를 단장해도 등산객들의 쉼터가 될 뿐이다.

아버지의 몸뚱이는 지금 음성의 땅 밑에서 미생물과 상호작용하며 흙과 동질화되는 중이다. 나는 내일 화단을 가꾸는 맘으로 즐겁게 벌초할 준비가 돼 있다. 돌아가시는 날까지 집에서 모시다가 너무도 환한 모습으로 하늘나라에 가시는 모습을 보았기 때문에 그렇다.

그림 9 〈벌초할 적에〉, 2020, 수채화, 40.7×30.7cm

아름다울 미(美)

에티오피아의 원시 부족 '무르시족'은 아름다워 보이기 위해 입술에 접시를 끼운다. 그래서 '접시족'이라고 한다. 접시가 큰 여인일수록 더 아름답다는 평가를 받는다. 예전 TV에서 방영된 〈아마존의 눈물〉에 나오는 '조에족'은 턱에 '뽀뚜르'라는 나무 뿌리를 끼워 넣고 평생을 지낸다. 목에 링을 겹쳐 끼워 길게 늘이는 풍습은 애교에 가깝다.

중국은 젊은 여성은 발이 작아야 아름답다며 일부러 꼭 끼는 신발을 신게 한 적이 있었다. 일본의 상류층 여성은 치아를 검게 칠하는 '흑치'(黑齒) 화장법을 아름답게 여겼다.

우리나라는 조선 시대 말까지 유교 사상에 따라 "신체발부 수지부모"(身體髮膚 受之父母)라 하여 몸에 손을 대지 못하게 했으며 심지어 머리카락도 자르지 못했다. 몸에 문신한 남자가 군에 입대를 못 하는 것도 이 때문이기도 하다. (지금은 받아 주는지 모르겠다) 그랬던 한국이 오늘날 얼굴 성형 수술 실력이 세계 최고 수준이라는 평가를 받는 나라가 되었다. 중국과 동남아시아는 물론 유럽에서까지 성형 원정을 올 정도다.

이렇게 된 데에는 신언서판(身言書判)이란 말이 있듯이 우리나라가 외모를 중시해 왔던 이유가 있다. 우리나라는 사람을 평가할 때 전통적으로 외모를 먼저 보고, 말하는 것, 글솜씨를 채점했다. 결혼은 물론 직장에 취직할 때, 심지어는 알바생을 뽑을 때도 이왕이면 인물 좋은 사람을 선택한다. 최근에는 외모지상주의에 대한 반발이 커져서 공식적으로 외모를 평가하지 못한다. 그러나 성형외과가 잘되는 것을 보니 알게 모르게 이루어지는 외모 평가는 어찌할 수 없다.

얼마 전 군 제대 후 복학을 기다리던 어떤 대학생이 한 성형외과에서 안면 윤곽 수술을 받던 중 과다출혈로 뇌사 상태에 빠졌다는 소식을 접했다. 결국, 그는 숨졌고 담당 의사는 중형을 받았다.

『의학신문』(2020)에 따르면 성형외과의 의료사고는 절반 이상이 의원급에서 발생했으며 수술이 압도적인 것으로 나타났다고 한다. 의료행위 유형으로 따지면 수술이 83.3퍼센트, 사고내용별로는 효과 미흡이 34.5퍼센트를 차지했다고 한다.[1] 그만큼 수요가 많아 의원급 성형외과에서도 시술이 많이 이루어진다는 이야기다.

요즘 소설 부문 베스트셀러인 『불편한 편의점』의 등장인물 중 가장 눈길을 끄는 사람은 노숙자였던 편의점 점원이다. 노숙자라 우습게 보였던 그가 정의의 사자가 되어 악당을 물리치기도 하고 어려운 숫자 계산을 정확히 하거나 정리 정돈을 제대로 해냈다. 나중에 알고 보니 '개과천선'한 노숙자는 의료사고로 환자를 죽인 어느 성형외과 의사였다. 사건이 불거져 혼자 책임을 떠안고 가족도 잃어 거리를 헤매다가 편의점에서, 잃었던 정체성을 찾았다. 그리고는 어두웠던 몰골이 신수 훤하게 바뀌었다.

아름다워지고 싶은 욕구는 누구에게나 있다. 이것이 문제는 아니다. 생리적 현상을 거스르면서까지 미를 추구하다가 낭패를 보는 게 문제다. 유명 TV 연예인들도 흘러가는 세월을 어찌할 수 없다. 그들도 우리와 함께 늙어 간다. 연예인은 보이는 것에 의지해야 해서 늙지 않아 보이려 무던히 애를 쓴다.

---

[1] "성형외과 의료사고 절반 이상 의원급", 『의학신문』, 2020.10.21.

땡땡했던 피부가 처지는 것을 참지 못해서 보톡스를 맞고 피부를 밀어 올린다. 이쪽이 처지면 이쪽을 올리고 저쪽이 처지면 저쪽을 올리고 ⋯. 그래서 예전에는 그렇게도 표정 연기가 좋았던 나이 지긋한 베테랑 연예인들이 부어오른 피부로 인해 표정이 부자연스럽다. 나이가 들면 나이 든 역할을 하면 될 것을.

마릴린 먼로(Marilyn Monroe)의 전성기 시절 그녀와 쌍벽을 이루었던 배우 에반스 콜린(Evans Colin)은 그 인기가 먼로에게 절대 뒤지지 않았다. 먼로의 비참했던 마지막에 비해 콜린의 생애는 갈수록 빛이 났다. 그녀는 인기가 절정이었던 시절 헐리우드에서 은퇴 선언을 하며 "어느 남자(그리스도)와 사랑에 빠졌다"라고 고백했다. 그 후 그녀는 아프리카 우간다 선교활동을 하며 날이 갈수록 더 아름다운 모습을 간직했다.

주변에 자꾸 보고 싶은 사람이 있다. 그냥 기분이 좋은 사람이 있다. 화장도 안 했는데, 수염도 제대로 깎지 않았는데 함께 있고 싶다. 잘 웃는 사람이 그렇다. 박장대소 말고 늘 입꼬리가 올라가 있는 사람은 공기를 좋게 한다. (한쪽 입꼬리만 올라가면 절대 안 된다) 그런 사람은 일단 점수를 따고 들어간다. 꾸미지 않아도, 나이를 먹어도, 주변이 험악해도 그의 예쁜 미소로부터 신경전달물질을 타고 좋은 호르몬이 내 머리에 전달된다.

그런데 코로나 시대를 살아가는 우리는 입을 가릴 때가 많아 눈으로 경쟁해야 한다. 나는 눈웃음을 치는 스타일이기 때문에 유리한 편이다. 좋은 표정으로 질리지 않는 외모를 구현할 방법을 찾는 게 외모지상주의를 막는 방법의 하나가 아닐까 한다.

웃음은 나 자신에게도 유익하다. 유머와 웃음 치료에 대해 30년 이상 연구해 온 윌리엄 프라이(William Fry) 박사는 웃는 것이 에어로빅과 같은 효과를 낸다고 했다. 폐를 확장하고 근육과 심장을 따뜻하게 해 긴장을 이완시킨다고 했다.² 몇 시간 동안 온몸을 비틀어대며 땀 흘리는 노력이 웃음 한 방과 같다는 것이다. 그래서 나도 때때로 거울 앞에서 파안대소할 때의 근육을 억지로 만든다. 웃음의 자국이 내 얼굴에 남으면 다른 사람을 볼 때도 좋은 인상을 준다.

오늘 등장하는 분은 아버지 환갑쯤의 모습이다. 안고 있는 아이는 내 딸이다. 저 시기는 그야말로 딸에게 황금기였다. 우리 장씨 집안에는 딸이 귀하여 그야말로 왕손 대접을 받았다. 할아버지 품에 안긴 손녀의 저 도도한 표정이 그것을 잘 말해 주고 있다.

손녀가 좋아하건 말건 아이를 꼭 안고 있는 저 모습에서 어떠한 근심도 없는 할아버지 미소가 느껴지는가?

"웃는 얼굴에 침 못 뱉는다"라는 말이 있다. 여기에서 웃음은 비웃음도 아니고 소리 내는 웃음도 아니다. 그 웃음은 좋은 마음에서 나오는 미소일 것이다. 연예인이나 개그맨들은 웃음으로 돈을 버는 사람이라 해도 과언이 아니다. 하지만 웃기지도 않고 유쾌하지도 않는데 계속 웃어야 한다면 얼마나 고역이겠는가. 억지로 입꼬리를 계속 올려야 한다면 안면 마비는 오지 않겠는가.

잠언에서 이렇게 말한다.

> 웃을 때에도 마음에 슬픔이 있고 즐거움의 끝에도 근심이 있느니라(잠언 14장 13절).

살면서 마음에 슬픔이 있는데 웃음을 팔아야 할 때가 얼마나 많은가?
근심이 있으나 즐거운 척해야 할 때는 적은가?
슬픔을 이기고 웃는 웃음, 근심을 날려 버리고 웃는 웃음이 일상이 되는 방법을 찾아야 한다.

---

2 미션월드 블로그(2022) 참조.

아까 이야기했던 아프리카 에티오피아의 '무르시족' 이야기로 돌아가 보자. 에티오피아에서 남자가 아내를 얻으려면 마음에 드는 여인에게 소를 선물해야 하는데 부자일수록 많은 소를 줄 수 있었고 소를 많이 줄수록 아름다운 여인을 차지할 수 있었다.

부족에 아무도 거들떠보지 않는 한 볼품 없는 여성이 살고 있었다. 그녀는 자기에게 소를 주는 사람이 한 명도 나타나지 않아서 괴로운 날들을 보내고 있었다. 그러던 어느 날 한 부자 청년이 나타나 그 여인에게 열 마리의 소를 주면서 청혼했다. 사람들이 모두 의아하게 여겼다.

그런데 수년이 지나 이 부부가 사는 동네를 방문하는 사람들은 하나같이 그 여인이 마을에서 가장 아름다운 여인이라고 칭찬했다고 한다. 볼품 없었던 그 여인에게 소 열 마리를 선사해 준 청년에 의해 그 여인은 소 열 마리 값의 품위와 미소, 예절을 지킬 수 있었고 그것이 여인에게 진정한 아름다움을 가져다주었다.[3]

진정한 아름다움을 꿰뚫어 보는 안목을 가진 그 청년은 평생 그녀를 웃게 했을 것이다. 바울(Paul)은 무엇도 염려하지 말고 모든 일을 감사함으로 기도하라고 하면서, 그럴 때 그리스도 안에서 마음과 생각을 보호받을 수 있다고 강조한다. 단 한 가지도 염려하지 말고 미리 감사하며 그냥 맡기라는 말이다.

이게 가능할 수 있겠는가?

아찔한 구름다리 위에서 마음 놓고 활보할 수 있겠는가?

엄마 아빠가 곁에 있어서 아무 걱정 없이 뛰노는 아이의 마음을 가질 때 그럴 수 있다. 벼랑 끝에 믿는 구석이 있을 때 우리는 슬픔도 근심도 없는 아이 웃음을 누릴 수 있다. 이 웃음은 화장품 회사가 싫어하는 웃음이다. 나이 들수록 아름답게 하는 웃음이기에 성형외과 의사가 걱정하는 웃음이다.

---

3   선한목자교회 담임 유기성 목사 예화 인용.

그림 10 〈미소〉, 2021, 수채화, 50×36cm

둘

모두 가치

노숙자와 비둘기

　내가 다니던 직장은 남대문에 있다. 남대문 일대는 노숙자들이 자주 찾는 공간이다. 저녁이 되면 지하도에는 많은 노숙자가 자리를 잡는다. 그래서 회사 여직원들은 퇴근할 때 무서워서 지하 통로를 이용하지 않는다. 그런데 가만히 보면 그들에게도 나름의 질서가 있다.
　나는 항상 지하 통로를 이용하기 때문에 그들을 관찰할 수 있었는데, 꼭 6시 무렵에 찾아와 각자 고유영역에 자리를 잡는다. 그리고 어디선가 종이상자를 잔뜩 모아다가 집을 짓는다. 각자 자기만의 형태로 매일 똑같이 짓는다. 어떤 사람은 높게, 어떤 사람은 관처럼 길게 어떤 사람은 아예 텐트를 친다. 모든 집이 꼭꼭 숨을 수 있는 완벽한 아지트다. 다음날 아침에는 그 자리가 흔적도 없이 깨끗하다.
　출근길에도 노숙자들을 마주치는데 누워 자는 사람, 햇볕을 쬐는 사람들은 항상 그 자리다. 그들 중에 한 독특한 사람이 있는데 비둘기에게 먹이를 주는 노숙자다. 어느 날 그 사람에 대한 호기심으로 멀찍이서 사진을 찍어 화폭에 담았다. 궁금증이 출근길을 멈추었다.

　'자기도 먹을 게 부족할 텐데 그 노숙자는 왜 저렇게 두둑이 모이를 사다가 비둘기에게 던져줄까?'

'외로워서일까?'
'아무도 알아주지 않아서 비둘기한테서나마 관심을 받고 싶어서일까?'

비둘기는 당연히 이유를 모르겠지만 그 노숙자도 잘 모를 것 같다.

유럽의 많은 국가가 일자리 없는 사람들에게 사회적 지원이나 금전적 보조를 해 주어 살기 좋은 복지국가가 되었다. 그 이면에는 실업자가 더 늘어나고 경제의 활력이 없어지는 어두운 그늘도 있다.

로마가 황금기 시대에 네로 황제가 부자의 재산을 몰수하여 돈을 뿌리듯이 백성의 환심을 돈으로 사고, 콜로세움 극장에서 매일같이 볼거리를 제공하는 우민화 정책을 쓰다가 패망한 역사를 되새겨 보아야 한다. 주변에 있는 생활 무능력자에 대한 우리의 숙제는 자립심을 잃지 않게 하면서 생계를 보장하는 것이다.

나는 퇴근길에 가끔 노숙자들한테 생색낼 때가 있었다. 딱히 사명감을 가지고 한 것은 아니고 우연히 주머니에 있던 견과류 한 봉, 주머니 난로 등을 주었다. 그러나 보람은 느끼지 못했다. 그들은 고맙다고 하지 않는다. 당연하다는 듯이 받고는 집 짓던 일에 바로 몰두한다. 직장 봉사동호회에서 이들에게 담요를 지원해 볼까 고민도 했는데 소문 듣고 많은 노숙자가 몰리게 될 것을 우려하여 단념했다. 주는 것으로써 보상받고자 했던 마음을 숨길 수가 없다. 한편으로는 받는 것을 당연하게 생각하는 것도 좋은 마음은 아니다.

성경 야고보서에서 이렇게 말한다.

> 만일 형제나 자매가 헐벗고 일용할 양식이 없는데 너희 중에 누구든지 그에게 이르되 평안히 가라, 더웁게 하라, 배부르게 하라 하며 그 몸에 쓸 것을 주지 아니하면 무슨 이익이 있으리요(야고보서 2장 15-16절).

예수께서는 '작은 자'에게 한 것이 자신에게 한 것이라고 하셨다. 노숙자를 대할 때 내가 춥고 덥고 축축한 입장에 서서 도와주어야 한다. 나의 경우처럼 그냥 생색내기식으로 남는 것을 쥐어 주는 것은 큰 도움이 못된다. 긍휼을 갖고 갈증의 근원을 해결해 주어야 한다. 그래야 받는 사람이 고마워하고 열심히 살려는 마음이 동한다. 그렇지 않으면 의존성만 더 키울 뿐이다.

우리 교회에 자주 찾아오는 노숙자가 있다. 큰 교회는 접근조차 어려워 작은 교회에 오는 것일 거다. 어느 때는 교회에서 밥을 먹이고, 어떤 때는 돈을 쥐어 보내고(실상은 술값으로 쓰고 밥은 급식소에서 해결), 옷도 줬다. 이발에 수염도 깎고 말끔하게 해서 예배에 참석한 적도 있다. 한번은 내 아내가 그를 타일러서 차비를 쥐어 주고는 고향에 보냈다. 그런데 얼마 못 버티고 다시 노숙 생활로 돌아왔다.

참 어려운 숙제다. 나름대로 사연이 있겠지만 사업이 망해서, 직장에서 쫓겨나서, 가족 해체로 거리 생활을 하다가 현실에 안주하며 산다. 이 생활을 오래 하면서 게을러져서 사회에 복귀하기도 어렵고 시설은 생활 규칙이 귀찮아 거리를 배회한다. 내가 퇴근길에 주로 만난 노숙자들은 행색이 그리 남루해 보이지도 않고 누워서 책 읽고 스마트폰 보는 사람들이었다.

디자인 재능기부로 잘 알려진 KAIST의 산업디자인학과 배상민 교수는 오염된 물을 마시는 아프리카인들을 위해 간이 정수기를 확산시킨 인물이다. 그는 파슨스디자인스쿨의 명예를 높인 졸업생으로서 뉴욕에서 잘나가던 디자이너였다. 그러나 뉴욕에서의 디자인 활동으로 충동적 과소비를 부추기는 것이 마치 '소돔과 고모라'[1]를 연상케 한다는 회의감을 갖고서는 KAIST에 가서 끊임없이 재능기부를 해 왔다.

---

1 구약 아브라함 시대에 음란과 타락의 범죄로 인해 하나님의 심판으로 멸망한 도시.

아프리카의 부족들은 누가 최근에 보급된 간이 정수기를 만들어 주었는지 모른다. 배상민 교수는 부족 마을에 가서 주변의 흙과 나무로 정수기 만드는 법만 전수하고 스스로 확산시키게 했다. 자기가 드러남을 경계하는 동시에 부족민들의 의존성은 없애고 자존감을 키우기 위한 의도였다.

비둘기에게 모이를 준 노숙자는 자기 먹을 것도 없는데 새의 끼니를 해결해 주었으니 동물 애호가들한테 상을 받아 마땅하다. 그러나 노숙자는 돈이 있으면 자기 먼저 살 궁리를 해야 옳다. 도심 한가운데서 곡식 낱알을 뿌리면 비둘기 떼가 몰려와 도로와 자동차가 비둘기 똥을 뒤집어쓴다.

도시로 내몰리는 비둘기를 돕는 방법은 잃었던 숲을 가꾸고 집을 지어 주는 일이다. 의지할 데 없는 사람에게도 삶의 터전을 마련해 주는 것이 더 나은 도움이다. 노숙자와 비둘기가 같은 공간을 터전으로 삼을 수는 없다.

그림 11 〈노숙자와 비둘기〉, 2022, 수채화, 37.5×28cm

쪽갈비 골목에 가는 이유

    퇴근길 무교동 쪽갈비 골목을 지날 때마다 언젠가는 홀에 들어가 그 냄새의 정체를 알아보아야겠다고 생각했었다. 가게 앞에서 쪽갈비를 구워대면 그 냄새가 코를 찌르고 폐부까지 뚫고 들어와 미각이 감염된다. 직화구이 할 때 지방과 단백질이 분해되어 발암물질이 나온다는 것을 알면서도 먹고 죽은 귀신이 때깔도 좋다는 듯 손님들이 언제나 북적였다. 나는 혼자 걷는 길이라 그 속을 비집고 들어가기가 쉽지 않았다.
    뒷골목에도 감염병이 한창일 때 바이러스가 찾아왔다. 골목식당과 주점들은 생사를 걸고 장사하는 듯하다. 쪽갈비 골목도 예외는 아닐 것이다. 문득 나는 다른 길을 마다하고 유독 이 골목을 통해 퇴근해 왔다는 사실을 발견했다.

    '왜일까?
    먹지 못하니 냄새라도 맡아 보자?
    모든 거리가 코로나 한파로 얼어붙었는데 여기만은 불꽃과 연기, 인파들을 구경할 수 있어서인가?'

여기는 코로나바이러스도 어찌 못하는 활력이 느껴졌다. 밤거리가 되면 술 한잔할 수 있는 안전지대를 찾는 젊은이들과 쪽갈비 사장님들 간 묘한 신경전이 시작된다. 맛 한번 보고 가시라는 가게 주인의 애절한 구애와 젊은 커플이 본능을 속이며 외면하는 찰나에서 생동감을 느낀다. 먹고 싶어 죽겠는데 들어가지 못하는 커플과 갈비 한쪽이라도 더 팔려는 몸짓에서 애처로움을 본다.

내가 왜 코로나가 기승을 부릴 때 이 비좁은 골목을 애용했는지 그 동기를 깨닫는다. 골목 상권이 망해 가는데도 여기는 누구를 탓하지 않고 버텨 내고자 하는 에너지를 느낄 수 있다. 쪽갈비 집 종업원들이 필사적으로 갈비를 구워 대며 하얀 연기를 피워 대고 사장님은 손님 한 명이라도 더 끌려고 안간힘을 쓰고 …. 재료비도 못 건지는 현실을 인내하는 그들 모습 속에서 기운을 차린다.

어느 겨울 저녁 쪽갈비 골목을 걷는 젊은 남녀와 그들을 기다리는 가게 주인의 뒷모습을 50호짜리 캔버스에 그린 유화는 그런 느낌을 담았다.

뒷짐 진 소상공인들의 모습에서 삶의 고단함이 느껴지는 반면 길어지는 재난에 화풀이하듯 손님을 향해 피워 대는 불꽃과 연기에서, 팬데믹 시대를 살아가는 우리가 어떤 마음을 가져야 할지 생각하게 된다. 가게 주인은 순간순간 손님을 기다리지만 궁극적으로는 재난 없는 때를 기다린다.

정부는 나라 곳간을 활용하여 소상공인을 돕는다. 손실 보전금을 지급하고 저금리 특별 대출도 받으라고 독려한다. 대출금을 갚을 수 없을 때는 소위 '저신용 소상공인 대환대출'을 받을 수도 있다. 그런데 팬데믹이 예상보다 장기화하면서 영양 상태를 지속시킬 수 있을지 장담할 수 없게 된다. 많은 소상공인이 힘들다고 아우성이었다. 정부 방역 조치를 따르느라 손해를 봤으니 책임지라는 소리도 있었다. 사업자 입에서 나올 수 있는 얘기다.

잠언에서 말한다.

> 노하기를 더디하는 자는 용사보다 낫고 자기의 마음을 다스리는 자는 성을 빼앗는 자보다 나으니라(잠언 16장 32절).

회복탄력성을 높이는 게 중요하다. 재난이 언제나 종식될지 몰라 조급해하거나 어쩌지 못하는 현실에 분노하지 말고 다음을 준비해야 한다. 흔해 빠진 "위기가 기회"라는 말은 이때 필요한 말이다. 각종 감염병과의 예선전을 많이 치루었으니 맷집을 더 키워 결승전을 향해 앞으로.

감염병을 이기기 위해 백신과 치료제만 필요한 게 아니다. 언제 넘어져도 다시 일어날 수 있는 지구력의 비타민과 내성 호르몬이 필요하다. 옛날 아이들은 지저분한 곳에서 놀고 모기에 쏘이며 풀잎에 베어 상처가 나기도 했다. 그래서 아토피도 안 걸리고 면역력이 좋았다고 믿는다.

우리의 면역력을 무력화시키는 장애물을 잘 학습하고 결선 라운드에 대비할 시점이다. 위기 속 피어나는 인내의 불꽃과 지혜의 연기가 쪽갈비 골목뿐 아니라 남산 골목에도, 내 마음에도 번져 가기를 바란다.

그림 12 〈무제〉, 2021, 유화, 97×117cm

방관자 구경꾼 사마리아인

때때로 우리는 군중 속에서 어려움을 겪는 사람을 못 본 채 지나가서 여러 방관자와 공범이 되는 경우가 있다. 예를 들어, 어느 길 한복판에서 아주머니가 장바구니를 들고 가다가 갑자기 쓰러지고 장 본 물건은 쏟아졌다고 치자. 아주머니는 한동안 쓰러진 채 남겨져 있다. 본 사람이 없어서가 아니라 목격자가 너무 많으므로 아주머니는 도움을 받지 못한다. '내가 아니라도 누군가가 도와주겠지'라는 생각으로 누구도 도울 생각을 하지 않는다

오늘 등장하는 그림은 중국 항저우에 출장 갔을 당시 어느 시장 골목을 화폭에 옮긴 것이다. 앞에 가는 남자는 내 모습이고 뒤에 가는 남자는 동료다. 이 그림은 투시가 잘못됐다. 소실점을 중심으로 뻗어 있는 선이 삐딱하거나 평행이 맞지 않고 중간에 있는 남자는 거인으로 보인다.

이 그림은 나쁜 본보기 삼아 그대로 올렸다. 나중에 글을 쓰다가 이 그림을 보면서 '설마 이런 시골 장에서 쓰러진 여인을 지나치는 일은 없겠지'라는 생각을 한다. '방관자 효과' 또는 '구경꾼 효과'라는 용어가 있는데 목격자가 여러 명이면 도움을 줄 확률이 낮아지는 것을 말한다.[1] 이런

---

1 정재윤, 『14살에 시작하는 처음 심리학』(북멘토, 2016), '3-1장, 아무도 나를 도와주지 않아'.

일이 발생하는 이유는 남들의 행동에 대한 일종의 동조 현상 때문이라고 한다. 나만 다르게 행동하면 불안과 어색함을 느끼는 본성이 작용한다.

방관자 문제가 미국에서 크게 다루어진 예도 있다. 미국 여성 키티 제노비스(Kitty Genovese)는 1960년대에 뉴욕 시티에서 잔혹한 폭행을 당한 끝에 살해되고 말았다. 그녀를 습격한 강도의 폭행은 30분이 넘게 지속되었다. 수사 결과 최소한 38명의 사람이 이 현장을 목격하거나 싸우는 소리를 들었다. 그러나 그들 가운데 그녀를 도운 사람은 아무도 없었다.[2]

목격자들은 '방관자 효과' 때문이었다고 하면서 양해를 구할 수는 없다. 누군가의 어려움에 방관자가 되지 않은 예를 한국에서 찾아볼 수 있다.

얼마 전 100년 만의 기록적인 폭우로 도로들이 침수되어 많은 차가 물에 잠겼다. 이번 홍수에는 보이지 않는 슈퍼맨이 여럿 있었다. 어느 여인이 수압으로 인해 차에서 빠져나오지 못하는 걸 발견한 남자가 그 여자를 구출하여 한 손으로 여성을 잡고 한 손으로 수영하여 빠져나온 후 유유히 자기 길을 갔다. 그 장소에 목격자가 여럿이 있었는지는 모르겠다.

오늘 뉴스에서 한 청년이 회사 면접시험을 보러 가야 하는 데 어떤 노인이 그 청년의 차가 택시인 줄 알고 탔다는 기사를 보았다. 그 청년은 노인을 목적지까지 데려다주고 시험 장소에 가는 바람에 늦어져서 낭패를 보았다는 것이다. 아마도 그 청년은 신앙인일지도 모른다. 그렇다면 그는 신약성서의 '선한 사마리아인의 비유'를 실천한 셈이다.

어느 날 한 율법 학자가 예수께 물었다.

"누가 내 이웃입니까?"

예수께서는 바로 대답하는 대신 한 가지 예화를 드셨다. 어느 날 길을 가던 사람이 길에서 강도를 만나 가진 것을 빼앗기고 맞아서 거의 죽게

---

2 폴카 키츠, 마누엘 투시, 『마음의 법칙 : 사람의 마음을 사로잡는 51가지 심리학』, 김희상 역 (포레스토, 2022), '037장, 방관자 효과'.

되어 길에 버려져 있었다.

한 제사장이 그 곁을 지나갔는데 모른 체하고 제 갈 길을 갔다.

그리고는 어떤 레위인이 길을 걷다가 그 불쌍한 사람을 만났는데 거들떠보지도 않고 지나갔다.

세 번째로 길을 가던 한 사마리아인이 그를 보고 불쌍하게 여겨서 그의 상처에 포도주와 기름을 붓고 싸매주었다. 그리고는 나귀에 싣고 여관에 데려가 밤새 돌보고는 다음날 아침 여관 주인에게 돈을 주며 그를 보살펴주라고 하면서 비용이 더 들면 돌아오는 길에 갚겠다고 했다.

예수께서는 이야기를 마치고 물으셨다.

"이들 중에 누가 강도 만난 사람의 이웃이라고 생각하느냐?"

율법 학자와 레위인은 "내 이웃을 내 몸과 같이 사랑하라"라는 율법에 관해 연구하고 가르치는 사람들이었다. 그러나 그들은 자신들이 생명처럼 떠받들며 가르치는 "네 이웃을 사랑하라"라는 율법의 의미에 대해 알지 못했다. 그들은 자기 신분에 맞는 '고귀한' 일에 집중하는 일이 중요했다. 그들의 이웃은 히브리 동족뿐이며 이방인이나 혼혈인은 사랑의 대상이 아니었다. 가증스러운 율법 학자는 높은 단 위에 올라가 사람들이 우러러보는 가운데 '사랑에 대하여' 가르친 것이지 '사랑하는 법'을 가르친 것이 아니다.

실화를 바탕으로 한 영화 〈버스 44〉는 칸영화제와 베니스영화제 등 각종 영화제에서 상을 받았다. 2001년에 제작된 데이얀 엉 감독의 단편영화는 방관자들의 비겁함을 비판하는 작품이다.[3]

중국의 한 시골길에 버스가 달린다. 2시간 동안 차를 기다리던 청년이 버스를 세운다. 운전사는 청년에게 기다리게 해서 미안하다고 한다. 한참을 달리던 버스에 2인조 강도가 습격한다. 강도는 승객들의 금품을 빼앗

---

3 정재윤, 『14살에 시작하는 처음 심리학』, '3-1장, 아무도 나를 도와주지 않아.'

고 반항하는 승객을 때린다. 그러더니 운전사를 끌어 내린다. 청년은 승객들에게 도와주자고 소리치지만 다들 못 들은 체한다. 청년은 혼자 강도들에게 맞서 보려 하지만 역부족이다. 만신창이로 돌아온 운전사는 승객들을 말없이 돌아본다. 나중에 청년이 버스에 타려 하지만, 버스는 청년을 버려둔 채 떠나 버린다.

청년은 다른 차를 얻어 타고 길을 가는데, 교통사고를 수습하는 현장을 목격한다. 청년이 탔던 44번 버스가 언덕 밑으로 굴러떨어진 것이다. 승객들은 운전 기사에게 방관자였고, 나중에는 운전기사와 승객이 청년에게 방관자였다. 그리고 굴러떨어진 운전기사와 승객에 대한 방관자는 생겨날 겨를도 없었다.

우리는 많은 경우 자신도 모르게 방관자가 된다. 강도 만난 자와 맞닥뜨려도 누군가 도와주겠지 하면서 내 급한 일부터 챙긴다.

급한 회의를 앞두고 가는 길에서 쓰러져 도움을 청하는 사람에게 선뜻 손을 내미는 사람이 얼마나 될까?

(나도 물론 자신이 없다.)

회사 부하직원이 얼굴이 새파랗게 질려 조퇴를 해도 다음날 무슨 일이었냐고 묻지 않는다. 부모의 재산 분할을 앞두고 어려운 형제가 짐이 된다. "네 이웃을 네 몸과 같이 사랑하라" 할 때 이웃은 의외로 우리 곁에 있다. 우리의 부모 형제요, 친구요, 직장 동료가 가장 가까운 이웃이다. 이들을 제쳐놓고 아프리카 난민을 구호하기 위해 기부금을 내는 일은 체면치레가 될 소지가 다분하다. 기부금을 자동이체하고 연말정산 때 세금을 환급받는 것은 좋은 일이지만 내 곁에서 어려움을 겪는 이웃이 먼저다.

그리스도는 서로 사랑하라고 하셨고 서로 사랑하지 못하면 자기의 친구가 되지 못한다고 하셨다. 그리스도의 진실한 친구는 이웃을 내 몸과 같이 사랑하는 사람이다. 그들은 명사로서의 '사랑에 대하여' 알고 있는 사람이 아니라 동사로서 '사랑하는' 사람들이기에 '방관자 효과'가 통하지 않는다.

그림 13
〈무제〉, 2021, 수채화, 97×117cm

깍두기 인생

"술래잡기할 사람 여기 모여라!"
"숨바꼭질할 사람 여기 모여라!"

어릴 때 동네 골목에서 자주 듣던 소리다. 여기저기 있던 아이들이 모인다. 두 팀이 겨루는 놀이를 할 때는 대표 두 명이 나와 가위바위보를 한다. 이긴 사람이 먼저 한 사람을 뽑는다. 다음에 이긴 사람이 맘에 드는 사람을 또 뽑는다. 그런데 모인 사람의 수가 짝수이면 상관없는데 홀수일 때 문제다. 최종적으로 남는 한 사람을 '깍두기'라 하고 좀 불리해 보이는 편에게 준다.

왜 깍두기라고 했을까?

인터넷을 뒤져보아도 공식적으로 확인해 주는 곳이 없다. 아마도 깍두기는 '배추김치'의 그늘에 가려져 있기 때문이 아닌가 한다. 배추김치가 있으니 '깍두기'는 있어도 그만 없어도 그만이기 때문에 어느 편에 속하지 않은 아이에게 그 이름을 붙여 주었을 것이다. 그런데 깍두기가 '정규 선수'보다 좋은 점이 많다고 한다. 자기편이 지면 책임질 일이 없고, 이기면 함께 좋아하기 때문이다.[1]

---

1 한국방정환재단, 『생각하는 스포츠인권 교과서』(생각비행, 2021), '깍두기와 왕따, 무엇이 다를까요' 참조.

예전에는 누군가 조금 부족해 보여도 깍두기라도 시켜 주었는데 요즘은 왕따를 당한다. 자신이 왕따 당하였는지도 모르고 당할 때도 많다.

중고등학교에서 왕따를 당하거나 집단 괴롭힘을 받고 견디지 못해 스스로 목숨을 끊는 아이는 누가 책임질 건가?

남모르게 왕따 당하는 학생을 위해 가해 학생들에 대한 조치를 취해야 하는데 모든 짐을 혼자 진다.

'이지매' 문제를 먼저 겪은 일본에서는 급기야 학교가 가해자의 등교를 거부해야 한다는 목소리가 나온다. 나고야대학 우치다 교수는 초·중학교 교원과 보호자, 중학생 등 총 2,000명을 대상으로 왕따 문제에 관해 인식 조사를 했다. "왕따 가해자를 출석 중지시켜야 하는가"라는 질문에 "매우 동의한다", "꼭 말하자면 동의에 가깝다"고 답변한 비율이 중학생은 53퍼센트, 초·중학교 보호자는 각각 60퍼센트를 넘었다. 교원은 초등학교에서 34퍼센트, 중학교에서 46퍼센트를 차지했다.[2]

닭은 텃세가 심한 새 중의 하나다. 침입자를 쪼거나 밀어내어 아프게 한다. 약육강식의 세계에서는 텃세가 유효하다. 소수의 무리가 부족한 자원을 독점할 수 있기 때문이다. 그러나 문명사회에서도 텃세는 일상의 문제가 되었다.

조선 시대 때 과거에 막 급제한 사람을 신래(新來)라고 했다. 의료계의 인턴이나 일반 직장의 수습사원과 유사하다. 신래는 바로 일을 할 수 없고 당분간 선배들에게 괴롭힘을 받아야 했고, 연회를 열어 선배를 기쁘게 해 주어야 했다고 한다. 이것을 '신래침학'(新來侵虐)이라고 한다. 율곡 이이는 신래침학을 받지 않겠다고 하다가 결국 자리에서 물러났다. 이이가 임금에게 호소한 글을 보자.[3]

2 "일본 왕따 문제, '가해 학생 출석 중지시켜야' 목소리 높아", EBS 뉴스, 2021.12.21.
3 "[내 마음은 왜 이럴까?] 약한 사람을 괴롭히는, 텃세의 심리학", 「동아사이언스」, 2018.5.13.

> 처음 과거에 급제한 선비들은 사과(四科), 즉 성균관, 예문관, 승문원, 교서관에서 신래로 지목하여 곤욕을 주고 괴롭히는데, 그 하지 않는 짓이 없을 정도입니다. 대개 호걸의 선비는 과거 시험 자체를 그리 대단히 여기지 않는데, 하물며 갓을 부수고 옷을 찢으며 흙탕물에 굴러 체통을 잃고 염치를 버린 후에야 벼슬에 오르게 된다면, 그 어떤 호걸의 선비가 세상에 쓰이기를 원하겠습니까?

오늘 올린 그림에는 도시의 출근길을 바삐 걷는 사람들이 등장한다. 동이 튼 지 얼마 되지 않은 시간이라 그림자가 길게 늘어져 있고 각자 바삐 걷기 때문에 어두움이 흔들리고 겹쳐 보인다. 한눈파는 사람이 없다. 이 그림은 어느 신문 기사의 사진을 바탕으로 한 작품인데 볕이 들어오는 쪽은 아주 따뜻하고 건물로 가려진 쪽은 그늘을 더 차갑게 묘사했다. 그림 속의 사람도 각자 흩어져서 가고 빛도 분사된다.

각자 무관심해서, 아니 서로 차별하여 공동의 이익을 포기하는 일이 많이 발생한다. 피부가 다르다고 해서, 학벌이 낮다고, 출신 지역이 틀리다고, 이념이 맞지 않는다고 서로 울타리를 친다. 아무리 사정이 딱한 사람도 우리 사람이 아니면 차갑게 대한다. 입으로는 같은 언어를 쓰지만 '가슴의 언어'가 달라 소통이 안 된다. "우리가 먼저 말했으니 무조건 맞아"라고 한다. 상대방은 속으로 맞다고 생각하면서도 자기 집단이 생존하기 위해 우긴다. 차단막으로 인해 전체 공동체의 벽이 무너진다. 공공의 선을 위한 더 큰 공동체가 형성되지 못한다.

모세의 율법은 이렇게 이야기한다.

> 너는 이방 나그네를 압제하지 말라 너희가 애굽 땅에서 나그네 되었었은즉 나그네의 사정을 아느니라(출애굽기 23장 9절).

> 너희 땅의 곡물을 벨 때에 밭 모퉁이까지 다 베지 말며 떨어진 것을 줍지 말고 그것을 가난한 자와 거류민을 위하여 남겨두라(레위기 23장 22절).

이스라엘의 족장 시대에 다윗의 조상 보아스는 외국 여인 룻을 은밀히 도와주기 위해 추수 이삭을 넉넉히 남겨 둔다. 나중에 그 여인을 거둔다.

다시 깍두기 이야기로 돌아가 보자. 실력이 부족해도 일단 공동체 안에 포함시킨 것까지는 손뼉을 쳐 주어야 한다. 한 걸음 더 나아가서 깍두기가 자신은 들러리밖에 안 된다는 생각에 상처받지 않게 해야 한다. 편 나눌 때 '손바닥/등 내밀기'(예전에 일본어로 '대댄지'라고 했다)를 하고 남는 사람은 가위바위보 해서 데려가든지 해야 한다.

모세 율법의 '이삭 남기기'는 '누가 주고' '누가 받는지' 모르게 하는 방식으로 이웃과 외국인을 돕는다. 그런데 우리의 이삭 남기기를 보면 공공기관이나 유명인이 고아원이나 소년원 같은 곳에 가서 라면이나 연탄을 기부하고는 꼭 사진을 찍었다. 주는 사람은 생색을 내서 좋지만 받는 사람이 유쾌하지 못하다.

혼자 떨어져 있는 사람을 강강술래에 끌어들인다 해도 여전히 왕따당하기 쉽다. 강강술래의 속도를 안단테, 모데라토, 알레그로로 변화를 주어야 한다. 피아노, 포르테로 강약도 바꾸어야 한다. 어느 때는 멈추기도 하고 사이를 벌리기도 해서 힘에 부치는 사람이 소외감을 느끼지 않게 해야 한다. 그것이 성경이 말하는 '차별 없이 대하고 사랑으로 품는 공동체 정신'이다.

때로는 내가 깍두기가 되어야 할 때도 있다. 어렵고 힘든, 좁은 길을 가려는 사람은 적고 넓고 편한 길로 가려는 사람이 많기 때문이다. 하지만 달리 생각해 보면 진리의 편에서 내가 다수를 왕따시키는 것이다. 세상에 깍두기 인생은 없다.

그림 14 〈각자〉, 2022, 수채화, 50×36cm

공평한 저울과 추

모차르트의 대표작 중 하나인 오페라 〈피가로의 결혼〉의 내용을 보면 한 백작이 자신의 하인 피가로의 신부 수잔나를 가로채려 갖은 수단을 다 동원하고 백작의 부인은 이를 막으려 또 다른 남자를 끌어들이는 등 꾀를 낸다. 중간에 백작의 또 다른 여인이 나오는가 하면 백작 부인의 정부가 등장하는가 싶더니 둘 사이에서 아기가 태어난다. 그런데 알고 보니 피가로를 사랑한 제3의 여인이 그 아이의 어머니였다는 막장 드라마다(영화 〈쇼생크 탈출〉의 죄수들이 듣고 감동한 곡도 이 작품의 일부).

현재의 기준으로 보면 이런 작품을 무대에 올렸다는 자체를 상상조차 할 수 없다. 심의 기준을 제쳐놓고 사회정서가 이를 용납하지 못한다.

나는 가끔 추억 돋는 한국 드라마나 영화를 찾아보곤 한다. 그런데 성희롱, 갑질 문화, 환경파괴 등 사회적 금기를 깨는 장면들을 많이 보게 된다. 예를 들어, 휴가 나온 일반 병사들이 버스에서 여 사관들을 성희롱하는 장면이 고전 영화라는 타이틀을 달고 TV에 나온다. 방송사에서 이런 드라마를 지금 만든다면 시청자들의 비난에 못 이겨 회사가 문을 닫는 사태가 발생할 것이다.

우리의 생각이 수사반장이나 전원일기 시절의 사고의 틀에 갇혀 있다면 현대를 살아가는 데 애를 먹을 게 뻔하다. 여권(女權)이 제자리를 찾고 세대 간의 문화 차이는 벌어지고 있는데 힘을 과시하거나 어른 행세하면 따돌림당하기에 십상이다. 유교 문화의 뿌리가 가부장적 사고방식이라는 덧을 낸다. 주변을 보면 잘 나가다가 말 한 번 잘못해서 인생을 망치는 경우가 얼마나 많은가. 사회적 감시가 느슨했던 시절, 별 생각 없이 한 행동이 물의를 일으켜 사회에서 자취를 감추는 사람이 허다하다.

지금은 곳곳에 CCTV가 있고 SNS의 추적 장치가 있다. 매사에 돌다리를 두드리듯 조심해야 한다. 한편으로 생각해 보면 고소·고발은 난무하는데 관용과 여유는 찾아볼 수가 없어 숨이 막힐 때도 있다. 우리는 한 인생의 삶과 맥락을 보지 않고 필름의 한 장면을 잘라내어 매도하는 경우를 본다. 익명인 네티즌들의 집단 괴롭힘을 못 견뎌 자살한 연예인의 수를 헤아릴 수 없다. 괴롭힘에 가담한 익명의 네티즌들은 책임을 지지 않는다. 반면 심각한 물의를 빚은 인기 연예인의 광팬들이 그를 무조건 감싸는 예도 있다.

신약 복음서에 보면 바리새인들이 간음한 여자를 예수께 데려왔을 때 예수께서 말씀하셨다.

> 너희 중에 죄 없는 자가 먼저 돌로 치라 (요한복음 8장 7절).

그러자 나이 든 사람부터 돌을 내려놓고 자리를 떠났다. 모세의 십계명에 보면 "살인하지 말라", "간음하는지 말라"라는 계명이 있다.

그런데 예수께서 더 나아가 이렇게 말씀하셨다.

> 옛 사람에게 말한바 살인치 말라 누구든지 살인하면 심판을 받게 되리라 하였다는 것을 너희가 들었으나 나는 너희에게 이르노니 형제에게 노하는 자마다 심판을 받게 되고 형제를 대하여 라가라 하는 자는 공회에 잡히게 되고 미련한 놈이라 하는 자는 지옥 불에 들어가게 되리라 (마태복음 5장 21-22절).

> 그 형제를 미워하는 자마다 살인하는 자니 살인하는 자마다 영생이 그 속에 거하지 아니하는 것을 너희가 아는 바라(요한일서 3장 15절).

> 나는 너희에게 이르노니 음욕을 품고 여자를 보는 자마다 마음에 이미 간음하였느니라(마태복음 5장 28절).

우리에게는 죄의 욕구가 있다. 그 욕구를 실행한 사람, 그러지 않은 사람, 실행하다 걸린 사람, 운 좋게 걸리지 않은 사람이 있을 뿐이다. 예비군 훈련에 가면 이 사실을 유추해 볼 수 있다. 의사, 변호사, 교수, 노동자 할 것 없이 군복을 입혀 놓으면 다 개처럼 변한다. 아무 데서나 소변 보고 조교의 말을 죽어라 하고 듣지 않는다.

잠언에서 이렇게 말했다.

> 속이는 저울은 여호와께서 미워하셔도 공평한 추는 그가 기뻐하시느니라 (잠언 11장 1절).

법의 지배를 받던 사람을 무인도에 풀어 놓으면 범죄가 넘쳐나리라 짐작하기는 어렵지 않다. 법에 의해 통제받았던 죄의 욕구가 분출할 수 있기 때문이다. 죄에 대한 형벌을 받은 사람은 국가 권력을 통해 법의 레이다 망에 포착된 사람들이다. 교도소 담장 밖에는 감시망에 걸리지 않은 범죄자들이 득실거린다. 우리는 사회질서와 법을 준수해야 하고 어기면 그에 따른 책임을 져야 마땅하다.

그러나 사회제도가 개인의 생명과 존엄성을 우선할 수는 없다. 존재가치가 없는 사람은 한 사람도 없기 때문이다. 어느 한 사람의 가치가 0이라면 '0 × 80억 = 0'이기 때문에 인류의 가치는 0이 된다.

백성들의 고역에 무심했던 왕들과 달리 세종대왕은 조세와 군역 등에 힘겨워 하는 백성을 대상으로 직접 여론조사를 하여 조세를 시행하고 문맹으로 손해 보는 하층민을 위해 훈민정음을 만들어 공평과 의를 보여 주었다. 그림에 등장한 세종대왕은 그 공로를 인정받아 2009년에 광화문 광장에 세워졌고 최근 한쪽 도로를 폐쇄하고 2022년 광장이 넓어지면서 목욕 재개한 후 시민들과 더 가까워졌다.

　오늘 그림은 어반스케치(Urban Skech) 형식으로 그린 것인데 파란색 잉크의 만년필로 드로잉을 한 후 수채화로 채색했다. 세종대왕 동상의 녹이 슨 모습이 의도한 대로 나온 것 같다. 만년필 잉크는 수성이기 때문에 그 위에 어울리는 수채화 물감을 얹으면 아주 자연스럽고 세련된 형태가 나온다. 그런데 그림을 보니 왕의 수염과 오른손에 유독 녹이 많이 슨 것 같다.

　사회제도가 공평과 의를 잃어버린 반대의 경우도 있다. 중세 시대에 개인의 구속보다 교회의 권위와 규율, 성직자의 권력에 치중하다가 종교의 본질을 상실했다. 종교의 권위에 도전하는 자는 이단아로 낙인찍어 정죄되었다. 마틴 루터에 의한 혁명적 변화가 아니었다면 개개인은 구원에서 점점 멀어질 운명이었다.

　그런데 오늘날 또다시 종교가 본질에 충실하지 못하는 경우를 본다. 성서에 나오지 않는 부차적인 교리, 예배방식 등에 따라 많은 교파가 생기고 자기 교파에만 진리가 있는 것처럼 배격하는 일이 생긴다. 또다시 개인의 구속보다 형식적 의무와 절차가 두드러지고 있다.

　'공평하고 의로운 저울과 추'에 대한 올바른 개념 설정이 먼저다. 굳이 존 로크의 '사회계약설'[1]을 언급하지 않더라도 국가의 법률과 제도 또는

1　존 로크의 '악하지도 않고 선하지도 않은 개인의 재산과 권리를 보호하기 위한 판결자로서 국가'가 존재한다는 이론.

시대 가치는 사회를 지키기 위한 중요한 장치다. 법제도와 사회관습은 최종 목적이 아닌, 개인의 존엄성을 실현하기 위한 하위 개념이다. 그 우선순위를 확실히 하는 한 가지 방법은 '인간을 사랑하는 마음'으로 법과 제도를 시행하는 것이다. 죄 없는 자가 먼저 돌로 치는 그런 정의가 사랑에 근거한 '공평한 저울과 추'가 된다.

내게 가장 편한 장소 중 하나가 대중목욕탕이다. 다른 장소에서 벌거벗은 사람끼리 마주친다면 1초도 못 버틸 것이다. 그곳에서는 모두가 동등하다. 허물이 많은 자도 많지 않은 자도 허물없이 만난다. 모든 옷과 액세서리를 벗어 버리고 맨몸으로 서로를 본다. 눈이 마주쳐도 부담이 안 된다. 계급과 돈에 상관없이 모두 공평한 대우를 받는다. 아무리 지체가 높아도 때 미는 사람에게 먼저 밀어 달라고 하지 못한다. 때가 많으면 누구나 뻘건 고통을 받는다.

얄팍한 겉옷으로 사람을 판단하고 정죄하는 데 '저울과 추'를 쓰지 않기를 바란다. 사람들의 지위고하에 상관없이, 내가 속한 집단의 신념과 상관없이, 불의는 바로 잡고 개인의 억울함은 풀어 주는 데에만 도구가 쓰여야 한다. 오늘 너무 큰 주제를 주제넘게 다루다 보니 읽을 사람 눈치 보느라 피곤하다. 좀 한가해지면 대중목욕탕에 가서 때나 밀어야겠다.

그림 15 〈세종대왕〉, 2021, 만년필드로잉/수채화, 31×19.5cm

나도 아프다

지난 열흘간(22년 8월 첫째, 둘째 주) 100년 만의 폭우로 서울이 물에 잠기다시피 했다. 이로 인해 사망자가 아홉 명에 이르렀다. 침수 피해가 잦은 강남 지역은 이번에도 재산 피해가 컸다. 서초동 일대가 물에 잠겨 외제차를 비롯한 고급 승용차가 침수 중고차로 시장에 쏟아질 전망이다.

가슴 아픈 일은 신림동 반지하에 살고 있던 다운증후군 환자를 비롯한 세 식구가 넘쳐흘러 들어온 물을 헤쳐 나오지 못해 목숨을 잃었다는 것이다. 미국 뉴욕 타임스는 이번 홍수 사태의 각종 피해에 대해 "한국의 빈곤 계층은 싸고 축축하며 곰팡이 있는 Banjiha에 산다"라고 했다. 로이터 통신은 물난리도 버티는 강남과 반지하 빈곤층의 극명한 삶을 대비하기도 했다.

나는 아내와 결혼 후 성남시 수정구의 한 지하 방에 신혼 보금자리를 마련하였다. 계단으로 쑥 내려가는 완전 지하 방이었다. 화장실도 계단을 올라 바깥에 있었다. 그래도 사랑하는 아내와 함께 새살림을 들여놓고 행복하기만 했다. 그 집에 직장 동료 십여 명을 초대해 집들이까지 했으니 말이다. 그때 한 동료가 "먹은 거 없이 잘 놀고 갑니다"라는 말이 농담인지 알면서도 왜 기억에 남는지는 잘 모르겠다.

1996년 어느 날 아내와 나는 하계 청소년 아웃리치를 다녀오게 되었다. 교회 학생부를 이끌고 강원도에 갔다가 돌아오는 길이었다. 3박 4일의 일정을 마치고 완전히 파김치가 되어 집에 가면 쓰러져 잘 생각만 했는데… 상상도 못 할 일이 벌어졌다. 폭우로 인해 집에 물이 들어차 모든 것이 잠겼다. TV, 이불을 비롯한 모든 살림살이가, 아끼던 결혼 사진첩까지 모두 물에 가라앉고 우리 마음도 가라앉았다 ….

털썩 주저앉아 하늘을 원망했다. 좋은 일 하고 왔는데 이게 뭐냐고 …. 소식을 듣고 달려온 주인집 아줌마 내외가 아니었다면 밤새 울고만 있었을 것이다. 양수기도 없이 양동이로, 양재기로 밤새 물을 퍼냈다. 집주인 내외가 끝까지 도와주었다. 그때 건지지 못한 결혼사진은 지금 생각해도 아깝다.

오늘은 영화 〈기생충〉에 나오는 반지하 골목 그림을 올렸다. 지하 방이 물에 잠겼던 기억을 연상케 하는 영화 〈기생충〉이 작품 동기다. 이 그림은 원근감을 살리는 데 애를 좀 먹었다. 뒷계단을 자세하게 묘사하니 너무 가까워지고 묘사하지 않으니 층계인지 언덕인지 분간이 가지 않았다. 결국, 앞쪽에 있는 사물의 윤곽이나 농도를 강렬하게 묘사하고 명암도 극명하게 대비시켰다.

그러자 송강호의 가족들이 걸어 내려왔던 계단을 묘사할 수 있었다. 이 계단을 타고 빗물이 흘러넘쳐 반지하에 들이닥친 장면은 나의 뇌리를 자극하기에 충분했다. 등장인물이 겪는 일이 실제처럼 느껴졌다. 송강호 가족이 어느 부잣집 저택을 하룻밤 점령했다가 휴가 떠난 집주인이 갑자기 돌아와 구사일생으로 도망쳐 집에 와 보니 휴식처가 강으로 변했다니 …. 뉴욕 타임스와 BBC가 이번 홍수 피해를 보도하면서 이 장면을 소환했다.

우리는 종종 어려움을 겪고 나서야 급히 해결책을 마련한다. 이번 침수 피해를 계기로 앞으로 건물을 지을 때, 주거용 지하, 반지하를 조성하지 못하도록 법을 개정한다고 한다. 서울시는 지하 빗물 터널 공사를 재개한다고 발표했다. 근본적이고 바람직한 조치다.

이제 개인 차원에서 이웃을 대하는 태도를 보자. 우리는 피해 당사자가 된 경험이 있을 때 어려움에 부닥친 이들의 심정을 이해한다. 큰 병을 앓았던 사람이 그 병으로 고생하는 사람들에게 의료비를 지원하고, 가난한 사람들이 한푼 두푼 모아 더 어려운 사람을 도우며, 가정 파판을 겪었던 사람들이 가정 회복에 헌신하는 경우를 종종 본다.

예수께서 이렇게 말씀하셨다.

> 너희가 여기 내 형제 중에 지극히 작은 자 하나에게 한 것이 곧 내게 한 것이니라
> (마태복음 25장 40절).

> 이 지극히 작은 자 하나에게 하지 아니한 것이 곧 내게 하지 아니한 것이니라
> (마태복음 25장 45절).

오프라 윈프리는 어릴 때 어머니가 파출부로 일했고 청소년 시기에 외삼촌에게 성적 학대를 당한 후 여러 사람에게 폭행을 당했다. 인생을 포기한 그녀는 마약에 손대기도 했다. 그러나 오늘날 오프라 윈프리는 세계적으로 가장 영향력 있는 사람 중의 하나가 되었다. 엄청난 위기를 극복하고 성공한 그녀는 '지극히 작은 자'의 일을 제 일처럼 돕고 있다. 그녀는 돈을 많이 벌었다면 그것이 사명이고 고통이 있다면 그것도 사명이라고 했다.

'지극히 작은 자'란 헐벗은 사람, 굶주린 사람, 집 없는 사람, 병든 자, 갇힌 자를 말한다. 우리가 짚고 넘어가야 할 점은 가난으로 고생하고 집이 없어 떠돌아다니고, 병으로 고생해 본 사람이 그렇지 않은 사람보다 어려운 이들에게 더 도움의 손길을 내민다는 점이다. 그래서 고난을 겪은 사람은 마음의 부자가 된다. 나 혼자 잘 살려고 하지 않는다. 돈을 쌓아

두려 하지 않는다.

　그런 점에서 큰 재산을 물려받고 어려움 없이 사는 사람이 다른 사람을 돕는다면 그 사람은 더 존경받아 마땅하다 (체면 때문에 어쩔 수 없이 하는 게 아니라면). 외적 동기 없이 마음에서 우러나오는 이웃 사랑이란 좀처럼 하기 힘든 사랑이기 때문이다.

　'못해 신앙인'이었던 나는 나이 50이 넘어서야 고난을 통해 내가 누구인지 가늠하게 되었다. 스위스의 변증법적 신학자 칼 바르트가 말하지 않았던가. 인간은 절대자를 대면할 때 비로소 자신을 알게 된다고 …. 나는 고난을 통해 절대자와 대면하면서 그동안 내가 얼마나 외식적(外式的)인 삶을 살았는지 깨닫는다.

　그리고 나에게서 발견한다. 예전만큼은 인색하지 않으며 남을 비판하기 전에 입장 바꿔 놓고 생각하기도 한다는 기특함을 …. Banjiha가 아닌 Jiha 물난리 경험자로서 곰팡이의 습한 냄새를 알기에 이웃에게도 눈길을 돌리려는 부자 마음이 조금은 생겼다는 것을 ….

둘. 모두 가치 / 나도 아프다　107

그림 16　〈Banjiha〉, 2020, 수채화, 31×24cm

ㅗ-ㅣ=ㅡ

 '88 서울올림픽'의 주제가 〈손에 손잡고〉(Hand in Hand)는 이탈리아의 작곡가 조르지오 모로더(Giorgio Moroder)가 작곡하고 미국의 톰 히틀록이 작사를 맡아 히트한 곡이다. 올림픽 역사상 세계인으로부터 이 곡만큼 사랑받은 올림픽 노래는 드물다. 이 곡은 발표 후 유럽 각국에서 몇 주간 1위의 차트에 올랐다. 전 세계에 팔린 음반은 비공식적으로 1,700만 장에 달한다.
 이 곡이 이렇게까지 사랑받은 이유가 있다. 이어령 교수가 총괄 기획을 맡은, 개막식에서의 예사롭지 않은 굴렁쇠 소년의 등장, 폐막식에서 선보인 오작교의 감동과 같이, 아련하게 움직이다 극적으로 화합하는 무대가 일조했다. 무엇보다도 오랜만에 동서 진영이 함께 어우러진 세계 체전이었다는 점도 빼놓을 수 없다.
 정오의 뜨거운 뙤약볕 아래, 그림자가 없어지고 존재가 '사라지는 시간', 갑자기 정적이 흐른다. 그리고 빨간 챙이 달린 모자를 쓴 한 소년이 운동장 한구석에서 굴렁쇠를 굴리며 대각선을 가로지른다. 그리고 사람들은 알지 못할 희열을 느끼고 환호성을 지른다.
 이어령 교수는 이 장면을 "한 줄의 시"라고 했다. 어떤 장황한 말로도 대체할 수 없는 세상을 향한 한 줄 시의 외침은 지금도 올림픽 명장면으

로 전 세계에 소환된다.¹

  88올림픽의 "벽을 넘어서"라는 메시지와 〈손에 손잡고〉의 인기가 냉전 시대 철의 장막에 울림이 되었는지 서울올림픽 다음 해인 1989년에 베를린 장벽이 무너졌다. 베를린 장벽은 동독이 1961년 동베를린의 서쪽 경계선에 축조한 후, 동서 간 냉전과 독일 분단을 상징하는 구조물이 되어 왔다. 공산권 국가들은 이 벽을 "반파시스트 방벽"(Antifaschistischer Schutzwall)이라고 불렀다.² 서로 다른 눈으로 바라보는 옹벽이 허물어진 것은 역사적 화해와 이념의 교류를 가져왔다.

  사상과 이념의 장벽은 굶주림과 그리움, 자유의 물결을 이겨 내지 못했다. 베를린 장벽이 축조된 이후에 공산 진영의 시민들이 생활고와 열악한 환경을 이기지 못해 끊임없이 장벽 위에 오르다 사망했다. 탈출을 시도한 10만 명 중 5,000여 명이 장벽을 넘었고 200여 명은 총살당했다. 죽음을 무릅쓴 경제적 해방과 자유를 향한 열망이 벽에 균열을 가져왔다.

  전쟁과 이념, 사상은 물보다 진한 피를 어찌할 수 없다. 사랑과 동질감으로 응고된 혈액을 물리적 힘이 분리할 수 없다. 종족과 혈통의 구분, 열강의 식민 지배가 만들어 낸 인격 간의 울타리는 시민의 망치질로 허물어진다.

  오늘 그림의 배경 사진을 찍은 날은 몹시도 추운 어느 겨울 아침이었다. 어느 노숙인이 너무 추워서 양지바른 곳에 앉아 있는데도 잔뜩 웅크리고 있다. 이 노숙인은 아침마다 항상 같은 곳을 맴돈다. 인근의 회사원들은 출근길에 늘 같은 장소에서 이분을 마주치는데 별다른 감정 없이 지나친다. 조금 있으면 난방이 되는 콘크리트 벽이 추위를 막아 주기 때문에 잠깐의 추위에는 동병상련을 느끼지 못한다.

---

1 김민희, 『이어령, 80년 생각』 (위즈덤하우스, 2021), '08. 채우지 말고 비워라'.
2 나무위키 참조.

나도 그날 아침 멀찍이서 사진만 찍고 발길을 재촉했다. 건물 벽 바깥의 이 노숙인은 온종일 떨었을 것이다. 사람들은 여간해서는 안락한 곳을 떠나, 고통을 겪는 사람과 함께 아파하기가 쉽지 않다.

바울(Paul)은 당대에 가장 뛰어난 율법 학자요 친히 사도로 훈련된 인물이다. 그러나 그는 멸시받고 소외당하던 자들을 구원하기 위해 스스로 낮아졌다.

> 내가 모든 사람에게 자유하였으나 스스로 모든 사람에게 종이 된 것은 더 많은 사람을 얻고자 함이라 … 내가 유대인과 같이 된 것은 유대인들을 얻고자 함이요 … 율법 아래에 있는 자 같이 된 것은 율법 아래에 있는 자들을 얻고자 함이요 … 내가 약한 자와 같이 된 것은 약한 자들을 얻고자 함이요 … 여러 모습이 된 것은 아무쪼록 몇 사람이라도 구원하고자 함이니(고린도전서 9장 19-22절).

'마더 테레사 효과'라는 용어가 있다. 침에는 면역항체 'Ig A'가 들어 있는데, 긴장 상태가 되면 침이 말라 이 항체가 줄어든다. 한 연구에서 대학생들의 'Ig A' 수치를 기록한 뒤, 마더 테레사의 일대기를 그린 영화를 보여 주었다. 그러고 나서 'Ig A' 수치가 실험 전보다 일제히 높게 나타난 것을 발견했다.[3] 여기서 우리는 긍휼의 마음을 가지게 될 때 긴장이 이완된다는 점을 확인한다.

마더 테레사는 유고슬라비아에서 알바니계 부모 밑에서 태어나 가톨릭 신앙을 전수받았다. 그녀는 아일랜드 수녀회에 들어가 인도에 파견된다. 그녀의 임무는 식민지에 있는 영국인의 자녀를 교육하는 일이었지만, 인도 거리에서 고통받는 이들이 그녀의 눈에 밟혀 도무지 본연의 업무에 집중할 수 없게 된다. 결국 본부의 허락 없이 거리로 나가 굶는 자, 병든 자

---

[3] 두산백과 두피디아 참조.

를 닥치는 대로 돕는다. 아무 지원이나 도움 없이 오직 사랑의 눈물과 가슴으로 그들을 품었다. 그녀는 국가와 민족 간 갈등, 피부색과 종교의 장애물을 사랑으로 녹여 냈다.

신실한 자라면 바울과 마더 테레사의 정신을 가져야 한다. 예배당에는 사회에서 냉대받고 아픔을 겪으며 죄의식으로 고통받는 자가 모여야 한다. 완벽을 추구하며 끼리끼리 모이는 것은 예수그리스도께서 바라는 예배당이 아니다. 세상에 나가서 희생의 정신으로 더럽고 추한 곳에 가서 얼룩을 입어야 한다. 거룩함은 세속적 사람들과 담을 쌓는 것이 아니다. 그 속에서 섬겨 주고 사랑하는 것이 거룩함이다. 속으로 "나는 저들과 같지 아니함을 감사하나이다"라는 생각을 하는 사람은 사람들에게도 그리스도에게도 버림받을 바리새인이다.

다시 88올림픽 장면으로 돌아가 보자. 폐막식은 개막식 못지않게 많은 사람에게 화합의 장으로 기억되고 있다. 안개가 자욱한 운동장 양쪽에서 오작교가 생기더니 끝단에서 서로를 향해 다가오는 존재가 태극 모양을 이루며 상봉한다. 까치가 만들어 낸 다리 위에는 혈통과 이념, 지역과 세대, 종교, 신분, 성을 아우르는 만남의 용광로가 생겼다.

2,000년 전에 예수 그리스도께서 그 오작교가 되셨다. 그리고 신과 인간, 인간과 인간들 사이에 막힌 담을 헐었다. 오늘 글의 제목에 대해서는 굳이 설명할 필요는 없을 것 같다.

그림 17 〈남대문의 아침 햇살〉, 2022, 수채화, 37.5×28cm

냄새의 추억 소리의 기억

"라일락 꽃향기 맡으며 잊을 수 없는 기억에 …."

라일락 꽃향기를 맡으면 80년대 대학로로 기억의 발길이 머문다. 라일락보다는 아카시아 향이 일반인에게 더 익숙하다. 아카시아 꽃향기는 지금도 내 마음을 설레게 한다. 초등생 때 산에서 놀던 기억도 한몫하겠지만 나의 청년 시절 여성들에게 가성비 좋던 향수가 아카시아 향수였다.

혈기 왕성하던 그 시절 대중버스에 아카시아 향수를 뿌린 여인이 타면 코끝을 간질이던 그 냄새는 내 눈을 지그시 감기었다. 눈을 뜨면 냄새가 모습에 감춰질까 봐 후각에 향을 가두었다.

또 하나의 추억 돋는 향은, 지금은 드물지만, 얼굴에 칠하는 분(粉) 냄새다. 옛날 것은 값이 싸서 그 향이 더 진했다. 어쩐지 그 냄새를 맡으면 어린 날 엄마 손잡고 덕소(경기도 남양주 지명) 외가댁에 가던 길이 머릿속에 떠오른다. 바람이 몰고 온 들풀 냄새와 엄마 얼굴의 분 냄새가 섞여 내 맘을 설레게 했다.

대중목욕탕이나 이발소에 비치되어 있는 값싼 스킨로션에서는 아빠 냄새가 난다. 그래서 대중목욕탕이 좋다. 싼 맛에 그걸 바르면 여지없이 피부병이 생긴다는 것을 알면서도 왜 그토록 실험했는지 …. 옛날 이발소에 가면 안 좋은 점이 있다. 이발 후 면도를 해 주는 것까지는 좋은데 면도하기 전후 발라 주는 스킨로션이 너무 싸구려라 매끈하게 보이려 하는 면도가 피부를 망가뜨리기 일쑤다. 옛날 분들은 피부가 강하셨나 보다.

나는 비염을 앓아도 냄새에 민감하다. 악취와 향기에만 민감한 내 코는 매우 좋은 냄새와 몹시 나쁜 냄새에만 극단적으로 기능한다. 내 코를 즐겁게 하는 건 향내뿐 아니다. 옅은 비 내릴 때 흙과 시멘트 바닥에서 올라오는 냄새는 시인이 되게 한다. 저녁 퇴근길 어느 주방에서 풍겨 나오는 된장 끓이는 냄새, 묵은지 지지는 냄새와 삼겹살 굽는 냄새는 뇌의 감각 영역을 거쳐 침샘을 지나 폐부까지 내려간다. 내 코는 역겨운 냄새와 맡고 싶은 냄새에만 반응한다.

소리에도 민감한 편이다. 어릴 적에 듣던 소리가 내 귀를 즐겁게 한다. 과일 트럭이 동네에서 안내 방송하는 소리, 아이들이 왁자지껄 떠드는 소리, 자동차가 "부응~" 하고 아련히 떠나가는 소리, 오토바이의 부르릉 소리, 겨울 창의 살얼음 깨지는 소리, 부침개 부치는 소리. 창문에 빗발치는 소리. 사과와 딱딱한 과자 먹는 소리, 사각사각 연필 깎는 소리 ···. 이 모두가 내 소리 감각을 쓰다듬는다.

특히, 자동차가 포르테로 시작하여 피아노로 사라지는 소리는 잠자리에 있는 내게 겨울 솜이불처럼 포근하다. 땡그랑 교회의 새벽 종소리는 직접 듣지 못했지만 대신 내가 들은 차임벨 종소리도 은은해서 좋았다. 공사판에서 망치질하는 소리, 철공소에서 쇠 자르는 소리는 초등학교 시절 하교하던 때가 떠오르게 한다. 찢어지는 듯한 그 소리와 흩어지는 쇳가루 냄새가 버무려지면 친구들과 어울려 가던 그 골목이 무대가 된다.

곡조가 있는 소리, 음악은 감성의 시공간을 넘나든다. 이문세의 〈가로수 그늘 아래 서면〉, 〈광화문 연가〉, 유재하의 〈지난날〉, 〈사랑하기 때문에〉를 들으면 남녀 합반이었던 고등학교 1학년 시절이 떠오르고, 군 훈련소 시절 장대 스피커에서 흘러나오던 변진섭의 〈숙녀에게〉, 〈홀로 된다는 것〉을 들으면 막막했던 신임병 시절의 기억이 선명하다. 전 세계의 아이콘이 된 BTS의 노래를 들으면 아는 척을 해야 하는데 내 귀에는 달팽이관에서 머문다.

수년 전에는 대중가요가 세대를 통합할 힘이 있음을 느꼈다. TV 드라마 〈1988〉에 나오는 〈걱정 말아요 그대〉는 여러 세대의 감성을 동질화시켰다. 과거 히트곡을 리메이크하는 것은 물론 앞으로 제2, 제3의 〈걱정 말아요〉가 나왔으면 한다.

나는 공간 회귀 본능이 있는 듯하다. 이제까지 살았던 동네, 거주했던 집과 거쳐 간 장소는 꼭 다시 가본다. 범죄자들이 범죄 현장에 꼭 다시 나타난다고 하는데 나는 장소를 옮겨 가며 죄를 지었나 보다. 지하 신혼집과 전세 아파트, 전망이 좋았던 학교 앞 테라스 연립주택, 내가 다녔던 초등학교와 중고등학교, 대학 캠퍼스…. 지금 나는 자신에게 "왜 그러셨어요?"라고 혼자 말한다. 대학원은 미국에 있어서 못 가 봤다. 나중에 형편이 되면 여행 삼아 가봐야겠다.

유튜브에서 들은 이야기가 있다.

어떤 아이 아빠가 더운 여름날 휴가를 내어 아이들을 데리고 자기가 다니던 시골의 초등학교에 갔다. 자신은 옛 추억이 떠올라 신이 나서 구경하는데 아이들은 에어컨이 나오는 차 안에서 꼼짝도 하지 않았다. 너무 더워서 그런가 보다 하고 가을이 되어 아이들을 다시 학교로 데려갔다.

"여기가 아빠가 공부하던 곳이야."

"여기에 화단이 그대로 있네?"

아이들이 시큰둥했다.

아빠가 물었다.

"얘들아, 너희도 좋지 않니?"

그때까지 참고 있던 아이가 말했다.

"여기는 아빠의 추억이 있는 곳이지 우리하고는 아무 상관이 없잖아요."

돌이켜 보면 기성세대가 젊은 세대에게 추억을 강요하거나 기억을 이식시키려 할 때가 있다. 문화적 관습이나 정서도 애써 전수하려 한다. "라떼는 말이야"라는 말도 초반에는 먹히더니 이제는 농담 삼아서도 안 하고 있다. 내가 만일 아카시아 향을 좋아한다고 해서 딸내미한테 아카시아 향수를 사준다면 방향제로나 쓰지 않겠는가.

자식의 생일에 본인 취향도 묻지 않고 자신이 보기에 좋은 옷을 사 주면 좋아할까?

더군다나 지금은 '소유'가 아닌 '공유 경제'의 시대이기 때문에 아이들은 클릭 몇 번으로 옷을 고르고 매장에 나가서 입어 보는 세대다. 내복을 선물하던 옛날 방식은 안 통한다.

이 대목에서 영국의 왕세자비 다이애나 이야기를 하지 않을 수가 없다. 자유분방하던 어린 여자가 왕실의 전통에 갇혀 얼마나 갑갑한 삶을 살았을지 짐작이 간다. 왕실의 코르셋은 그녀의 심장만 조인 것이 아니라 젊음의 자유와 희망까지 조였을 것이다. 영국의 왕실과 정치적 공간, 재판정에서의 옷과 가발은 전통을 존중하는 것을 지나 유행을 옥죄는 것 같은 기분이다.

유행이란 지키라고 있는 것이기도 하고 새로운 풍속에 내어 주라고도 있는 것이다. 그래서 유행은 돌고 돈다. 우리 집에는 안 입는 옷과 넥타이가 많다. 예전 번쩍번쩍 빛나던 은갈치 색 양복은 버렸지만, 그에 버금가는 빛난 양복은 지금도 버젓이 때를 기다리고 있다. 폭이 넓은 넥타이도 꽤 있는데 아무리 기다려도 재유행하기는 글렀다고 여기는지 다들 풀이 죽어 있다. 최근에 때아닌 통 넓은 양복바지와 나팔 청바지를 종종 입고 다녔다. 근데 지금 곳곳을 보니 넓은 통바지 시대가 도래했다.

내가 유행을 견인한 건가?

오늘 그림에 등장하는 인물(동물 포함)은 내가 존경하는 전 직장 동료와 딸, 그리고 강아지다. 딸로 등장하는 인물은 혁신을 추구하는 신진 작가로 왕성하게 활동하고 있다. 옆에서 맞바람에 눈을 감고 있는 강아지는 작가가 키우는 '밤이'다. 강아지가 중간에 있어서인지 안정적인 느낌이 든다. 집에 강아지를 키우는 일은 세대 간에 완충 역할을 해 준다. 강아지는 전통이 뭔지 모르고 유행을 타지 않기 때문이다.

기성세대는 젊은이들의 유행과 풍속을 이해해야 한다. 예전의 조직문화만 생각해서 슬리퍼 신고 들어오는 젊은 직원에게 잔소리한들 자신만 꼰대라는 소리를 듣는다. 젊은 세대가 윗세대를 무시하란 이야기는 아니다.

바울(Paul)은 에베소 교회의 젊은 세대에게 말했다.

> 자녀들아 주 안에서 너희 부모에게 순종하라 이것이 옳으니라. 네 아버지와 어머니를 공경하라 이것은 약속이 있는 첫 계명이니 이로써 네가 잘되고 땅에서 장수하리라
> (에베소서 6장 1-3절).

그리고 윗세대에게 말한다.

> 또 아비들아 너희 자녀를 노엽게 하지 말고 오직 주의 교훈과 훈계로 양육하라
> (고린도전서 6장 4절).

여기에서 부모나 자식을 꼭 핏줄의 개념으로 한정할 필요는 없다. 젊은 이들은 주변에서 나이 지긋하고 경험 많으신 어른들의 삶에 녹아 있는 지혜를 배워야 한다. 뒷방의 노인에게도 숱한 성공의 추억과 실패의 아픈 기억이 있다. 배우려고 하면 누구든지 좋은 스승이 될 수 있다. 온고지신(溫故知新)이란 말이 있다. 이 말을 의역하면 옛것을 살리고 그 기초 위에서 새로운 것을 창조하라는 말이다.

달리 해석하면 과거를 잊지 않고 새로운 것을 수용하는 사람이 남을 가르칠 수 있다는 말이다. 과거를 부수고 새로운 기초를 세우는 것은 기회

비용을 키우고 예전의 영화를 부정하는 꼴이 된다. 기성세대가 됐건 신세대가 됐건 온고지신을 아는 사람이 세대 간 바통을 잇는 릴레이에서 우승할 수 있다.

아놀드 토인비의 말을 빌려 역사의 수레바퀴는 도전과 응전이라고 본다면, 젊은 세대는 도전하고 기성세대는 도전이 열매를 맺도록 격려하고 지원해야 한다. 기성세대는 나이가 들수록 유행에 민감해야 한다. 유행을 좇으라는 말이 아니다. 젊은 감각을 이해하되 취향을 녹여 내야 한다는 이야기다.

우선은 젊은이들과 자주, 많이 소통해야 한다. 여기서 소통은 가르치는 것이 아니다. 새로운 문화를 받아들이고 인생의 선배로서 시행착오를 나누는 것이다. 젊은이와 만날 기회가 적다면 어떻게든 자녀들과 많은 시간을 보내야 한다. 그것도 어렵다면 더 좋은 방법이 있다. 내가 신자라면 학생부에서 봉사하는 것이다.

젊은 세대는 기성세대의 추억의 공간과 시간, 소리와 향기를 무시하면 안 된다. 초중반의 베이비붐 세대들이 모래사장밖에 없던 허허벌판에 경제성장의 토양을 만들고 민주주의의 텃밭을 일구었다는 말이 예전에는 피부에 와닿지 않았었다. 아무것도 없던 땅에 견고한 시장이 작동하고 일자리가 생겨난 것은 후세대가 진 큰 빚이다.

황무지를 개간하며 흘린 그들의 땀방울이 말하는 교훈을 배워야 한다, 너무 고급진 일자리만 찾다가는 혈기 왕성한 시간이 속절없이 흘러갈 수 있다. 일자리 탓만 하지 말고 젊을 때 흘릴 수 있는 고농축 염도의 땀과 눈물을 흘리는 게 어떨지. 앞길이 구만리인 그들이 부럽다.

오늘 글에서 냄새와 소리, 장소의 추억은 세대 간의 연결을 논하기 위한 재료로 등장했다. 냄새와 소리, 장소가 바뀌어도 바뀌면 안 되는 것이 있다.

'다름을 인정하고 다양성을 존중하는 포용과 관용의 정신'
'집단의 최소단위인 가정을 지키는 것'
'다수결의 원칙은 지키되 생각이 다른 단 한 명의 생각도 배척하지 않는 민주주의 정신'

이것만 지킨다면 세대 간의 갈등은 발붙일 땅이 없게 된다. 아니, 세대 간의 갈등은 물론 네 대 간의 갈등도 어림없다(이런 조크 어림없겠죠).

그림 18 〈모녀와 강아지〉, 2022, 펜/수채/아크릴, 37.5×28cm

셋

목자처럼

가죽만 남는 인생

어느 날 하루살이와 메뚜기가 놀고 있었다. 저녁이 되자 메뚜기가 하루살이에게 말했다.

"해가 졌으니 그만 놀고 내일 보자."

하루살이가 말했다.

"내일이 뭐야?"

또 한번은 메뚜기와 개구리가 놀았다. 날이 추워져 개구리가 말했다.

"날이 추워졌으니 내년에 보자."

메뚜기가 말했다.

"내년이 뭐야?"

인간 이외의 생물은 죽음이 뭔지 모른다. 본능에 따라 현재를 살기 때문에 욕심이 없고 걱정 근심 없이 산다.

나는 저녁이 되는 게 싫었던 시절이 있었다. 친구들과 온종일 딱지치기, 구슬치기하며 놀다가 할머니가 "보현아, 저녁 먹어"라고 하면 못 들은 체하고 계속 놀기 바빴다. 할머니가 대여섯 번 부르다가 화가 나서 "이××야, 밥 먹으라고!"라고 하면 마지못해 들어가곤 했다.

특히, 구슬과 딱지를 많이 땄을 때 그랬다. 나는 구슬치기 중 '깔빼기'[1] 에는 별로 재주가 없고 구슬 한 개를 멀리 까기에 재능이 있어서 이 종목에서 구슬을 많이 땄다. 딱지는 네모난 딱지치기는 별로고 동그란 딱지에 표시된 별 개수로 따먹거나 멀리 떨어뜨리기를 잘했다. 땅따먹기할 때는 땅을 얼마나 땄던지 상관없이 저녁이 되면 땅을 다 지우고 들어가야 했다.

오늘 그림은 어릴 적에 살았던, 달동네 같던 면목 4동을 연상하며 그렸다. 저녁이 되었는데도 세 명의 아이들이 딱지와 구슬치기에 여념이 없다. 조금 있다가 "철수야, 영수야" 소리가 들리면 골목은 텅 빌 것이다.

구슬치기, 딱지치기, 땅따먹기는 저녁이 되면 끝을 내야 해서 재미있다. 시간제한이 있으므로 집중력이 생기고 집중력이 생기니 배고픈 줄 모르고 한다. 밥 안 먹고 2박 3일 딱지치기만 하라면 그게 벌 받는 것이지 놀이가 될 수 있겠는가.

학창 시절에 방학이 너무 짧아 불평했는데 선생님이 "개학이 있으니 방학이 즐거운 거야"라고 하셨다. 생각해 보니 직장 휴가도 출근 날짜가 있으니 즐겁다. 군 복무 중 휴가도 복귀 날짜가 있으니 그 휴가가 짜릿하고 제대 날짜가 있으니 힘들어도 훈련을 견딜 수 있다. 차가운 음료와 샤워를 기대할 수 없다면 누가 햇빛 아래 조깅을 할까.

인생을 즐기는 것과 휴식하는 것은 일할 수 있으므로 좋다. 영원히 쉬는 것이 아니므로 기쁘다. 이제 인생 전체를 보자.

우리가 언젠가는 죽기 때문에 인생이 즐거울 수 있는가?

예수님의 제자 누가(Luck)는 이렇게 기록하고 있다.

> 또 내가 내 영혼에게 이르되 영혼아 여러 해 쓸 물건을 많이 쌓아 두었으니 평안히 쉬고 먹고 마시고 즐거워하자… 어리석은 자여 오늘 밤에 네 영혼을 도로 찾으리니 그

---

1 세모를 그려 놓고 그 속에 구슬을 모아 놓고 구슬을 던져 흩어진 구슬을 따 먹는 것.

러면 네 준비한 것이 누구의 것이 되겠느냐(누가복음 12장 19-20절).

많은 사람이 영원히 살 것처럼 모으고 쌓아 놓고 형편이 되면 펑펑 쓰기 바쁘다. 한 번뿐인 인생 먹고 즐기자고 한다. 인생의 끝이 있으므로 즐겁다는 뜻은 아닐 것이다.

아까 이야기했듯이 하루살이와 메뚜기, 개구리는 자기들이 죽는다는 것을 모르기 때문에 욕심이 없고 근심·걱정 없이 산다. 사람들은 죽는다는 것을 알기 때문에 두 가지로 반응한다.

한 부류는 "인생 뭐 있어? 짧고 굵게 살자"라고 하며 돈 모으고 즐기려 하는 사람들이다. 또 다른 부류는 이 땅에서 영원히 살 수 없으니 뜻있게 살려고 하는 사람이다. 그런데 첫 번째 부류는 죽음으로 끝이라고 믿는 사람일 가능성이 크다. 두 번째 부류는 죽음 이후에 다음 생이 있다고 믿는 사람들일 것이다.

록펠러는 40대에 미국 최고의 부자가 되었으며 50대에 세계 최대의 갑부가 되었다. 그러나 그는 악덕 기업주로서 늘 손가락질받았고 불치병으로 시한부 선고를 받았으나 어느 날 "받는 자보다 주는 자가 복이 있다"는 것을 깨우쳤다. 그 후 그는 누구보다도 남을 돕는 인생을 살았고 도울수록 더욱 부자가 되어 97세까지 살았다.

나는 오래 살지는 못했지만, 주변에서 모으고 쌓았기 때문에 행복한 사람을 보지 못했다. 재산만 늘리다가 죽을 때 유산으로 물려줘서 자손이 행복해지는 경우도 별로 못 봤다. 물처럼 돈도 흘러야 나도 남도 행복해진다.

우리는 이 땅에 살다가 부름을 받게 되면 그동안 모아 놨던 구슬과 딱지, 땅따먹기해서 딴 땅을 다 놓고 가야 한다. 호랑이는 죽어서 가죽을 남기고 사람은 죽어서 이름을 남긴다. 그런데 죽을 때 내놓을 것이 많은 사람은 살아 있을 때 존경받을 가능성이 크고 죽기 전에 남모르게 내놓은 사람은 죽어서 이름을 남길 가능성이 크다.

그리고 구원의 주를 믿고 변화되어 남을 위해 산 사람, 그 사람이 죽어 이름을 남긴 후에는 영원한 상을 받는다. 그러나 살아서만 이름을 남긴 사람은 죽어서는 호랑이처럼 가죽만 남긴다. (후손들에게 이득은 되겠다) 이 시점에서 나는 'YOLO'(You Only Live Once)라는 신조어를 'YOLE'로 대체하고 싶다.

"You Only Live Everlasting life!"

그림 19 〈저녁 무렵〉, 2022, 유화, 50×40.9cm

두갈래 길

우리는 길을 가다가, 혼자서 가다가 갈림길을 만나면 어느 길로 갈지 주저한다. 많은 이가 한쪽 길을 택하고는 후회한다.

미국의 시인 로버트 프로스트(Robert Lee Frost)[1]는 많은 사람에게 사랑받는 시 〈가지 않은 길〉에서 마치 과거의 중요한 순간을 기억하듯이 두 갈래 길이 있었다고, 사람이 적게 간 길을 택했다고 말한다.

〈두갈래 길〉

노란 숲속에 길이 두 갈래로 났습니다.
나는 두 길을 다 가지 못하는 것을 안타깝게 생각하면서,
오랫동안 서서 한 길이 굽어 꺾여 내려간 데까지,
바라다볼 수 있는 데까지 멀리 바라보았습니다.

그리고 똑같이 아름다운 다른 길을 택했습니다.
그 길에는 풀이 더 있고 사람이 걸은 자취가 적어,

---

[1] 미국의 시인, 1874-1963, 소박한 농민과 자연을 노래함(두산백과).

아마 더 걸어야 할 길이라고 나는 생각했었던 게지요.
그 길을 걸으므로, 그 길도 거의 같아질 것이지만.

(중략)

훗날에 훗날에 나는 어디선가 한숨을 쉬며 이야기할 것입니다.
숲속에 두 갈래 길이 있었다고. 나는 사람이 적게 간 길을 택했다고.

우리는 길이 갈라질 때 어디로 갈지 망설인다. 망설이다가 침이 튀는 쪽으로 가기도 하고. 문득 발자국이 많은 쪽으로 가기도 한다. 그 길은 쉽고 안전하기 때문이다. 작정한 길로 가다가 종종 길을 잃을 때도 있다. 어디로 가야 할지 모르겠으면 재빨리 길이 갈라졌던 곳으로 되돌아와야 한다. 한도 끝도 없이 갔다가는 방향감각을 잃게 되어 낭패를 보기 십상이다.

오늘 그림은 두 갈래 길에서 하나의 길을 걷다가 되돌아본 장면이다. 풍경화에는 나오지 않지만 길을 가던 사람이 걷다가 너무 멀리 가기 전에 선택이 맞는지, 방향이 틀리지는 않는지 확인하는 시점을 알아챘다. 우리는 종종 너무 멀리 가서는 후회한다.

"그때 그렇게 하지 않았더라면 이 꼴이 되지는 않았을 텐데 …."
"그때 그 사람 말만 들었어도 이렇지는 않았을 텐데 …."

갈림길에 섰을 때 잘못 선택한 것에 대한 회한이다. 사람들은 때때로 선택의 기로를 복기(復棋)하여 앞으로의 갈림길에 대비해야 한다.

예수께서 말씀하셨다.

> 좁은 문으로 들어가라 멸망으로 인도하는 문은 크고 그 길이 넓어 그리로 들어가는 자가 많고 생명으로 인도하는 문은 좁고 길이 협착하여 찾는 자가 적음이라
>
> (마태복음 7장 13-14절).

> 좁은 문으로 들어가기를 힘쓰라 내가 너희에게 이르노니 들어가기를 구하여도 못하는 자가 많으리라(누가복음 13장 24절).

사람들이 넓은 길을 택하는 이유는 세 가지라고 생각한다.

첫째, 길이 잘 나 있어 편안하기 때문이다.
좁은 길은 가다가 가시에 찔리고 나뭇가지가 앞을 막아 시야를 확보하기도 어렵다. 그러나 넓은 길은 경치를 보며 편히 가면 된다.
둘째, 많은 사람이 함께하므로 심리적 안정을 찾는다.
우리는 군중심리에서 벗어난 선택을 할 때 불안해한다. 과거의 경험과 학습에 따른 결과이다.
셋째, 튀어 보이거나 타인에게 책임을 지기 싫어서 넓은 길을 택하기도 한다.

좁은 길로 가게 되면 한 걸음 한 걸음 디딜 때마다 따라오는 사람이 신경 쓰인다. 어느 때는 내가 길을 내야 할 때도 있다.
가진 것이 많고 기득권을 누리는 사람일수록 넓은 길을 택할 가능성이 크다. 대중의 삶과 문화는 기득권자의 물질적인 풍요와 명예를 지키는 데 유리하기 때문이다.
데이비드 리스먼(David Riseman)의 『고독한 군중』(The lonely crowd)에 나오는 '타인지향형'의 삶이 이 사실을 뒷받침한다. '타인지향형'의 삶을 사는 사람들의 사회와 문화는 획일화되어 기득권을 지키기 편하다. 가난하고 힘든 사람은 더 잃을 게 없으니 좁은 길을 택하는 모험을 할 수 있다. 좁은 길을 가다가 샘을 발견하고 꿀이라도 맛보면 그냥 쭉 간다. 진정한 가치를 발견했기 때문이다. 넓은 길로 가는 사람은 넘쳐나는 가짜 꿀과 불순물이 섞인 물에 만족하기 쉽다.

인류 역사의 위인을 볼 때 좁은 길, 사막길, 광야의 길을 가지 않은 사람은 드물다. 극한 질병이나 가난, 전쟁의 공포와 민족의 아픔을 긍정의 힘으로 극복하고 새길을 개척한 사람들이다. 구약의 아브라함, 모세, 요셉, 다윗을 비롯해 근현대사가 자랑하는 간디, 마틴 루터 킹, 넬슨 만델라 등 ….

이들은 현세의 삶에 치중하지 않고 모두의 가치와 영원한 기쁨을 위해 고난의 길을 택했다. 예수님의 '좁은 길'은 일시적 풍요와 쾌락이 아닌 '영원한 복을 위해 고난과 수고를 인내하는 삶'을 말한다. 자신이 미련하고 게을러서 겪는 고난이 아닌, '의를 위해 지고 가는 십자가의 삶'을 말한다. 현세에서 맞닥뜨린 두 갈림길에서 선택한 좁은 길이 영원히 넓은 길로 이어지게 된다.

넓은 길을 선택한 사람은 두 갈래 길이 시작된 지점으로 되돌아가기가 쉽지 않다. 길에서 만난 장사꾼들의 현란한 속삭임, 대중이 갖는 "돌격 앞으로!"의 힘과 자신감, 잘못되더라도 같이 잘못되는 데서 오는 위안 때문에 돌이키기가 여간 어렵지 않다. 뒤에서 많은 사람이 밀어닥쳐 지나가기 힘들다. 혹 가다가 돌부리에 걸려 넘어져 '끝까지 가다가는 막다른 골목인데…'라는 생각이 든다면 찬찬히 둘러보라. 혹시 아까 보았던 좁은 길로 이어지는 샛길이 있을지도 모르니까 ….

그림 20 〈두 갈래 길〉, 2021, 수채화, 37×30cm

인내의 열매

우리는 행동에 일관성이 없다.

차가 막히는 것을 못 견뎌 이리저리 빠져나가면서 낚시할 때는 물고기가 잡힐 때까지 몇 시간이고 기다린다. 컵라면에 물을 붓고 라면이 익는 것은 기다리지 못하고 바둑 둘 때는 상대방이 한 수 둘 때까지 무한정 기다려 준다. 또 은행 창구 앞에서는 먼저 온 고객의 뒤에서 안절부절못하면서 공항에서 2시간은 너끈히 기다린다. 분식집의 라면 나오는 시간 5분을 길게 느끼면서 호텔 레스토랑의 스테이크는 늦게 나와도 잘도 참는다.

우리의 인내는 상황에 따라 기준과 한계가 달라진다. 주로 먹고사는 일에 해당하는 것이면 조급해하고, 여가 활동에 해당하면 좀 더 기다려 준다. 어찌 됐건 일정한 보상이 따르거나 체면과 관련되는 일에 대해서는 얼마든지 기다려 줄 용의가 있다.

오늘 그림에는 한 어부가 밤새 낚시를 했으나 날이 밝도록 물고기를 한 마리도 잡지 못한 모습이 담겼다. 조금 있으면 동이 트고 어부는 월척을 낚을 것이다. 물안개가 거치며 밤새 쌓인 피로도 사라진다.

예수님의 제자 베드로도 갈릴리 호수에서 밤새 물고기를 잡았으나 한 마리도 건지지 못했다. 그는 자신이 그토록 따르다가 배신한 지도자 예수님이 십자가형으로 죽으시자 낙심하여 어부로 돌아갔다. 그러나 갈릴리의 물고기도 멀리하는 자신의 신세에 극도로 지쳐 있는 상태였다. 갑자기 나타난 예수님의, "배 오른편에 그물을 건지라"는 말씀을 따르자 153마리의 고기를 낚았다. 모나미 153 볼펜은 이 사건을 기원으로 한다. 베드로는 호수에서 하룻밤을 견딘 것이 아니라 파란만장한 인생을 통한 기다림으로 구원을 얻었다.

아시아 극동 지방에 서식하는 대나무는 심고 나면 몇 년이 지나도 싹이 자라나지 않는다. 그러나 5년 정도 지나면 '잭의 콩나무'처럼 하루가 무섭게 쑥쑥 자라나 어느새 어른 키의 몇 배나 될 정도로 우거진다. 지나간 세월은 땅속에 깊고 넓게 뿌리를 내린 시간이다. 뿌리가 깊고 넓게 퍼지지 않는다면 대나무는 그 모양새를 보건대, 얼마 못 가 바람에 넘어갈 게 분명하다.

인고의 시간은 사람에게도 좋은 결과를 가져다준다. 여성에게 가장 아픈 통증은 해산의 고통이고 남성에게는 요로결석이라고 한다.

좀 오래된 자료이긴 하지만, 2,006년 '녹색소비자연대전국협의회'에서 발간한 자료에 따르면 자연분만하면 출혈과 감염 위험이 적고 회복이 빠르며 다음 임신 때도 자연분만할 수 있다고 한다. 또한, 아기는 폐호흡이 원활하거나 빨리 모유 수유하는 등 제왕절개로 태어난 아기보다 더 건강하다고 한다.[1] 나는 겪어보지 않아서 모르겠지만 열 달을 기다려 해산하는 임산부가 겪는 인내의 열매는 눈부시게 아름답고 달다.

이어령 교수의 『자본이 생명이다』에 나오는 일본 사과에 관한 대목이다. 일본은 태풍이 강하게 불어 사과가 통째로 떨어지는 일이 많다. 언젠가 큰 태풍이 와서 사과가 90퍼센트까지 떨어졌다. 떨어진 사과는 상품 가치가 없어 잼이나 만들어야 한다. 많은 사람이 망연자실해 있는데, 한

---

[1] 정진주·김유자·조윤미, 『자연스런 분만이 안전하고 편안합니다: 제왕절개분만감소 교육홍보사업 인산부 가이드북』, (녹색소비자연대전국협의회, 2006), 10-11.

사람이 나무에 아직도 매달려 있는 사과 한 개를 보고 아이디어를 얻었다. "바람에도 떨어지지 않는 사과"로 상품화해서 팔면 수십 배의 가격으로 팔 수 있다고 생각한 것이다. 이 사과는 수험생에게 불패의 상징으로 여겨져 큰 인기를 얻었다. 바람을 견디고 이겨 낸 가치가 원래의 가치를 10배 뛰게 했다.[2]

잠언에 나오는 말씀이다.

> 분을 쉽게 내는 자는 다툼을 일으켜도 노하기를 더디 하는 자는 시비를 그치게 하느니라(잠언 15장 18절).

우리 속담에도 "참을 인(忍)자 셋이면 살인을 면한다"라고 했다. 얼마 전 TV 뉴스를 통해, 길에서 어깨싸움 끝에 살인을 저지른 사람이 검거됐다는 보도를 접했다. 그가 칼부림하기 전 세 번만 참았다면 두 가정이 무너지는 참상은 면했을 것이다. 그에게 억지로 참는 것은 병이 되었을 것이다.

간디나 마틴 루터 킹(Martin Luther King Jr.)처럼 사랑과 평화에 대한 열망이 복수심과 폭력성을 압도할 때 참고 견디는 것은 진정한 인내가 된다. 그 인내는 나와 모두를 위한 인내다. 상대방도 살리고 나도 살기 위해 참고 견디는 일은 믿음의 열매로 맺어지는 인내를 통해 가능하다.

마틴 루터 킹은 그 어떠한 상황도 인내하고 기다릴 줄 아는 사람이다. 벤자민 메이스(Benjamin Mays) 박사는 극한의 폭력을 참아 내고 사랑을 이룬 사람이 바로 마틴 루터 킹이라고 평가했다. 폭격 때문에 집이 무너지고 13년 동안 매일 죽을 고비를 넘기고, 공산주의자라고 억울한 누명을 썼다. 어느 때는 동족에게 칼에 맞고, 폭행은 일상이 되고, 옥고를 스무

---

2 이어령, 『생명이 자본이다』 (마로니에북스, 2014), 274-275.

번 이상 치르고, 배신의 아픔도 겪었다. 그야말로 인간이 겪을 수 있는 모든 고통을 그는 어떤 원한도 복수심도 없이 견뎌 냈다. 그리고는 온 세상을 누비며 비폭력과 사랑의 힘을 전파했다.

마틴 루터 킹은 옥중에서 이렇게 썼다.

> 폭력의 하향 나선 속에서 미움이 미움을 어떻게 불러오는지 … 사랑은 원수를 친구로 변화시키는 유일한 힘이다.[3]

그는 사랑을 통한 인내의 방정식을 미국 인종차별에 대입했다. 그는 절반의 성공에 그친 간디의 '비폭력 저항 평화주의'를 실제화하여 사랑으로 미움과 혐오에 대처했고, 그 결과 자유를 열망하는 사람과 억압하는 자 모두를 포용하는 것이 가능함을 역사는 증명하고 있다.

---

3 존 스토트, 『존 스토트의 산상수훈』, 6장.

그림 21 〈동이 틀 무렵〉, 2020, 수채화, 31×24cm

금 금 금

　우리 가슴 속에 남아 있는 배우 로빈 윌리엄스(Robin Williams)가 주연한 〈죽은 시인의 사회〉는 한국인이 다시 보고 싶은 영화 1위에 오른 바 있다. 영화의 처음 장면에서 키팅 선생님은 수업 첫날 학생들에게 '카르페 디엠'(Carpe Diem)을 가르치며 미래에 얽매이지 말고 현재의 자유를 누리며 살라고 했다. '카르페 디엠'은 '현재를 잡아라'(영어로 Seize the day)는 라틴어다. 영화에서는 전통과 규율에 얽매이지 않는 청소년들의 자유를 상징하는 말로 쓰였다.[1]

　이 영화가 상영된 이래 많은 이의 카톡 프로필에는 'Carpe Diem'이라는 말이 자주 등장했다. 주로 '과거에 대한 회한이나 미래에 대한 걱정에 사로잡히지 말고 현재의 삶을 살아라'라는 의미로 이 문구를 달았을 것이다.

　오늘 그림은 잘 알려진 밀레의 〈만종〉(晚鐘)을 모작(模作)한 것이다. 이 작품은 학원에서 그린 그림인데 선생님이 한마디 하셨다.

　"밀레의 〈만종〉을 모작하는 사람은 처음이에요."

　〈만종〉은 딱 보기에도 그림이 너무 어둡고 화려하지 않아서 수강생에게 인기가 없기 때문이다.

1　두산백과 두피디아 참조.

만종을 감상하면 마치 저녁 교회 종소리가 지금 들리는 듯하다. 감자를 캐던 부부는 저녁 종이 울리자 삼지창 밭갈이 농구를 땅에 꽂아 놓고 캔 감자는 바구니에 곱게 담고서 감사기도를 드리고 있다. 해 저무는 지평선에 희미하게 보이는 교회의 종소리가 울려오는 바로 그 순간의 소중함을 부부는 모은 두 손으로 표현한다.

과거에 갇혀 사는 사람, 현재를 사는 사람, 미래만 바라보고 사는 사람이 있다. 또 '과거를 후회하고 미래에 대해 걱정하며 현재의 삶도 살지 못하는' 사람들의 삶은 최악이다. '과거를 반성하고 희망을 꿈꾸며 지금 최선을 다하는 삶'이 가장 좋은 삶이다. Carpe Dime이 '과거는 지난 일이니다 잊어버리고 내일 일이랑 생각 말고 지금 맘껏 즐기며 살자'라는 뜻으로 곡해되어서는 안 된다.

성서를 보면 '지금'이라는 말이 소극적 의미와 적극적 의미로 나타난다. 적극적 의미를 보자. 바울(Paul)은 이렇게 말했다.

> 지금은 은혜 받을 만한 때요 보라 지금은 구원의 날이로다(고린도후서 6장 2절).

여기서 바울은 사람들에게 꾸물거리지 말고 과거에서 벗어나 지금 구원받으라는 의미를 강조했다. 그는 또한 이렇게 말했다.

> 세월을 아끼라 때가 악하니라 그러므로 어리석은 자가 되지 말고(에베소서 5장 16-17절).

그리고 솔로몬은 이렇게 말했다.

> 너는 청년의 때에 너의 창조주를 기억하라 곧 곤고한 날이 이르기 전에 … 해와 빛과 달과 별들이 어둡기 전에, 비 뒤에 구름이 다시 일어나기 전에 그리하라
> (전도서 12장 1-2절).

요약건대 모두 현재의 삶에 최선을 다하라는 이야기다.

'지금'이 소극적인 의미로 쓰인 경우를 보자. 주로 내일 일을 염려하지 말고 지금 헛된 일을 도모하지 말라는 말들이다.

예수께서 말씀하셨다.

> 그러므로 내일 일을 위하여 염려하지 말라 내일 일은 내일이 염려할 것이요 한 날의 괴로움은 그 날로 족하니라 (마태복음 6장 34절).

내일의 염려로 인해 현재의 삶을 그르치지 말라는 이야기다.

이에 대해 존 스토트(John R. W. Stott)는 『존스토트의 산상수훈』에서 내일 일을 염려하는 것은 정말로 미련한 일이라고 한다. 왜냐하면, 내일 염려하는 일이 일어난다면 그 염려는 두 배가 되는 것이고 그것이 일어나지 않는다면 쓸데없이 염려한 것이기 때문이다.[2]

재물을 쌓아도 염려에서 벗어날 수 없다. 보물을 땅에 쌓아 두어 봤자 오래 못 간다. 땅에서는 좀먹고 도둑질당한다. 보물을 하늘에 쌓아 두면 좀이 얼씬하지 못하고 도둑질할 염려도 없다. 예수께서는 지금 일시적 만족감을 위해 부와 명예를 쌓느라 시간을 허비하지 말고 진정한 보물, 영원한 가치를 위해 살라고 말한다. 이 모든 말은 다 지금 염려나 쓸데없는 것을 좇느라 시간을 허비하지 말라는 뜻이다.

나짐 히크메트라는 튀르키예 시인은 〈신과의 인터뷰〉라는 글을 통해 헛되이 시간을 버리는 인간의 우매함을 고발한다.

> 인간이 신에게 물었다.
>
> "신께서는 인간을 볼 때 가장 놀라운 게 무엇입니까?"

---

2 존 스토트, 『존 스토트의 산상수훈』, 9장.

신이 대답했다.

"첫째, 어릴 때 서둘러 어른이 되는 것. 그리고 되돌아가려 갈망하는 것

둘째, 돈을 벌기 위해 건강을 잃어버리고 건강을 되찾기 위해 돈을 다 잃는 것

셋째, 미래에 대한 염려로 현재를 놓쳐 버리고 현재도 미래에도 살지 못하는 것

넷째, 결코, 죽지 않을 것처럼 사는 것. 그리고는 결코 살아 본 적이 없는 듯 무의미하게 죽는 것"[3]

어떤 남편이 부인에게 카톡으로 문자를 보냈다.

"이 세상에서 가장 소중한 금 세 가지가 뭔지 알아?

황금, 소금, 지금이야."

이와 동시에 아내의 회신이 왔다.

"현금, 지금, 입금!"

놀란 남편이 또다시 답신했다.

"지금, 조금, 입금."

부부가 주고받은 대화에서 '지금'이라는 말은 계속 빠지지 않는다. '지금'이라는 말이 얼마나 우리 일상에 자주 등장하는지 보여 주는 에피소드다.

우리는 무엇을 부탁하면서 "바로 지금!"이란 말을 밥 먹듯이 한다. 부탁을 받는 사람은 "오늘까지요", "급해요"라는 말은 하도 많이 들어서 그런가 보다 하고 시간을 지키지 않는 것이 예사가 되었다. 일상에서의 시간 개념을 볼 때 '내가 지금의 여유를 갖기 위해 남이 지금의 순간을 희생'해야 한다는 심리가 만연해 있다. 〈지금 이 순간〉이라는 노래는 특정 순

---

[3] 비지니스, 경제모임 블로그(하림의 어등사모)에서 발췌.

간에 있는 사람의 귀만 즐겁게 할 뿐 모두의 순간을 아우를 수는 없다.

'그제, 어제, 오늘, 내일, 모레, 글피 ….'

날짜에 대한 우리 말에 왜 내일(來日)만 없을까?

혹자는 '하제'라는 순 우리 말이 있었는데 잘 쓰이지 않아 잊혔다고 한다.

당장 오늘 먹고 살기가 힘들어 내일을 기약할 수 없어서일까?

우리나라가 못 먹는 시절, 집에 먹을 것이 생기면 일단 먹고 보자는 생각에 배가 터지도록 먹었다. 식구가 많으면 아수라장이 되기도 했다. '조선 시대판 Carpe Diem'이다.

어느 날 점심 식사하다가 한 직원이 말했다.

"죽을 때 가장 흔히 하는 후회가 '나를 위해 좀 더 살걸'이랍니다."

맞는 이야기다. 실제로 많은 사람이 그렇게 느낀다. 그런데 그 의미를 좀 더 확실히 하고 싶다.

"내 영혼을 위해 남을 위해 좀 더 살걸 …."

곰곰이 생각해 보면 '점'(点)이라는 개념이 끝이 없는 허상이듯이 '지금'이라는 개념을 특정할 수는 없다. 디지털 개념으로서 '지금'이라는 말이 성립될 수는 있으나 아날로그 개념으로서는 지금이라는 개념이 성립되기 어렵다. 이어령 교수가 이야기한 디지로그(Digilog)[4]의 개념으로 시간을 다루어야 한다. 계속 흘러가는 시간을 인위적으로 붙잡아 둘 수 없다. 지금이라고 말하는 순간 벌써 과거가 되어 버리기 때문이다.

매 순간이 우리의 과거요 현재요 미래다. 그러므로 순간순간 최선을 다해야 한다. 그런데 '지금'이 그렇게 중요하다면 '영원한 지금'을 누리기 위해 이 땅에서의 매 순간을, 나를 이 땅에 나게 하신 뜻에 따라 영원한 가치를 위해, 이웃과 함께 살아야 한다.

---

4 Digital의 정보기술과 Analog의 정서를 합성한 말.

그림 22   밀레의 〈만종〉 모작(模作), 2021, 유화, 53×40.9cm

돈 돈 돈

　서로 자급자족하던 시대에는 물품을 거래할 필요가 없었다. 인류가 농사를 짓고 가축을 키우게 되면서 물물교환을 하게 되고 교환할 물품이 다양해지자 상품 가치를 정할 필요가 생겨 화폐가 등장했다.

　기원전 6000년 경에는 소가 화폐가 되었고, 기원전 1,200년 경에는 조개껍데기가 돈이었으며 서기 312년에는 로마에서 금화가 발행되었다. 지폐는 806년에 가벼운 화폐의 필요성 때문에 중국에서 발명되었다. 아메리카가 발견되기 전 그곳 원주민은 '웜펌'(Wampm)이라는 조개 구슬을 사용했다.[1]

　시대의 경제환경이나 사회 풍습에 따라 돈의 모양은 달라지지만, 한가지 공통점이 있다. 돈은 공동체가 소중히 여기는 것으로 만들어졌다는 것이다. 달리 말하면 돈의 재료에는 희소성이 있었다는 말이다. 돈이, 돈이 되려면 신뢰가 따라야 하고 신뢰성을 얻기 위해서는 희소성이 있어야 한다. 요즘은 금속과 종이로 된 돈을 마구 찍어 대기 때문에 '물질'로서의 희소성이 사라졌다. 대신 각국 정부와 은행은 '가치'의 희소성을 관리하기 위해 화폐 개혁을 하거나 돈을 회수하기도 한다.

---

[1] 베탄 패트릭·존 톰슨, 『1퍼센트를 위한 상식백과』, 이루리 역 (써네스트, 2014), 385.

역사를 보면 정부는 각종 공공사업이나 전쟁 등 자금이 필요할 때 돈을 마구 찍어 댄다. 혹은 황제의 위상을 널리 알리기 위해 동전을 대량으로 유통하기도 했다. 돈이 많아지면 그 가치가 곤두박질쳐서 민생이 불안해진다. 돈에 실망한 사람들은 희소가치가 보장되는 금, 다이아몬드, 각종 미술품 등을 모으려 한다.

비트코인의 경우 총발행량이 2,100만 개밖에 되지 않기 때문에 희소성은 크지만 전 세계 인구가 제한된 화폐를 사고팔기 때문에 등락 폭이 커서 매우 불안정하고 거래소도 취약하여 아직 화폐로서 공인되기는 쉽지 않다.

돈의 원래 기능은 물품을 교환하고 계산을 쉽게 하기 위함이었는데 이제는 '부의 축적' 수단이 되었다.

아프리카 칼라하리 사막에 사는 쿵(Kun)족은 세계에서 가장 전통적인 부족이었다고 한다. 그들은 원시 시대부터 최근까지 돌, 나무, 뼈로 된 도구를 만들어 썼다. 막사도 서로 볼 수 있게 하여 다른 막사에서 일어나는 일을 다 알 수 있었고 음식 준비를 밖에서 했기 때문에 함께 나누었다. 그런데 그들에게 시장 경제가 도입되어 돈을 쓰기 시작하자 10년도 안 되어 모든 것이 다 변했다. 사 온 물건을 자물쇠를 채워 보관하고 막사도 서로 볼 수 없으며 음식도 막사 안에서 하게 되었단다.[2]

쿵족의 예를 볼 때 돈은 교환 수단을 넘어 축재(蓄財)를 부추기는 도구가 된다.

옛말에 '개처럼 벌어서 정승처럼 쓰라'라는 말이 있다. 돈을 '개처럼 벌어서 개처럼 쓰는 사람', '개처럼 벌어서 정승처럼 쓰는 사람', '정승처럼 벌어서 개처럼 쓰는 사람', '정승처럼 벌어서 정승처럼 쓰는 사람'이 있다. '개처럼 벌라'는 말은 사기, 투기를 허용한다는 의미가 아니다. 몸이 부서

2　이어령, 『생명이 자본이다』, 210.

지도록 부지런히 벌라는 말이다. 이른바 외국인도 꺼리는 '3D' 업종을 피하지 말라는 이야기다.

'투자'라는 명분으로 '투기'해서 돈 버는 사람이 많다. 투자자는 예측할 수 있으며 정당한 이득을 위해 물건을 사고 실제로 사용도 한다. 투기꾼은 땀 흘리지 않고 치고 빠지는 식으로 불로소득을 얻는다. 우리는 이렇게 돈 버는 사람을 불한당(不汗黨)[3]이라 한다. 불한당 때문에 정작 물건이 필요한 사람들이 손해를 입는다. 시장에 물건이 많은데 사재기를 해대는 사람 때문에 고가로 물건을 사야 하는 경우도 있다. 투기꾼은 시장 가격을 교란해 화폐가 제 기능을 할 수 없게 한다.

성경에 이런 말씀이 있다.

> 창기의 번 돈과 개 같은 자의 소득은 아무 서원하는 일로든지 네 하나님 여호와의 전에 가져오지 말라 이 둘은 다 네 하나님 여호와께 가증한 것임이니라
>
> (신명기 23장 18절).

평생 투기와 편법으로 번 돈은 '창기의 번 돈과 개 같은 자의 소득'이다. 이런 돈은 '정승'처럼 쓰일 가능성도 적고 하늘에서도 받지 않는다.

버는 것과 쓰는 것의 비중과 시기도 중요하다. 평생 벌고 모으기만 하는 사람이 있고 물려받은 재산이나 일확천금을 평생 자신이 쓰다 가는 사람도 있다. 평생 등이 휘도록 '벌고 모으기만 하는' 사람은 위로가 필요한 사람이다. 쓰는 재미가 얼마나 쏠쏠한데 그 재미를 누리지 못하고 있으니 말이다. 평생 자기만을 위해 쓰는 사람은 더 불쌍하다.

---

3   한자의 의미는 '땀을 흘리지 않고 먹는 사람'을 뜻함. 국어사전에서는 '떼를 지어 돌아다니며 재물을 마구 빼앗는 사람들의 무리'라고 정의.

돈은 돌고 돌라고 있는 것인데 고인 물처럼 썩게 내버려 두었으니 냄새가 난다. 자기만 모르는 썪는 냄새가. 쓰는 것은 버는 것과 동시에 이루어지는 것이 좋다. 벌면서 남을 위해 쓰면 금상첨화다.

번 돈을 가치 있게 쓰는 '기부왕' 워런 버핏이 말했다.

> 기부는 내가 행복해지기 위해서 하는 것이다. 또한, 천국으로 가는 여러 길 중에 기부가 가장 큰 길이다.

누적 기부액이 53조원('19년 기준)의 버핏이 밝힌 기부 이유라고 한다.[4] 이 대목에서 우리는 정신건강에 좋은 영향을 미치는 '마더 테레사 효과'[5]를 들춰낼 수 있다.

우리나라는 할머니들의 기부 파워가 막강하다. 금천교의 김정연 할머니는 2015년 99세의 나이로 세상을 떠나기 전 평생 떡볶이 장사를 하며 모은 재산 1억여 원을 사회에 기부했다. 할머니는 북에 두고 온 자식들을 생각하며 금천교 시장의 작은 불판에서 간장 떡볶이 장사를 했다. 통일만을 기다리며 모은 그 돈은 땀과 손때가 묻은 돈이다. 불판에서 모아진 1억 원은 버핏의 53조 원의 가치와 맞먹는다. 할머니가 실향민이 아니었다면 생전에 남을 위해 돈을 쓰는 재미를 톡톡히 보셨을 텐데.

오늘 그림에 나오는 할아버지는 어느 겨울날 오후 늦게까지 폐지를 모아 수레에 가득 싣고서는 양지바른 곳에서 담배 연기를 내뿜으며 한숨을 돌리고 있다.

저렇게 모으기까지 얼마나 수레를 몰았을까?

---

4 "[매경춘추] 기부의 힘", 「매일경제」, 2019.6.14.
5 'ㅗ－ㅣ＝ㅡ' 장 참조.

만보기로 쟀다면 2만 보 이상 나왔으리라 짐작한다. 폐지를 주워 모은 돈에는 땀과 눈물방울이 적셔 있다. 할아버지는 땀과 눈물을 폐지와 바꾸고, 그 폐지를 땀으로 오염된 값을 제하고 돈과 바꾼다.

최근 한 전직 교도관이었던 사람이 퇴직 후 20년 가까이 폐지를 모아 기부했다는 소식을 신문 기사에서 보았는데 지금까지 기부한 돈이 1억 원이 넘었다고 한다. 이 사람은 교도관 시절부터 폐 옷, 계란 상자 등을 주워 이웃을 도왔다고 알려졌다.[6]

이 전직 교도관은 모을 줄도, 쓸 줄도, 언제 써야 할지도 아는 사람이다. 남을 위해 쓰는 것이 얼마나 복된 일인지 아는 사람이다. 의무감에서 하는 사람은 그렇게 못한다. 그의 기쁨은 '주는 것이 행복한 천국의 비밀'을 깨닫는 자가 누릴 수 있는 즐거움이다.

---

6 "나눔 경력만 50년 … 폐지 주워 기부하는 전직 교도관", SBS 뉴스, 2022.8.26.

그림 23 〈폐지 줍는 노인〉, 2020, 수채화, 72.7×53cm

기생 공생 희생

"날이면 날마다 오는 게 아니야."
"이 약 한번 잡숴 봐."
"애들은 가라. 애들은 가."
비포장 대로에 갑자기 풍악 소리가 울리고 북소리와 함께 걸걸한 약장수의 안내방송이 시작되면 애들이 제일 먼저 달려간다.
"으랏찻차!"
우락부락한 남자가 차력쇼를 선보이는가 하면, 횃불을 입에 넣거나 석유를 뿌려 불을 치솟게 하는 '불쇼'가 이어졌다. 어느 정도 분위기가 무르익으면 약장수가 약을 돌리며 과장 광고를 한다.
"회충, 십이지장충, 요충 다 잡어!"
내 뇌리 속에서 떠나지 않는 한 장면이 있다.
약장수가 한 아이를 불러 약을 먹인 뒤 아이 엉덩이에서 기생충을 꺼내 보이며 말한다.
"봐. 이거 직빵이야!"
약이 진짜 효능을 발휘한 것인지 자작극인지 아는 사람은 안다.
우리 어릴 적에는 몸에 기생충이 많았다. 먹을 밥도 모자란데 먹은 걸 다 빼앗아 가는 얄미운 존재 기생충. 굶지도 않는데 유난이 말랐던 어떤 아이들은 회충약을 먹으면 벌레가 나오는 경우가 다반사였다. 그때는 학교에서 아예 회충약을 나누어 주었다. 그 당시 몸 속에 벌레가 살면 신문 냄새를 좋아한다는 이야기를 들었는데 나는 어릴 때 회충이 많았었나 보다. (난 아직도 신문 냄새가 좋다.)

박정우가 감독한 영화 〈연가시〉는 기생충 연가시가 사람(숙주)을 목이 타서 죽게 하는 장면이 끔찍한 영화다. 어느 냇가에서 물놀이를 한 사람의 몸속에 기생충이 들어갔는데 물을 마셔야만 살 수 있는 이들은 마셔도 마셔도 만족함이 없다. 감염이 된 사람들은 끝없는 갈증을 이기지 못해 아예 물속에 빠져 죽음을 맞이한다. 영화의 내용은 동물 세계에서도 볼 수 있다.

그리스에 "소리 없는 아내를 둔 매미는 축복받았다"라는 속담이 있다고 한다. 수컷 매미는 암컷을 부르기 위해 큰 소리를 낸다. 그러면 암컷 매미도 합세해 큰 소리를 내면 기생충들이 몰려와 매미 몸속에 알을 낳고 매미는 기생충 애벌레의 먹이가 된다.[1]

송강호가 출연한 영화 〈기생충〉을 보자. 어느 성공한 가정집에 빈곤층의 가족이 곳곳에 잠입해 경제적 이득을 취한다는 점에서 '기생'의 형태가 맞다. 그러나 부잣집도 송강호와 그 가족으로부터 각종 서비스를 얻는다는 점에서는 어느 정도 '공생'이 가미된 형태다.

목이 길어 기생충을 쫓아내지 못하는 기린과 목이 너무 짧아 벌레를 쫓아내지 못하는 하마에게는 찌르레기가 공생의 존재다, 악어와 악어새는 〈동물의 왕국〉에서 흔히 보는 공생관계다. 악어새는 못처럼 날카로운 악어 이빨과 바위 같은 턱이 아무렇지 않은가 보다. 어릴 적 초등학교 자연 교과서에 나오는 진딧물과 개미도 먹이를 주고 보호해 주는 공생관계다.

---

1 스베르드루프-튀게손, 『세상에 나쁜 곤충은 없다』, 조은영 역 (웅진 지식하우스, 2020), '1장 미물 설계도'.

사람 간에도 공생관계를 흔히 볼 수 있다. 음식점과 커피숍, 학교와 문방구, 병원과 약국, 자동차 보험회사와 견인차 등 다양한 비지니스가 공생을 이루고 있다. 공생관계가 '공모관계'가 되는 때도 있다.

어릴 때 학교에서 자연 시간에 숙제를 내주면 문방구는 어떻게 알았는지 재료를 이미 다 구비해 놓는다. 나는 문방구가 고맙게만 느껴졌는데, 어떤 학교들은 문방구와 일종의 경제적 커넥션이 있다는 이야기를 듣고 실험 재료가 어떻게 그렇게 빠른 시간에 문방구 선반에 비치되었었는지 이해했다.

미국 남부침례신학대학교 총장인 매하니(C.J. Mahaney)는 그의 저서 『겸손』(Humility)에서 짐 콜린스(Jim Collins)의 『좋은 기업에서 위대한 기업으로』(Good to Great)를 인용하면서, 위대한(great) 11개의 기업들이 어떻게 '그냥 좋은 기업에서 위대한 기업'(Good to Great)이 되었는지 5년 동안 조사했다고 한다.

첫 번째 이유는 지극히 평범한 것이었다. CEO들의 성공을 향한 프로페셔널한 의지와 불굴의 인내다.

두 번째 이유는 자신을 드러내지 않는 겸손과 '공을 남에게 돌리기'였다. 그들은 평범해 보이지만 조용히 성과를 내는 사람들이었다.[2]

옛말에 "큰 나무 밑에 큰 나무가 자라지 못하고 큰 사람 밑에 큰 사람이 자란다"는 말이 있다. 하늘 높은 줄 모르고 쑥쑥 자라난 나무숲에 한 그루의 나무를 심으면 아무리 좋은 묘목이라도 큰 나무 그늘로 인해 그 나무는 자라지 못한다.

---

2   C. J. Mahaney, *Humility: True Greatness*, (New York: Multinomah Books, 2005), 17-18.

오늘 그림을 가득 메우고 있는 하늘까지 뻗은 침엽수림 아래에 향나무 묘목을 심는다면 사는 게 기적이다. 그러나 큰 사람(지체 높은 사람 말고) 밑에서는 사람이 양생(養生)을 받을 수 있기 때문에 큰 인물이 될 수 있다.

남에게 공을 돌리며 역량을 키워주는 형태를 '양생'(養生)이라고 부르기로 한다. 일상에서 쓰는 양생이라는 말은 주로 콘크리트가 잘 굳도록 관리해 주는 것을 말한다. 우리는 주변에서, 혹은 역사를 통해 다른 이를 '양생'하는 사람을 찾아볼 수 있다.

구약에 등장하는 '다윗과 요나단'(David and Jonathan)의 관계를 보자. 요나단은 이스라엘의 첫 번째 왕 사울의 아들이었다. 유일무이한 왕위 계승자였지만 다윗이 하늘이 내린 후계자임을 알아보고 스스로 왕위 계승권을 포기하고 다윗을 전폭적으로 밀어 준다. 백성들의 신임을 온몸으로 받던 다윗이 사울의 미움과 질투심으로 인해 도망 다니는 신세가 되자 왕자 요나단이 다윗을 육탄 방어해 준다.

이스라엘 역사의 한 무대에서 주인공 다윗을 떠받치는 조연 요나단이 없었다면 오늘날 이스라엘의 깃발에 등장하는 다윗의 별은 존재하지 않았을지 모른다.

양생보다 더 높은 경지는 '희생'(犧牲)이다. 희생이란 말은 제사를 지낼 때 올려지는 짐승의 제물에서 유래한다. 우리 가까이서 볼 수 있는 희생은 어머니의 사랑이다. 자식을 위해 목숨이라도 내어줄 엄마는 지천에서 볼 수 있다. 자식을 버린 엄마는 아직 엄마가 될 준비가 되지 않은 철부지였거나 본능적 희생정신을 배반했을 뿐이다.

혈연을 벗어나 이웃을 위해, 사회를 위해, 인류를 위해 희생의 삶을 산 사람은 수도 없이 많다. 역사를 조금만 거슬러 올라가면, 간디, 넬슨 만델라, 마더 테레사, 마틴 루터 킹 등 인간의 존엄을 위해 몸을 바친 인물을 바로 떠올릴 수 있다. 백범 김구, 윤봉길과 유관순 열사 등 한국 땅이 빚을 진 희생의 증인 또한 별처럼 많다.

전 인류를 대표하는 희생 제물은 예수 그리스도다. 예수는 죽기 위해 태어나셨다. 십자가를 지기 위해 가난한 목수의 아들로 오셨다. 수많은 모욕과 거절감을 감내하며 고아와 과부의 친구가 되어 주셨다.

태어날 때부터 십자가의 운명을 알고 자라는 그 괴로움은 어떠했을까?

작은 범죄의 대가로 법정에 설 때의 초초함도 말할 수 없이 큰데 무고한 인생이 평생 동안 최고의 형벌을 기다리는 심정은 어떠했을까?

너무 끔찍해서 노예나 반역자에게 행하는 로마 십자가형은 대중 앞에 벌거벗긴 상태로 몸이 찢기고 피가 마르는 처참한 형벌이다. 예수님은 죄 없는 인간의 몸으로 이 땅에 오셔서 처참한 제물이 되어 인류의 모든 죄를 척결하셨다.

사람으로 태어나서 기생으로 살아가는 존재는 너무도 많다. 한 인생이 손주를 볼 때까지 차곡차곡 모아 둔 돈을 전화 메시지 하나로 앗아가는 보이스피싱, 각종 금융사기로 선량한 개미의 눈물을 짜내는 부류, 크리스천이라는 이름을 내걸고 교인을 속이고 분란을 일으키는 가짜 그리스도인….

십자가에 달리신 예수께서 피눈물을 흘리신다. 어둠 속에서 기생하는 존재들은 이제 볕으로 나와 공생하는 관계부터 맺어야 한다.

이 시대를 살아가는 우리는 성별과 나이, 사회적 신분과 출신 성분, 지역, 또는 이념과 상관없이 공생을 지나 상생(相生)으로 나아가야 한다. 균형보다 견제에 기울어진 행정, 입법, 사법부와 언론의 관계도 상생으로 발전해야 한다. 같은 곳을 바라볼 때 상생할 수 있다. 서로가 존재의 목적을 바라볼 때 상생할 수 있고 국민으로부터 지지를 받는다. 아니, 내 편이 아니더라도 받아 주어야 감동한다.

> 너희가 만일 너희를 사랑하는 자만을 사랑하면 칭찬 받을 것이 무엇이냐 죄인들도 사랑하는 자는 사랑하느니라 (누가복음 6장 32절).

> 오직 너희는 원수를 사랑하고 선대하며 아무 것도 바라지 말고 꾸어 주라
> (누가복음 6장 35절).

예수님의 말씀을 따르려면 희생이 필요하다. 인류는 누군가의 희생이 있었기에 고난을 견디어 왔다. 원수까지 사랑하는 정신이 살 만한 세상을 가능케 했다.

지금 주위를 볼 때, 희생은커녕 상생의 삶을 보기 어렵고 기생의 존재들이 만연해 있다고 느낀다면 원수를 죽기까지 사랑했던 한 사나이의 십자가를 바라보라.

윤동주의 시를 고백해 보자.

> 괴로웠던 사나이
> 행복한 예수 그리스도에게처럼
> 십자가가 허락된다면
>
> 모가지를 드리우고
> 꽃처럼 피어나는 피를
> 어두워 가는 하늘 밑에
> 조용히 흘리겠습니다[3]

---

3 윤동주의 『하늘과 바람과 별과 시』(1948)의 시 〈십자가〉 중에서.

그림 24 〈높은 나무숲〉, 2022, 아크릴, 60.5×45.4cm

양은 누가 키우나

기본에 충실한 것이 얼마나 중요한지에 대한 이야기가 있다.

어느 등대가 있었는데 그 등대 창고에 기름을 가득 채워 놓았다. 어느 날 근처에서 자동차를 몰던 사람이 와서 등대지기에게 말했다.

"차를 운전하던 중 기름이 떨어져 멈춰 섰습니다. 기름을 조금만 줄 수 없겠습니까?"

등대지기는 그 운전자 사정이 딱하여 등대 기름을 조금 주었다. 또 어느 날 가난한 여인이 와서 집에 기름이 떨어져 추위서 지낼 수가 없으니 기름을 조금만 달라고 해서 등대지기는 이번에도 기름을 나눠 주었다. 한 번은 또 다른 사람이 기름이 떨어져 집안이 깜깜하다고 해서 또 주고 ….

어느 날 입항하는 배가 등대 불빛을 보지 못해 사고를 당하고 말았다. 당국에서 등대지기를 불러 경위를 조사했고 등대지기는 등대 기름이 왜 빨리 떨어지게 되었는지 그동안 있었던 일을 다 말해 주었다. 그러자 등대지기는 중한 벌을 받고 말았다.[1]

그 등대지기는 많은 사람에게 선행을 베풀었다. 어려운 이웃들이 큰 도움을 받았다.

---

1 분당 만나교회 담임 김병삼 목사 말씀(2012년) 발췌.

그런데 왜 벌을 받았을까?

등대지기에게는 항해하는 배를 위해 항상 불을 밝히는 것이 최우선의 일이다. 다른 곳에서 아무리 기름이 필요하다고 해도 등댓불을 밝히기 위해서만 기름을 써야 한다. 기본에 충실하지 못한 등대지기는 엄한 벌을 받아야 마땅하다.

나는 축구와 테니스를 좋아한다. 몸을 격렬하게 움직이며 땀을 흘린 후 얼음물을 들이키고 샤워를 하면 딴 세상에 온 것처럼 기분이 상쾌하다. 두 운동의 다른 점이 많겠지만 한 가지 중요한 차이를 밝히겠다.

축구는 브라질을 비롯한 골목 축구 출신들이 잘하고 테니스는 귀족 스포츠였기 때문에 유럽에서 전문 훈련코스를 밟은 출신이 경쟁력을 보인다. 달리 얘기하면 축구는 즐기면서 열심히 하면 잘할 수 있고, 테니스는 기본자세가 중요하다는 이야기다. 나는 테니스를 너무도 좋아하지만 아무리 해도 실력이 늘지 않는다. 처음에 독학했기 때문이다. 몸에 밴 나쁜 자세가 배우기를 거부했다.

미술을 취미로 하는 사람은 매일 즐겁게 그림을 그리면 점점 실력이 늘지만, 전공자는 기본부터 충실해야 그 부류에서 인정받을 수 있다. 나의 경우는 그림 그리는 걸 너무도 좋아해서 초등학교 시절 미술 시간이 있는 전날 밤은 너무 좋아서 밤잠도 설쳤다. 지금도 틈이 나는 대로 그리고 또 그린다. 그림에 미쳤다고 한다.

전공자가 보기에는 형편없겠지만 나는 내 그림에 만족해한다. 그래서 전문 작가들의 시선을 두려워하지 않고 멋대로 그림을 책에 담을 수 있었다. 그러나 작가로서 인정을 받으려면 대학원에 가서 기본기를 닦고 공정한 평가를 받아야 한다는 것쯤은 알고 있다.

나는 지금 생각해도 낯 뜨거운 과거의 에피소드가 있다. 20여 년 전의 일이다. 그때 나는 직장 신우회 회장이었는데 점심시간에 신우회 예배를 드릴 때 찬송을 인도하고 있었다. 중간에 마이크가 끊겼다. 그래서 다시

켜고 찬송을 불렀다. 그런데 또 끊겨서 또 켰다. 알고 보니 옆의 회의장에서 회의하고 있었는데 내 소리가 회의 진행을 방해한 것이다.

그들이 얼마나 눈살을 찌푸렸을까?

경건한 삶이란 무엇인지 곰곰이 생각해 보아야 한다. 직장 동료에게 술은 입에도 안 댄다고, 불경건한 대화에 참여할 수 없다고 하며 '거룩해 보이려' 한다. 그 자체를 폄훼할 생각은 전혀 없다. 다만 남을 의식하는 거룩은 위선이 될 수 있고, 남을 배려하지 않는 거룩은 독선이 될 가능성이 있다.

문제의 핵심은 많은 경우 종교 생활은 열심히 하면서 직장 일은 적당히 한다는 데 있다. 어떤 때는 경건 활동 때문에 일찍 퇴근하고 일요일에는 하늘이 두 쪽 나도 출근하지 않는다. 이것이 신앙인이 보이는 모습 전부라고 한다면 그리스도와 그 가르침에 대한 모독이다. 경건한 사람은 매사에 솔선수범해야 한다.

오늘 그림에는 부부 또는 부녀처럼 보이는 두 사람이 거리에 쌓인 눈을 열심히 치우고 있다. 두 사람이 넉가래로 열심히 삽질하는 동작을 나타내려 몸 주위에 옷 색깔을 엷게 번지게 했다. 어느 정도는 성공한 것 같다. 다만 눈밭 표현을 망친 거 같다.

진정한 신앙인이라면 오늘의 두 사람처럼 동네에 눈이 쌓였을 때 먼저 나가서 치워야 한다. 이것이 전도지 백 장 돌리는 것보다 더 낫다.

존 칼빈이 말하는 'Calling'(소명)은 직업은 하늘이 내려준 천직이며 귀천이 없으니 최선을 다해 일하고 남을 도우라는 말이다. 직장에서 최선을 다하는 것, 정직한 것, 어려운 일에 솔선수범하는 것, 모든 사람에게 그리스도에게 하듯이 하는 것이 선교요 예배다. 이것이 신앙인으로서 기본에 충실한 삶이다.

나는 이 말을 할 자격은 없다. 나 자신도 많은 날을 적당히 살았기 때문이다. 그런데 나이 50이 넘어서야 조금이나마 깨닫게 된 그리스도의 정신에 대해 인생의 후배들과 함께 나누는 것도 의미 있겠다 싶었다. 그걸 누가 모르겠냐고 불평할지 모르지만, 주위를 둘러보라. 세상에서 기본에 충실한 신앙인이 있기는 한지….

인도의 위인 간디는 기독교인은 아니지만, 항상 성경을 끼고 다녔다. 그는 말했다.

그리스도교인이 되지 말고 그리스도교의 삶을 살라!

유럽의 열강들이 식민지를 수탈하고 기독교의 이름으로 그들의 문화를 말살하는 일이 얼마나 많았는가?

가짜 신앙인이 그리스도의 정신을 더럽히고 있다. 사회의 밑바닥에 들어가서 섬김의 정신으로 살아야 한다. 모든 일에 최선을 다하고 모든 사람에게 모범을 보여야 한다.

이탈리아의 명소 '피사의 사탑'을 살펴보자. 탑의 기초를 잘못 다져서 삐뚤어졌다고 말할 수 있다. 그러나 다른 관점에서 보면 기초를 너무도 단단히 다졌기 때문에 56미터짜리 사탑이 기울어진 채로 600년 이상 견디었다고 해도 과언이 아니다.

잠언에 "양 떼의 형편을 부지런히 살피고 소 떼에게 마음을 두라"는 말씀이 있다. 이 말씀은 도산 안창호 선생의 "소는 누가 키우나"라는 말을 연상케 한다. 고대 이스라엘은 목양이 주요 산업이었는데 양치기에게만 가축을 맡긴 채 관심을 멀리하지 말라는 말이다. 신실한 사람은 양을 열심히 키워야 한다.

경건한 사람은 최선을 다해 신선한 목초지를 찾아야 한다. 목초지에서 만나는 사람들에게 웃는 얼굴로 친절하게 대해야 한다. 물을 발견하면 더 급한 이에게 양보해야 한다. 이것이 기본에 충실한 모습이다. 이제 비로소 주변에서 그리스도께 관심을 가지게 된다.

그림 25 〈무제〉, 2022, 수채화, 50×36cm

전쟁은 왜 허락하셨나요

 인류의 역사는 전쟁의 역사다. 우리는 단 1년도 전쟁 없이 살아온 적이 없다. 어떤 이들은 '인류는 전쟁을 통해 발전하고 인구가 적정선을 유지할 수 있었다'라는 긍정론을 제시한다. 이 논제는 물질문명의 발전에만 제한된다. 문화의 발전과 생명 가치 실현이라는 측면에서는 심각하게 고민해야 한다. 부족 간, 민족 간, 국가 간 전쟁이 발생하는 원인은 다양하다. 생존을 위해, 부에 대한 탐욕으로, 힘을 과시하기 위해, 보다 살기 좋은 땅을 얻기 위해 전쟁은 끊임없이 발생했다.
 수렵이나 채집을 통해 먹고 살던 원시 인류에게는 전쟁의 개념이 존재할 수 없었다. 농사를 짓고 가축을 기르는 등 정착을 하고, 잉여 생산물이 쌓이면서 '남의 물건에 대한 탐심'이 생겨나고 힘으로 빼앗는 다툼이 발생하고 전쟁으로 번졌다. 구약성서에서 가장 처음 언급되는 아브라함과 주변 부족과의 전투도 부호였던 조카 롯과 그가 속한 부족의 재물에 대한 타 부족의 탐욕이 초래했다.
 열악한 지리적 환경을 벗어나 좋은 땅을 얻기 위해 일어나는 전쟁도 흔하다. 일본은 지진과 태풍에 취약한 지리적 환경으로 인해 대륙진출의 야욕을 버린 적이 없었고, '메이지 유신' 이후 조선과 중국, 동남아 등에서 닥치는 대로 침략전쟁을 일으켰다. 조선 침략, 청일전쟁, 러일전쟁에서의 승리에 취한 일본은 '진주만 폭격'으로 인해 결국 자폭하고 말았다. 국가에 새로운 지도자가 나면 전쟁을 통해 힘을 과시하고 권력의 정당성을 굳히기 위해 창과 방패를 외부로 겨눈다.

로마의 집정관이었던 시저(Julius Caesar)가 프랑스와 영국의 일부 지역까지 영토를 넓히고 루비콘강을 건너 돌아온 것도 제국을 확장한다는 명분도 있었지만, 영웅이 되어 확고한 권력을 얻으려는 뜻이 컸다.

제1·2차 세계대전에 앞서 유럽 열강이 벌인 식민 정책을 말하지 않을 수 없다. 영국과 스페인, 포르투칼, 프랑스 등 산업화에 앞선 나라들은 기술혁명의 부산물인 신무기로 무장된 군인들을 앞세워 아프리카, 인도, 아메리카 신대륙 등을 무단으로 침략하여 자원을 약탈했다.

초창기 식민지 개척 시대에는 식민지 영토에서 제국이 앞다투어 금을 캐어내 막대한 부를 얻었다. 이어서 첨단 무기에 무력했던 현지인들을 열등한 민족으로 낙인찍어 노예로 팔아먹는다. 힘의 논리로 인간을 서열화하고 상품화했다. 아프리카에서 미국으로 노예를 팔고 미국에서 면화를 들여오는 영국의 '삼각무역'은 약탈과 침략에 따른 보상이었고, 이것이 다른 국가에 부를 축적하는 본보기가 되었다.

각 나라들이 새로운 무역 시장을 개척하고 자원을 조달하기 위해 앞다투어 아프리카, 아시아, 아메리카의 부족들을 무력으로 식민화했다. 식민지 쟁탈전에 뒤늦게 참여한 독일은 자신의 몫을 챙기려고 명분 없는 전쟁을 일으켰다. 전쟁의 촉발은 사라예보에서의 오스트리아 황태자 피격사건의 해결에 대한 독일의 개입이었으나, 이 사건은 독일의 침략전쟁의 야욕에 불을 댕기기에 충분했다.

제2차 세계대전 역시 패전국이었던 독일의 체납 전쟁배상금 문제와 영토 확장의 욕심이 불씨였다. 독일은 먼저 폴란드를 침공할 명분을 얻기 위해 폴란드가 독일의 라디오 타워를 점령하고 선전포고했다는 자작극을 꾸며냈다. 결국, 전방위적인 독일의 침략노선에 맞선 미국을 포함한 연합

군의 대전으로 5천만 명 이상의 사상자를 냈다. 전쟁이 남긴 죽음과 문명 파괴의 상처가 군인 유가족뿐 아니라 지구의 가슴에 깊이 패였다.

수많은 인생이 꽃을 피우기 전에 시들고 무고한 아이와 여인이 이유 없이 죽는 모습을 보며, 그리스도교 국가들마저 의문을 갖게 되었다.

"과연 신은 있는가?"

이 문제는 조금 있다가 다루겠다.

국가 간의 전면전을 경험한 인류는 대규모 전쟁을 막기 위해 UN과 안전보장이사회(The Security Council) 등 각종 장치를 만들었다. 국제 기구의 역할 때문인지 아닌지를 떠나, 한국전쟁을 끝으로 지난 70년간 국가 간 대규모 전쟁은 없었다. 국경을 사이에 두고 전면전을 치르게 되면 '승자도 없고 패자도 없는' 결과만 초래하기 때문이다. 자원과 인력, 기술을 서로 의지하고 있는 국가 간 전쟁으로 얽히고설킨 재화와 용역의 흐름이 끊기면 모두 손해다.

또 핵폭탄, ICBM 등을 비롯한 각국의 첨단 무기는 어느 한쪽이 아닌 모두를 초토화할 수 있으므로 나라 간 전쟁은 '너 죽고 나 죽자'의 공멸전이 된다. 그래서 지금은 소규모 민족 간의 분쟁, 국지전, 대리전, 테러 활동이 국가 간의 전쟁을 대체하고 있다.

오늘 그림에 노란 가로등이 예쁜 건물이 등장한다. 건물 옆은 어스름한 저녁 달빛이 파랗게 비쳐 건물 앞 노랑과 잘 대비된다. 유럽의 어느 거리에 이 시간에는 연인이 등장해야 옳다. 유화를 그릴 때 참고한 사진에는 측면에 운동선수로 보이는 한 사람이 서 있었다. 사람을 정면으로 옮겨 그리는 도중 갑자기 우크라이나 전쟁이 떠올라 군인으로 바꾸었다.

앞에 보이는 잔디는 그림이 아니고 우리 집 테라스에 있는 인조 잔디다. 그림을 인조 잔디 위에 올려놓고 찍고 나서 삐죽삐죽 나와 있는 잔디를 일부러 그대로 두었더니 예상치 못한 특수효과를 얻었다. 이 군인은 동료 무리에서 이탈하여 숨을 곳을 찾는지, 또는 적의 허점을 찌르기 위해 잠복하려는지 모르겠다.

저녁의 도시 골목에 군인이 혼자 있는 이유는 현대전의 양상을 이해하면 알게 된다. 열을 이루어 총과 대포를 쏘아 대던 시대에는 전쟁터가 따로 있고 민간인의 영역이 따로 있었다. 시가전에 임할 때도 군인과 군인끼리 싸웠다. 혹은 민간인이 피난하고 나서 육탄전을 치르기도 했다. 이제 전쟁의 양상이 바뀌고 있다. 국가가 아닌 집단에 의한 전투가 되고, 군인과 비전투원의 구분이 어려워진다.

또 사이버 전쟁이 확대되고, 전면전 대신 국지전, 비정규전의 양상을 띠고 비살상(非殺傷)전의 모습을 보인다.[1] 결국, 전장에서의 무력보다는 중앙에서의 작전과 지휘 통제, 전술 전략이 더 중요해진다.

우크라이나에 대한 영향력을 굳히기 위한 러시아의 우크라이나 침공은 현대전이다. 그러나 러시아의 작전 수행 과정에서는 현대전의 특성에 맞지 않는 양상을 발견한다. 초반에 힘을 많이 쓰고서는 후반으로 갈수록 지쳐 간다. 초반에 막대한 지상공격과 공중포를 쏟아부은 후 지리멸렬하다. 눈에 띄는 목표물 몇 개 파괴하고는 여러 승부처에서 우크라이나의 반격에 맥을 못 춘다. 전장에서의 상황이 제대로 보고되지 않는 등 작전에서 밀리고, 군사용 대신 민수(民需) 통신장비를 사용하는 등 보안에도 허점을 보였다.

우크라이나의 병사들이 젊은 혈기가 끓어오르는 것에 반해 러시아의 전투원은 사기가 바닥으로 떨어졌다. 전쟁이 길어짐에 따라 러시아 병사 동원령이 내려지자 청년들이 제 팔을 꺾었다. 전 세계 여론에서도 러시아의 체면이 나락으로 떨어졌다.

이쯤에서 그림으로 눈을 돌려보자. 어둠 속에 있는 병사는 전열에서 이탈한 러시아 병사이고 배경은 우크라이나의 시가지다. 그의 운명은 건물

---

1 대한민국 육군, 『육군 비전 2050』 (국군인쇄창, 2020), 55 참조.

주민에게 달렸다.

제1·2차 세계대전에서 무고한 시민과 젊은이가 목숨을 잃고 문명이 파괴되는 현장을 보며 많은 사람이 질문을 던졌다.

"과연 신은 있는가?"

"신이 있다면 왜 전쟁을 막지 않는가?"

이 질문은 인류의 역사와 함께 존재해 왔다. 전쟁이 없었던 적이 없기 때문이다.

영국의 유명한 설교가 마틴 로이드 존스(David Matin Lloyd Jones)는 이러한 물음에 대해 『전쟁과 하나님의 주권』에서 답을 제시한다. 전쟁의 원인은 인간의 '정욕과 욕심'이라고. 정욕과 욕심은 절도와 강도, 시기와 다툼, 교만과 증오, 배신과 결별로 나타난다고 그는 말한다.

이것은 개인 간의 갈등뿐 아니라 국가 간의 전쟁도 야기한다. 전쟁은 다툼의 원인이 되는 죄와 별개의 개념이 아니고 그것이 표출된 하나의 형태이며 죄의 결과다.[2] 그는 결국 인간의 악한 본성이 죄를 낳듯이 전쟁도 인간의 본성에 그 책임이 있다고 말하고 있는 셈이다.

"왜 신은 전쟁을 막지 않으시는가"라는 질문은 "왜 신은 도둑질을 막지 않으시는가"와 같은 질문이다. 사람들이 악해서 죄를 짓고 나서 왜 나를 막지 않았느냐고 책임을 전가하는 것과 같다.

세계대전을 겪은 유럽인들이 묻는다.

"그러면 왜 죄 없는 젊은이들이 고통받아야 하나?"

이에 대해 마틴 로이드 존스가 답한다.

사람은 어느 한 부류, 국가와 인류의 공동체에 속해 있으므로 공동체가 행하는 일에 따른 결과를 피해 갈 수 없다고.[3] 신께서는 언젠가는 죽을 육

2　마틴 로이드 존스, 『전쟁과 하나님의 주권』, 이광식 역 (지평서원, 2010), 115-117.
3　마틴 로이드 존스, 『전쟁과 하나님의 주권』, 121.

체가 아닌 영혼의 죽음과 구원에 관심이 있으시다.

우리는 흔히 말한다. 사람을 한두 명 죽이면 살인자가 되지만 100만 명을 죽이면 영웅이 된다고. 영웅을 만들기 위한 전쟁으로 인해 수많은 사람이 약탈과 학살에 희생되고, 여인들은 강간당하며, 가족을 잃은 포로가 인권을 유린당한다. 러시아는 동맹 강화라는 이름으로 전쟁을 일으켰고 뜻하지 않은 장기전으로 많은 사람의 목숨을 앗아 갔다. 우크라이나도 결국 생명에는 생명으로 위해(危害)를 가하는 처지가 되었다.

푸틴이 제풀에 꺾여 죽을병이 나야 종전선언을 할지 모른다. 푸틴뿐 아니라 많은 이에게 전쟁의 망령은 살아 있다. 무력을 행사하는 전쟁과는 다른 종류의 전쟁이 인류에 만연해 있다. 전쟁은 모든 형태의 욕심이 대규모화된 모습이다. 제4차 산업혁명 시대에 들어서 각국은 더욱 자국 이익 우선주의에 따라 지구환경 파괴에 대한 책임을 전가하고 기술 패권을 구축하기 위해 기술을 독점하고 거액의 로열티를 강제한다.

인권 보호를 외치지만 난민에 대해 배타적이다. 사대주의와 병행하는 인종차별을 행사하고, 성도덕을 외치며 외국으로 건너가 성매매한다. 이들 모두 소리 없는 전쟁과 약탈이다. 개인 간의 시기, 질투, 미움, 다툼 모두 전쟁이다. 모두가 죄의 본성에 의해 생겨나는 일이기 때문에, 신에게 전쟁을 없애 달라고 하는 것은 인류를 없애 달라고 하는 것과 마찬가지다.

수많은 식민 지배를 경험한 아프리카와 아시아, 남아메리카의 빈곤 국가들은 선진국들의 사죄와 보상을 받아야 한다. 유럽의 열강들이 강탈하기 전 그들은 외부 의존 없이 잘 살았다. 서구의 열강들이 전쟁 도구를 앞세워 식민지의 자원을 훼손하고 상품거래도 외부에 의존하게 했다. 피지배자들은 자체적으로 산업과 기술을 일으키지 못하고 사회제도와 민주주의도 이룰 수 없었다. 모두 약탈 전쟁이 자생능력을 짓밟아 버린 결과다.

우리는 모두 전쟁하며 살고 있다. 전쟁의 희생양이 되고 전범(戰犯)이 되기도 한다. 사전적 의미의 전쟁으로만 보면 한국이 전범이 된 적은 없다. 이제 희생양으로서의 경험은 더는 필요 없다. 인권과 환경, 재화·용역과 기술거래, 금융자본에서 소리 없이 이루어지는 전쟁에서는, '같이 이기는 전략'으로 앞서 나가야 한다.

개인 간에 은밀하게 이루어지는 전쟁(교만과 멸시, 이기심과 욕심, 가짜 뉴스와 비난, 음욕과 간음 등)에서는 져야 이긴다. 신에게 "전쟁을 막아 달라"고 하지 말고 "전쟁에서 이길 힘을 달라"고 기도해야 한다.

내 속의 선악 간의 다툼, 타인과의 갈등, 사회에서의 전쟁에서 승리하지 못하면 얼마 못 가 진짜 전쟁이 촉발될 수 있다. 서로에 대한 전쟁 억제력을 행사하지 못하면 전면전으로 확산하게 된다. 전쟁의 원인을 막기 위해서는 줄곧 패배해 온 나 자신과의 전쟁터에서 다시는 패전하지 말아야 한다. 전쟁의 신 '여호와 닛시'로부터 힘을 얻어 막아 내야만 한다.

그림 26 〈우크라이나〉, 2022, 유화, 53×40.9cm

감사의 기쁨 기쁨의 감사

올해 추석은 너무 일러서 햇과일은 언감생심이다. 지난번 벌초 갔을 때 제사 지내는 분들이 올린 제사상을 보니 햇밤도 빠지고 햇감도 빠졌다. 초라하기 그지없는 제사상이다. 역사 이래 거의 모든 나라가 곡식을 수확하면 감사 제사와 축제를 벌인다.

미국의 추수감사절은 영국의 국교도들에 의해 박해받던 청교도들이 아메리카에 건너간 1621년에 시작되었다. 청교도들은 대서양을 긴 시간 항해하던 메이플라우어(Mayflower)호에서 죽고 땅에서는 추위와 굶주림에 죽었다. 살아남은 자들은 원주민에게서 씨앗을 받고 농사짓는 법을 배워 처음으로 농작물을 수확했다. 그날을 기념하여 주변 땅에 흔했던 칠면조를 잡아 감사제를 지냈다. 이를 기념하여 1789년 11월 26일 워싱턴 대통령이 국경일로 선포하였다.

미국의 추수감사절에 칠면조를 먹는 이유는 감사절이 시작될 당시 칠면조가 가장 흔한 짐승이었고 몸집은 닭보다 일곱 배나 커서 많이 먹을 수 있고 알을 얻기 위한 조류가 아니었기 때문이었단다. 우리나라 감사절의 색깔이 미국 것보다 훨씬 다채롭다. 빨갛고 노랗고 파랗고 …. 사계절을 닮은 각종 과일과 채소는 알록달록한 즐거움을 가져다준다. 사진에 있는 과일은 귤이다.

미술학원에서 어느 수강생이 제주도에서 직접 따 왔길래 남달리 싱싱해서 테이블에 위치를 잡고 셔터를 눌렀다. 종이에 물감으로 재현했는데 수강생들이 감이 아니냐고 한다. 귤이면 어떻고 감이면 어쩌랴. 때깔 곱고 맛있기만 하면 되지.

일 년 중 날을 정해 놓고 감사절로 기념하는 것은 인간이 얼마나 감사를 게을리하는지를 잘 보여 준다. 추수감사절에 상에 올라간 칠면조와 곡식, 추석에 올라간 햇밤과 각종 과일은 "주셨으니 감사합니다"라는 의미를 담는다. 그러나 일상의 감사가 중요하다.

심리학자들은 긍정적인 생각을 많이 할수록 스트레스로부터의 회복탄력성이 높아진다고 한다. 또 회복탄력성이 높아지면 더 긍정적으로 변하고 행복하게 된다. 긍정적인 마인드를 갖게 하는 수단이 '감사 일기'라고들 이야기한다.

심리학자 로버트 에먼스(Robert Emmons)는 감사 일기를 쓰게 한 사람들과 그냥 일상의 일기를 쓴 그룹을 비교했다. 감사 일기를 쓴 사람들의 75퍼센트가 행복지수가 높았고, 숙면하며, 업무의 성과도 좋아졌다.[1]

누구나 감사 일기를 작성하면 긍정적인 마인드를 갖게 되어 행복감이 높아지고 일상의 성과가 좋아진다. 이들은 평상시에 무심코 지나쳤던 일들에 대해 감사를 부여하고 긍정적인 의미를 심는다. 낙관적 마인드를 갖게 되니 행복 충만한 삶에 다가선다.

종교인들을 보면 기독교뿐 아니라 여러 신자가 대입 수능이나 직장에서의 승진을 앞두고 감사헌금을 드리는 경우를 본다. 혹은 주택청약 당첨을 기다리며 감사헌금을 드리기도 한다. 이것은 많은 경우 감사헌금이라기보다는 뇌물에 가깝다. "이 정도 드렸으니 꼭 기도를 들어달라"고 하는 '거래' 비슷하다.

---

[1] "[오피니언] thanks for someone and something. [사람]" 아트인사이트, 2022.4.28.

성경에서 항상 기뻐하고 쉬지 말고 기도하고 범사에 감사하라고 했다. "범사에 감사하라"는 말은 어떤 상황에서도 감사하라는 이야기다. 『표준국어대사전』에 나오는 "고맙습니다"가 아니다. '남이 베풀어준 도움이나 후의 따위에 대하여 마음이 흐뭇하고 즐겁다'라는 의미로 감사의 마음을 표하라는 것이 아니다.

내게 주어진 것이 크건 작건, 환경이 좋건 나쁘건 의지적으로 감사하라는 이야기다. 꼭 보이는 것에 감사하는 것이 아니라 인생 전체에 걸친 축복을 바라보며 감사하라는 이야기다.

'기복'(奇福)의 마음으로 감사하는 것은 조건적 감사요 배신할 수 있는 감사다. 바라는 것이 이루어지면 할 수 있는 감사다. 내 영혼의 잘됨과 하늘의 뜻이 이루어지는 복(福)을 바라보는 감사는 일상에서 누리는 감사다. 어떠한 고난과 역경도 이겨 낼 수 있는 감사다. 마음이 가난하기 때문에 부자가 될 수 있는 감사다.

잠언에 이런 말씀이 있다.

> 거머리에게는 두 딸이 있어 다오 다오 하느니라 족한 줄을 알지 못하여 족하다 하지 아니하는 것 서넛이 있나니 곧 스올과 아이 배지 못하는 태와 물로 채울 수 없는 땅과 족하다 하지 아니하는 불이니라(잠언 30장 15-16절).

채우려 해도 채울 수 없는 사람은 감사할 수 없다. 작아도 가진 것에 감사하며 죽어서도 누릴 수 있는 축복에 감사하는 자는 어떠한 강력한 바이러스도 이겨 낼 수 있는 행복 항체를 갖는다.

그림 27 〈제주도 귤〉, 2021, 수채화, 50×36cm

아픔의 찬가

미국과 영국은 "Good mornig", 프랑스는 "Bonjour"(봉쥬르), 일본은 "곤니찌와"(今日は: 오늘은?), 중국은 "니하오마"(你好嗎: 좋아요?), 이스라엘은 "shalom"(מישל: 평안하기를), 아라비아는 "앗살라무 알라이쿰"(السلام عليكم: 평화가 있기를), 인도는 "나마스테"(namaste: 내 신이 당신 신에게 인사합니다), 마지막으로 한국은 "안녕하세요"라고 아침 인사를 한다.

한·중·일의 인사가 다른 나라의 인사와 어떤 차이점이 있는지 발견했는가?

이 점은 나중에 이야기하기로 한다.

한국의 인사말은 요즘 "안녕하세요"와 더불어 "고생하셨습니다", "수고하셨습니다", "수고하세요"라는 말이 점점 더 자주 쓰인다. 일상의 많은 스트레스와 염려가 인사말에 담겨 있다. 우리뿐 아니라 모든 나라의 인사말은 평안을 기원한다.

세상에 고난을 좋아하는 사람은 아무도 없다. 세계 어느 민족에게도 "당신에게 고통이 있기를"이라는 인사말은 없다. 하지만 모든 생명은 고통을 수반한다. 죽음이 있기에 생명이 있고 고통이 있기에 안식이 있다. 빛이 강렬할 때 그림자가 진해진다. 아기는 엄마가 열 달 동안 배 아파서 낳았기에 그 생명이 소중하다. 열 달 후 자연분만으로 나은 아이는 엄마의 자궁에서 출산의 고통 중에 나온 분비물을 먹고 장 속에 보관하여 슈퍼 면역체계를 형성한다고 한다.

병아리의 부화 과정도 인내가 점철된 탄생의 스토리다. 어미가 좀처럼 알에서 나오지 않는 제 새끼를 도와주고 싶어서 껍질을 먼저 깨 주면 유약한 병아리가 나와 비실비실하다가 쉽게 죽을 것이다. 그래서 '줄탁동기'(啐啄同機)다. 병아리와 어미가 함께 달걀 껍데기를 쪼아야 정상적인 병아리가 난다.

이미 알려진 것처럼 유럽의 한 식물학 전문가가 나비의 애벌레가 고치에서 온종일 작은 구멍으로 나오려고 죽을힘을 다하는 것을 관찰했다. 그 애벌레는 가까스로 빠져나와 화려한 날갯짓을 했다. 어느 애벌레는 힘이 없어 도무지 빠져나오질 못하자 관찰자가 고치에 작은 흠집을 내주어서 결국 빠져나왔다. 그런데 빛깔도 시원치 않은 이 나비는 힘없이 날갯짓하더니 죽고 말았다.

나비 애벌레, 아니 우리가 모두 겪는 고통의 인내와 끈기는 생명이다. 사람이나 동물이나 세상에 나기 위해 겪는 고통은 강한 생명력을 약속하는 탄생의 비밀이다.

고통은 돈의 가치를 높인다. 일확천금을 꿈꿔 온 사람이 거부가 되면 그 끝이 시원치 않다. 미국의 복권 당첨자들이 이후에 어떤 삶을 살았는지 조사한 결과가 있다.

미국 경제학자 구이도 임벤스(Guido Imbens) 연구팀은 2001년에 발표한 논문에서 복권 당첨자들은 각종 난관에 부딪혔다고 밝혔다. 복권 당첨자들은 평균적으로 당첨 이후 10년간 수령금을 거의 탕진하고 16퍼센트만 돈을 남겼다는 점도 발견했다.

또 다른 연구에서는 경제적 어려움에 처한 사람은 복권에 당첨되더라도 결국은 재정 곤란에서 벗어나지 못하는 경우가 많고 당첨자 중 3분의

1가량은 파산한다고 한다.¹ 땀과 눈물이 묻어 있는 돈은 복권 당첨금 같은 불로소득과 달리 절대 배반하지 않는다. 함께 땀 흘리는 이웃을 배반하는 일도 드물다. 고통은 겸손을 수반한다.

병실에서 호스로 배변하는 회장님이 임원들을 모아 놓고 호통쳤다는 얘기를 들은 적이 있는가?
며느리를 시집살이시키던 시어머니가 관절염으로 못 걷게 되면 눈치를 보지 않겠는가?
사업으로 실패한 사람이 대출 창구 앞에서 거드름을 피우겠는가?

흔히 "실패는 성공의 어머니"라고 한다. 여기에서 한 걸음 더 나아가 "실패로 인한 상처와 굴욕은 성숙의 아버지"다. 고통의 반대말은 무통이 아니다. 교만이다. 잘 나가던 사람이 아파 보지도 않고 겸손할 수 있다면 그 사람은 인간계의 존재가 아니다.

신혼 때 지하 방에 살다 바로 옆집 2층으로 이사 간 기억은 즐거운 기억으로 남아 있다. 계단을 내려가는 것이 아닌 올라갈 때의 그 행복감이란 이루 표현할 수조차 없었다.

금수저로 태어나 하는 일마다 잘되고 돈 많고 권력 있는 사람은 행복이 완성되었다고 느낄까?

행복은 상대적이다. 복의 기준을 '가진 것'으로 하자면 가지면 가지려 할수록 행복은 멀어진다. 가진 자는 더 가진 자를 보며 불행해진다. 방글라데시와 부탄의 행복지수가 미국의 행복지수보다 높은 것을 고려하면 이 말은 바로 증명된다.

---

1 "로또: 복권의 심리학 … 로또에 당첨되면 정말 행복할까?", BBC뉴스코리아, 2018.11.9.

모든 것을 다 가졌다고 인정받는 사람이 있다고 치자. 그가 건강을 잃었다면, 인간관계에서 절망했다면, 그러고는 회복되어 겸손한 사람이 되었다면 그는 비로소 모든 걸 다 가진 사람에 근접하게 된다.

고통은 가진 자들에게 좋은 촉매가 되어 '한계효용체감의 법칙'을 무력하게 한다. 풍파가 지난 후에 작은 것 하나하나에 감사할 수 있게 된다. 고통이 모여 감사가 되고 감사가 모여 '파레토 최적의 법칙[2]'이 가능해진다.

고통은 이웃을 보는 눈을 뜨게 한다. 고통을 겪고 나면 보이지 않던 이웃이 보인다. 내가 아팠던 것을 똑같이 아파하는 사람을 눈이 아닌 심장으로 간파한다. 그들에 대한 동질감을 느끼고 가슴이 내미는 손길로 돕게 된다. 우리는 흔히 '형편이 나아지면' 돕겠다고 한다. 그러다가 '좀 여유가 생기면' 돕겠다고 한다. 그런 사람은 여유가 생겨도 도울 수 없다. 고통의 상련이 있는 사람이 적어도 있을 때 돕는 사람이다.

이쯤에서 서두에 던진 질문에 답을 해 보자.

"한·중·일의 인사말이 다른 나라의 인사말과 다른 점은 무엇인가?"

다른 나라의 인사말은 '미래형'인데 반해 3국의 인사말은 '지금' 안녕한지 또는 '지금까지' 안녕했는지에 대해 묻는다. 이를 적극적으로 해석하면 이웃의 지금 형편을 따져 묻고 도울 수 있으면 돕겠다는 의미로도 해석할 수 있다. 앞으로는 "안녕하세요"라는 인사말에 그치지 말고 상대가 어떤 처지에 있는지 살펴보고 내 도움이 필요하다면 지나치지 않는 게 좋겠다.

고통은 하나의 매개체로 볼 수 있다. 고통이 과거의 행위에 수반된 결과일 수도 있고 미래에 일어날 일의 원인이 될 수도 있다.

---

2 경제학 용어로, 여기서는 소비자의 입장에서 다른 사람의 효용을 낮추지 않으면서 자신의 효용을 높이는 의미로 쓰임.

첫째, 고통이 과거의 게으름이나 죄의 대가인 경우다.
이 경우는 고통을 감내하고 자숙의 계기로 삼아야 한다.
둘째, 이유 없이 고통을 당하게 되는 경우다.
지금 왜 고통을 당하는지는 모르지만 극복하기 위해 최선을 다해야 한다. 그러면 굳은 살이 배기고 맷집이 커진다.
셋째, 보상을 얻기 위한 고통이다.

첫 번째와 두 번째의 경우 고통을 받아들이지 않거나 체념하면 냄비 속의 개구리처럼 고통이 나를 삼켜 버린다. 냄비의 끓는 물에 개구리를 넣으면 팔딱 튀어 오르지만, 개구리를 넣고 끓이면 온도에 적응해 결국 익어서 죽는다. 고통은 내가 어떤 상태에 있는지 자각하라고, 극복하라고 주어진 거다.

보상이 따르는 고통은 가치가 있다. 입김이 얼 정도로 추운 겨울 아침에 조깅을 하거나 팔다리가 당길 때까지 근력운동을 하면 몇 주가 지나지 않아 체지방이 빠져나가고 근육은 올라온다. 대나무는 5년 동안 땅속에서 지내다가 밖으로 나와서는 추위를 견뎌 내는 인고의 마디마디마다 키가 자란다. 염전에서 녹초가 되도록 하루 종일 물을 밀어 대면 소금이 주어지듯 좋은 날을 바라며 땀과 눈물을 흘리면 그 땀과 눈물에서 값비싼 소금이 정제되어 나온다.

성경에 "눈물을 흘리며 씨를 뿌리는 자는 기쁨으로 단을 거둔다"는 말씀이 있다. 여기서 '기쁨의 단'은 이 땅에서의 보상만을 이야기하는 것은 아니다.

값진 고통의 보상은 과거형이 될 수도 있고 현재(진행)형과 미래형도 될 수 있다. 고통은 과거에 저지른 잘못에 대한 마음의 짐을 덜 수 있는 출구가 된다. 현재형과 미래형의 고통은 '통증'의 개념과 다르다. 가치를 수반하는 고통은 '고난이라는 보자기에 싸여 있는 축복'이다. 아기를 잉태한 산모가 느끼도록 '아픈 기쁨'이다.

예수께서 "내 제자가 되려거든 자기 십자가를 지고 나를 따르라"(마태복음 16장 24절)고 하셨다. 그리고 "애통하는 자가 위로를 받을 것임이요."(마태복음 5장 4절)라고 하셨다. 순간의 안식과 '그치지 않는 보상이 따르는 수고'를 바꿔치기하는 사람은 영리해 보여도 우둔한 사람이다. 사람의 눈에 좋아 보여도 우주의 시간으로 보면 하루살이를 보는 안타까움이다.

이스라엘 백성은 이집트의 파라오 밑에서 400년 동안이나 노예 생활을 했다. 이스라엘의 신은 이집트 왕자 모세를 통해 그들을 탈출시킨다. 헐리우드의 대서사극으로, 찰턴 헤스턴(Charlton)과 율 브리너(Heston Yul Brynner)가 주연한 영화 〈십계〉는 1956년에 초대형 이집트 세트장, 무지막지한 엑스트라 배우 동원과 혁명적인 특수효과로 4시간 동안 이스라엘의 이집트 탈출장면을 실제처럼 그려 냈다.

그림 속 두 인물이 찰턴 헤스턴과 율 브리너처럼 보이는가?

자유민이 된 이스라엘 백성에게 놓인 긴급한 과제는 노예근성과 이방신 철폐였다. 그들은 노예 신분에서 해방되자마자 아무것도 없는 광야학교에 들어가 40년 동안 극심한 고통의 나날을 보내야 했다.

『나니아 연대기』의 저자 씨 에스 루이스(C.S. Lewis)는 『고통의 문제』(The Problem of Pain)에서 말한다.

> 고통은 돌이킬 수 없는 반항으로 끝이 날 수도 있으나 악인이 돌이키는 유일한 기회이다. 고통은 눈에서 안개를 걷히게 한다. 그리고 반역하는 영혼의 숲속에 진리의 깃발을 꽂는다.[3]

---

3 C.S Lewis, *The Problem of Pain* (New York: HorperCollins, 1996), 93-94.

백성은 광야의 고통으로 내몰린다. 그러나 하늘에는 고통에 따른 보상이 준비되어 있다.

　우리가 광야로 가야 하는 까닭은 인생이 얼마나 연약한 존재인지 깨달아야 하고, 고통에서 구원의 갈증을 느껴야 하고, 고통을 통한 순종과 순종을 통한 구원의 향기를 맡아야 하기 때문이다.

그림 28 〈파라오와 모세〉, 2022, 수채화, 37.8×28cm

넷

생명

사랑이와 노루

우리 집에는 노루가 산다. 어머니 집에는 사랑이가 살고. 둘 다 수컷 강아지인데 원래 어머니 집에서 같이 살다가 몇 년 전 우리가 노루를 분양받았다. 노루는 '이탤리언 그레이하운드'(Italian Greyhound)인데 우리 강아지는 노루를 많이 닮아서 '노루'라 이름을 지었고, 말티즈 종인 사랑이는 어릴 때 못생겨서 사랑을 많이 받으라고 '사랑'이라고 지었다.

사랑이는 너무 힘이 세어 어머니를 끌고 다닌다. 노루는 늙어서 이불만 파고들지만 먹을 것을 밝혀서 바스락거리는 소리만 내면 어느새 무릎 밑에 온다. 예전에 어머니가 노루를 끌고 산책하러 갔는데 휴가 나온 어떤 군인이 "애 뭐예요?"라고 물었다. 그러자 어머니는 "노루예요"라고 하자 그 군인이 "아…! 노루구나"라고 했단다. 애를 끌고 다니면 특이한 외모 때문에 제법 주목받는다.

그림에서 왼쪽에는 사랑이, 오른쪽에 노루가 있다. 온 가족이 모인 어느 날 오후 두 견공이 햇볕 아래에서 낮잠을 즐기고 있다. 사랑이는 다리가 짧아 소파에 뛰어오르지 못해 바닥에서 자고 노루는 사랑이가 귀찮아 소파에 뛰어올라가 잔다. 가장 왼쪽에 앉아 있는 사람은 균형을 잡기 위해 일부러 그려 넣었다.

생김새와 색깔, 성격도 정반대인 녀석들이 같은 햇살 아래 같은 모습으로 자는 모습을 놓칠세라 재빠르게 셔터를 누르고 화폭에 옮겼다.

사랑이는 늘 활동적이고 노루는 늘 이불 속 굼벵이다. 사랑이는 욕심이 많은데 노루는 쉽게 포기한다. 사랑이는 낯을 좀 가리는 편인데 노루는 아무나 쫓아간다. 사랑이는 음식을 가려 먹는데 노루는 아무거나 잘 먹는다. 사랑이는 시끄러운데 노루는 조용하다. 사랑이는 노루를 쫓아 다니는데 노루는 사랑이를 피해 다닌다. 그런데 잠자는 자세와 광합성 본능은 똑같다.

나는 어려서부터 강아지를 좋아했다. 예전부터 쭉 강아지를 키운 영향을 받았다. 골든래트리버, 똥개, 셰퍼드, 오리 사냥개, 토이 푸들 …. 참 많이도 키웠다. 노루를 키우기 전에 데리고 있던 가출 소년 '조이'가 지금도 많이 보고 싶다. 조이는 똥오줌을 잘 못 가렸다. 나는 지금도 아내가 조이에게 구박을 많이 해서 가출했다는 합리적 의심을 감출 수가 없다.

내가 개를 얼마나 좋아했는지 군대도 '개 부대'에서 복무했다. 일명 '제1 군견훈련소'에서 중견(中犬)을 키우는 보직을 맡았었다. 50여 마리가 되는 셰퍼드에게 하루 세끼 밥 먹이고 똥 치우고 건강일지를 작성하는 일은 개와 내가 원수가 되게 했다. 가끔 휴가 나가면 나한테서 개똥 냄새난다고 사람들이 피했다. 아무리 군복을 깨끗이 빨아 입고 나가도 몸에 밴 냄새를 어찌할 수 없었다.

제대하고 나서 개똥 냄새가 빠질 때까지 나는 개와 소원해졌다. 원래는 진돗개가 군견이었는데 이 개는 주인에게 너무 충성한 나머지 제대한 군인을 못 잊었다. 그래서 군견을 셰퍼드로 바꾸었는데 얘네는 진돗개보다 똑똑하지 못한데 밥을 많이 먹고 많이 싼다. 그래서 한동안 셰퍼드가 싫어졌다.

요즘 반려견 키우는 일이 일상이 되었다. 예전에는 집 지키라고 큰 개를 마당에 묶어 놓았다. 그러다 보니 성격이 포악해져서 저절로 집을 잘 지키는 무서운 개가 많았다. 요즘 개 물림 사고가 잦아지고 있다. 어느 맹견이 길 가던 노인의 목을 물어 사망에 이르게 하는가 하면, 10살도 안 된 아이를 물어뜯은 개를 안락사시키느니 마느니 하는 일이 논란이 되기도 했다.

사나운 개에 대해서 할 말이 있다(순전히 내 경험이다). 개는 대체로 사람을 해치지 않고 온순하며 충성스럽다. 개가 주인을 잘못 만나면 성격이 포악해지고 사람을 경계한다. 개를 학대하거나 스트레스를 많이 주면 언제 어떤 행동을 할지 모른다. 나는 워낙 개를 좋아하기 때문에 사나운 개에게도 별 경계심 없이 다가간다. 개들도 경계를 푼다. 개들도 자기를 좋아하는 사람을 아나 보다.

예전에는 벽에서 '개 조심'이라는 빨간 글씨를 자주 볼 수 있었다. 그때는 개를 한데서 키우고 아무것이나 먹이고 때리고, 복날에는 부엌에 데려가는 일이 흔했다. 그러니 개가 지나가는 사람에게 화풀이하는 것이 당연했다.

친할머니가 돌아가시기 전에 혈통 없는 흰둥이를 키운 적이 있었는데 할머니는 개가 씹던 음식을 같이 씹을 정도로 그 개를 아끼셨다. 그런데 어느 날 그 개를 어디론가 데려가시더니 혼자 돌아오셨다. 그 후 한동안 내 마음속에 흰둥이에 대한 그리움과 할머니에 대한 미운 맘이 교차했다.

잠언에 이런 말씀이 있다.

> 충성된 사자(使者)는 그를 보낸 이에게 마치 추수하는 날에 얼음냉수 같아서 능히 주인의 마음을 시원하게 하느니라 (잠언 25장 13절).

오늘날 충성된 일꾼을 찾아보기 힘들다. 농사짓는 친구한테 모내기나 추수할 때 일꾼으로 써 달라고 농담 반 진담 반으로 이야기한 적이 있다. 방해만 되니 꿈도 꾸지 말라는 답이 돌아왔다. 음식점에서 비용을 줄이기 위해 쓰이는 서비스 로봇이 이제는 미덥지 않은 종업원을 대체하여 귀한 대접을 받을 날이 머지않았다. 감정 없는 로봇보다는 강아지를 훈련하는 게 더 좋겠다.

  환경과 여건에 상관없이 주인의 마음을 시원하게 하는 반려견에게서 신뢰와 충성심을 닮아 보자. 불평하지 않고 배신하는 일 없고 요령 피우지 않으며 믿음을 잃지 않는 개는 참 좋은 반려동물이다. 한 가지, 개와 사람이 근본적으로 다른 점이 있다는 것은 분명히 해야 한다. 개의 충성은 20년 견생으로 끝나고, 사람은 그를 이 땅에 나게 하신 분에 대한 충성으로 영원한 보상을 받는다는 것이다.

그림 29 〈사랑이와 노루〉, 2021, 수채화, 50×36cm

참새와 제비

> 나는, 나는 외로운 지푸라기 허수아비
> 너는, 너는 슬픔도 모르는 노란 참새
> 들판에 곡식이 익을 때면 날 찾아 날아온 널
> 보내야만 해야 할 슬픈 나의 운명
> 훠이 훠이 가거라 산 넘어 멀리멀리
> 보내는 나의 심정 내 임은 아시겠지 …

가수 조정희의 노래 〈참새와 허수아비〉에 나오는 가사다. 나는 중학생 시절 기타를 처음 배울 때 이 곡을 무한 반복 연주했다. C 키인 이 노래는 코드가 단순하기 때문이다. 그 당시에는 허수아비가 많았고 실제로 '훠이 훠이' 하는 농부들도 많았다. 지금은 허수아비가 한가한 때가 되었다. 서울의 전봇대에는 참새가 아예 자취를 감췄고 농촌에서도 몸값이 올라갔기 때문이다.

농경지는 점점 사라지고 도심에 숲과 물웅덩이가 줄어들고 있다. 초가집과 소양간, 마구간이 기념물이 되고, 기와집 대신 콘크리트 벽돌이 그 자리를 대신한다. 예전에는 빨랫줄도 참 많아서 빨래 대신 참새가 그 자리를 많이 차지했다.

오늘 그림에 나오는 빨랫줄은 옷을 널기 위한 빨랫줄은 아닌 듯하다. 참새가 차지하는 영역이 줄어들면서 애꿎은 참새구이 포장마차 영업이 힘들어진다. 일부 양심 없는 포장마차가 술안주 재료를 둔갑시켜도 양념이 재료를 속인다. 포획이 금지된 멧새가 참새 대신 숯불에 올라도 아는지 모르는지.

강남 갔던 제비는 덩달아 돌아올 줄 모른다. 도심에 둥지 틀 처마가 없고 콘크리트 벽과 도로에서 벌레도 찾기 어렵기 때문이다. 양쯔강 이남으로 이민 갔던 제비가 기후 변화 때문에 봄이 지나서 오더니 이제는 거기 눌러앉았다.

참새는 가끔이라도 볼 수 있으나 제비는 아예 자취를 감췄다. 비가 올 때 지렁이 찾느라 저공비행을 하는가 하면 공중 곡예도 하는 그 자태를 보지 못하는 아이들이 참 가엾다(여성을 유혹하는 훤칠한 남성을 제비족이라고 불렀던 이유는 그들이 우아한 제비 꼬리 저고리를 입고 댄스홀을 누볐기 때문).

보기 어려운 것은 새뿐만이 아니다. 어릴 때 모래에서 땅강아지를 신발에 넣고 장난치던 기억이 아직 선하다. 비 온 뒤 물웅덩이에서 우리 손을 피해 미끄러지던 소금쟁이, 외갓집에 가면 밤하늘에 별이 날아다니는 것 같던 반디, 이제는 식물원이나 인터넷에서만 볼 수 있는 존재들이다.

집 밖에 나가면 언제나 볼 수 있던 메뚜기, 방아깨비, 맹꽁이, 고추잠자리는 다 어디에 꼭꼭 숨었나?

"생육하며 번성하라"라는 말은 사람뿐 아니라 각종 종류대로 지어진 동식물을 포함한다. 우리가 욕심을 더 부릴수록 신의 뜻을 거스를 위험에 처한다. 풀 한 포기라도 있는 자투리땅을 보면 집 짓지 못해 안달 난 우리는 자기들도 생육하고 번성해야 한다는 자연의 목소리를 듣지 않고 있다.

나는 도심의 변두리에 살고 있는데 가끔 산책하러 나가면 빽빽한 집 사이를 방황하다가 그냥 들어온다. 그 많은 집 가운데 작은 공원 하나 없다. 단지의 세대가 일정 규모 이상이면 공원을 꼭 지어야 하는데 돈벌이에만 관심 있는 업자들이 공원 조성 의무를 피하려고 단지를 쪼개서 만든다. 그러니 (뒷산 외) 주변에 풀 숲길 하나 볼 수 없어 갑갑하다. 살기 편해지자고 인공으로 가꾸고 자꾸 개발하는 일이 어떤 부메랑이 되는지는 경험을 통해 알 수 있다.

요즘 미세먼지 때문에 기관지염으로 고생하는 사람이 많다. 중국 영향도 물론 있겠지만 도심지역에 숲이 줄어든 탓도 있다. 서울시가 국립산림과학원에서 도심 숲의 미세먼지 저감 효과에 관한 연구 결과를 인용한 바에 따르면 도시 숲은 다른 도심지역과 비교하여 미세먼지는 26퍼센트, 초미세먼지는 41퍼센트 낮추는 효과가 있다고 한다.[1]

한국이 아끼는 수목 소나무는 송충이와 제선충으로 몸살을 앓고 있다. 추석 때 송편 만들어 밑에 깔던 솔잎을 이제는 키친타월이 대신한다. 그 흔한 솔잎을 집에서 보기 어려워진 데는 참새가 줄어들어 송충이의 개체 수가 늘어난 것에도 원인이 있다.

인간의 정서를 마르게 하고 창의성을 방해하는 것은 주입식 교육 때문만은 아니다. 바람과 수풀 냄새, 벌레와 새, 잠자리와 매미, 작은 물고기가 아이들의 오감을 간질이지 못할 때 꼬마의 정서는 숨이 막힌다. 생태계의 정점에 있는 인간만 보일 뿐 온 생태계를 볼 수 없으므로 지식이 책에만 머물게 된다.

제비가 물어다 준 박 씨로 부자가 된 흥부 이야기를 아이들이 관심을 가지겠는가?
예전에 유행했던 참새 시리즈 이야기에 그들 표정이 얼음이 되진 않을까?
'개미와 배짱이' 스토리에 동감이나 할 수 있을는지?

---

1 "서울시-산림청, '도시 숲' 늘려 미세먼지 줄인다", 서울시청 홈페이지, 2018.3.23.

등굣길, 하굣길에 스마트폰만 들여다본 아이들에게 제4차 산업에 필요한 스토리텔링 능력을 요구하는 것 자체가 무리다.

예수님의 제자 야고보(James)는 "욕심이 죄를 낳고 죄가 자라 죽음을 낳는다"고 말했다. 더 잘 살고자 하는 욕심이 자연과 생태계 파괴라는 죄를 낳고 기후 변화로 재난이 증가하여 많은 인명피해를 불러온다.

인간은 자신의 유익을 위해 욕심을 줄여야 한다. 집을 지을 때 부동산 투자보다는 살기 편하고 휴식하기 좋은 'Comport Zone'(안전지대)으로서 공간을 넉넉히 만들어야 한다(지역 분산 정책이 중요한 이유다). 산과 국립공원이 품어 낼 수 있을 만큼만 손때가 타게 하고, 강과 호수도 물이 스스로 버텨 낼 수 있을 정도로만 이용해야 한다.

자연을 파괴하는 인류의 욕심은 그 결과가 당대에 그치지 않고 후손에게 미친다. 후손들로부터 좋은 걸 물려주어 감사하다는 말은 못 들을지언정 자기 자산을 훼손했다는 원망은 듣지 말아야 한다.

넷. 생명 / 참새와 제비   191

그림 30 〈빨랫줄 참새〉, 2021, 수채화, 50×36cm

예하면 예 아니면 아니오

예전에는 누구에게 착하다고 하면 최고의 칭찬이었다. 착하다는 말에는 많은 의미가 담겨 있었다. 성실하고 정직하며 부모에게 효도하고 남에게 친절하고 …. 그래서 그런지 '착한 아이 증후군'이라는 심리가 있다. '착한 사람 콤플렉스'라 부르기도 하는데 남의 말을 잘 듣는 것이 착한 사람의 태도라는 강박관념을 갖는 현상이다. 속으로는 '이건 아닌 것 같다'라고 생각하면서도 겉으로는 고분고분한 척해서 겉과 속이 달라 마음에 짐이 된다.[1]

누가 뭐라 해도 "예". 불편해도 "괜찮습니다". 부당한 것을 시켜도 "알겠습니다". 그렇게 누구에게나 착한 사람이 되어 가다가 마음속에 화가 쌓여 상처받게 되고 정신적 아픔도 겪을 수 있다.

요즘에는 사람들에게 착하다는 소리를 들으면 예전만큼 유쾌하지 않다.

"공부는 못하는데 착하기는 해."

"머리는 안 좋은데 착해."

"능력은 없지만 착하잖아."

---

1 위키백과 '착한 아이 콤플렉스' 참조.

'착하다'는 말이 '좀 부족하지만 괜찮다'는 의미로 병행해서 쓰인다. 어떤 사람이 착하고 온순하면 주위에서 존중해 주는 것이 아니라 우습게 보고 무시하기에 십상이다. 그래서 많은 경우 착한 사람은 사기를 당하거나 손해를 많이 본다. 부모님들이 "마음을 모질게 먹어야 해"라고 하는 이유는 착한 사람을 이용하는 사회 풍조 때문이다.

착한 사람에게 좋은 점이 있다면 적(敵)은 없다는 것이다. 성깔 있는 사람은 친구도 확실하고 적도 명확하다. 불의를 보고 참지 못하는 사람, 정의의 사자는 '할 말은 하고 보는' 성격이기 때문에 사람들이 무서워한다. 그래서 주변에 적이 많고 외롭다. 적당히 넘어가고 싶어도 자기 성격이 참지 못한다. 그의 적들은 대부분 켕기는 것이 있는 사람들이다. 그의 팬이 되어 좋아하는 사람도 많다. 그중에는 한마디 말을 하고 싶었지만 차마 못 했던 어느 '착한 사람'도 포함되어 있다.

패망한 고려 왕에 대한 정절과 조선의 새 왕조를 추종함에 대한 갈등을 주제로 한 시조가 있다.

> 까마귀 싸우는 골에 백로야 가지 마라.
> 성낸 까마귀 흰빛을 새오나니.
> 창파에 조희 씻은 몸 더러워질까 하노라
> (정몽주의 어머니)

> 까마귀 검다고 백로야 웃지 마라.
> 겉이 검은들 속조차 검을쏘냐
> 겉 희고 속 검은 이는 너뿐인가 하노라.
> (이직)[2]

---

[2] 고려 말 조선 초 문신(1362-1431), 이성계를 도와 개국 공신이 됨.

백로는 자태가 우아하고 눈이 부시다. 그래서 우리나라에서 백로는 융숭한 대접을 받는다. 반면 썩은 고기를 먹는 까마귀에게는 푸대접이다. 그런데 까마귀가 영리하고 싸움을 잘해 그런지 다른 나라에서는 길조로 대접받는다. 이 시대를 살아가는 데 있어 속 다르고 겉 다른 백로보다는 솔직하고 영리한 까마귀가 되는 것이 낫겠다 싶다.

예수께서 말씀하셨다.

> 오직 너희 말은 옳다 옳다, 아니라 아니라 하라 이에서 지나는 것은 악으로부터 나느니라(마태복음 5장 37절).

이 말은 옳은 일에 대하여 옳다 하고 옳지 않은 일에 대하여 옳지 않다고 주저 말고 얘기하라는 뜻이다. 적당히 타협하여 "좋은 게 좋은 것"이라고 얼버무리는 우리가 새겨들어야 할 구절이다. 글을 쓰는 나 자신도 그렇게 살아왔듯 한 명의 적도 만들지 않기 위해 모든 이에게 잘하려 '아니오'라는 말을 차마 못 하는 그냥 착한 사람이 되지 않아야 한다.

이 말은 예수님의 '온유'와 연관이 있다. 예수님처럼 온유한 사람은 사람들에게 굽신거리고 무조건 참는 사람이 아니다. 진짜 온유한 사람은 말씀과 진리를 확실히 깨닫고 고난을 통해 훈련으로 준비된 사람을 뜻한다.

『장자』(壯者)에 오늘 주제와 관련하여 '목계지덕'(木鷄之德)이라는 이야기가 나온다.

닭싸움을 좋아하던 왕이 기성자(紀渻子)라는 사람에게 최고의 싸움닭을 기르도록 명하였고, 열흘이 지나서 물었다.

"닭이 싸울 만한가?"

기성자가 대답했다.

"아직 안 됩니다. 허세만 부리고 자기 힘만 과시합니다."

또다시 열흘이 지나 왕이 물었다. 기성자는 아직도 안 된다고 말했다.

"닭의 소리와 그림자만 봐도 곧바로 덤벼듭니다."

열흘 후 왕이 또 물었다. 기성자는 역시 아직 때가 아니라고 답했다.

"간신히 참고는 있으나 노려보는 눈초리가 사납고 그 눈초리를 감추지 못합니다."

다시 열흘을 지나서 기성자가 말했다.

"이제 됐습니다. 다른 닭이 울어도 아무 반응이 없습니다. 어떤 경우에도, 어떤 닭에게도 동요하지 않으며, 평정심을 유지합니다. 마치 나무로 깎아 놓은 닭(木鷄) 같습니다. 그 덕(德)이 온전해졌습니다. 닭들이 감히 쳐다보지도 못하고 부리를 감춘 채 고개를 숙일 것입니다."[3]

여기에서 목계지덕(木鷄之德)이라는 사자성어가 유래했다. 성경에서 말하는 '온유한 자'란 장자의 목계(木鷄)같이 내공이 있으나 허세를 부리지 않는 사람을 말한다.

'착하니즘'에 빠져 불의를 보면 못 본 척하고, 속으로 끙끙 앓는데 겉으로는 아닌 척하는 피곤한 삶은 이제 벗어 버리자. 정의의 기사도 피곤하긴 마찬가지다. 못 볼 것을 보면 싸움닭이 되어 먼지가 나도록 싸우고 자기 몸도 지쳐가는 삶도 고단하다. 내 안에 강력한 무기를 숨기고 자신감이 충만한 사람이 되자. 예리하게 날이 선 칼을 갖되 휘두르지는 말고 칼집에서 살짝 빼서 빛이 번쩍하면 바로 꽂아야 한다.

존재만으로도 질서를 잡고 평화를 지키는 사람, 그런 사람이 예수님이 바라는 온유한 사람이다.

"예하면 예하고 아니면 아니요 하시오."

각종 회의 중간에 의결을 앞두고 쓰던 말이다. 무엇을 결정하거나 통과시킬 때 꼭 이 질문을 했고 누구라도 '아니오'라고 하면 안건은 통과되지 못했다. 회의 절차에서 던져지는 이 질문은 맞다고 생각하면 꼭 그렇다고

---

3 『장자』(壯者)의 '목계지덕'(木鷄之德) 중에서.

이야기하고 옳지 않다면 옳지 않다고 이야기해야 한다는 것을 전제하고 있다.

  많은 사람이 대중의 변덕스러운 여론과 인기에 휘둘려 진리를 외면할 때 예수 그리스도처럼, 장자의 목계(木鷄)처럼 용감하게 옳으면 "예" 하고 옳지 않으면 "아니오"라고 할 수 있기를 …!

넷. 생명 / 예하면 예 아니면 아니오   197

그림 31   〈백로〉, 2021, 수채화, 40.7×30.7cm

먹을 게 없다고

우유는 인류에게 가장 오래된 동물성 식품 중 하나다. 영양가 있는 완전식품으로까지 칭송을 받아 왔다. 칼슘과 단백질 등 영양이 풍부한 음식으로 우유가 없는 냉장고는 완성체가 아닐 정도다.

그러나 우유가 최소한 그 이름에 걸맞은 역할을 하려면 소에게 정직하게 먹여야 한다. 건초를 대체하여 먹이는 사료에는 유전자 변형 옥수수가 들어가고 성장촉진제가 더해진다. 가축의 내장 등 값싼 동물성 내용물을 사료에 섞어 먹인 대가를 광우병 소가 증명한다.[1]

소는 풀을 먹고 풀은 소의 배설물을 먹을 때 식물과 동물, 사람의 삼각편대가 건강을 찾는다. 오늘의 그림처럼 소는 풀밭에서 풀을 먹어야 한다.

그림을 차지하고 있는 소들 모습이 너무 여유롭다 못해 한가해 보이지 않는가?

우리에 갇혀 사는 소보다는 스트레스 없이 건강하게 키운 소의 젖이 맛도 영양가도 당연히 좋다.

우리 외갓집에는 목장이 있었다. 여름 방학 때 외갓집에 가면 소 우리에 가서 젖 짜는 것을 구경하는 게 일이었다. 젖을 짜서 바로 먹기도 했다.

---

1   노우호 편저, 『천재는 주방에서 만들어진다』 (에스라하우스, 2016), 272-273 참조.

젖소는 좋은 사료를 먹이고 황소는 짚을 쑤어 먹였다. 소의 똥은 '푸세식 화장실'의 인분과 함께 비료로 활용했다. 그 똥내는 추억의 향기라서 역겹지 않다. 지금 생각해 보니 외갓집 농장은 친환경 축산 농장이었다.

미국에는 풀을 먹는 소가 있고 옥수수를 먹는 소가 있다. 풀을 먹은 소의 우유는 상류층이 먹고, 옥수수를 먹은 소의 우유는 일반 대중이 먹는다. 옥수수는 당연히 GMO 옥수수다.[2] 앞으로 우유를 고를 때 풀을 먹은 소의 우유인지 복장까지 가서 확인해야겠다.

정통 회교도들에게는 대장암이 희귀하다. 구약 율법의 영향을 받아 음식에 대한 청결 의식이 철저하고 돼지고기를 먹지 않는 데도 이유가 있다. 그들은 할랄 음식을 먹는데 그 근거는 "좋은 것을 먹고 올바로 행동하라"는 코란의 음식에 관한 구절이다. 할랄과 반대 개념은 하람이다. 돼지고기와 알코올, 도축 전 죽은 동물, 그리고 그로부터 얻어진 부산물 등이 하람 음식이다.[3]

이런 음식 구분은 유대교 음식문화로 거슬러 올라간다. 유대교인들은 구약 레위기에서 허락한 음식만 먹는다. 짐승은 굽이 갈라지고 되새김질하는 종류, 물고기는 비늘과 지느러미 있는 것만 먹을 수 있다. 이에 따르면 돼지와 메기는 먹을 수 없다. 돼지와 메기는 아무것이나 먹는 지저분한 존재다.

종교적 이슈는 배제하고 음식 자체로만 볼 때 할랄 음식이 인기를 끄는 데는 이유가 있다. 유통기간이 짧고 자연에서 재료를 구하기 때문에 건강식이라고 인식한다. 인구가 계속 늘어나고 식품산업이 발전함에 따라 대량 생산, 대량 유통, 장기 보관의 필요성이 커졌다. 유전자 변형은 당연지사고 방부제와 항생제, 성장 촉진 호르몬, 색소와 향신료를 비롯한 화학

---

2 노우호 편저, 『천재는 주방에서 만들어진다』, 120 참조.
3 "[ESC]무슬림이 돼지를 먹지 않는 이유 … 고대 식량 두고 인간과 경쟁 관계로 인식·유대교 영향·위생 문제 등", 「한겨레신문」, 2017.8.24. 참조.

물질은 필수다.

우리나라 식품의약처에서는 음식물을 허가할 때 70여 종이 넘는 화학 첨가물을 허용하고 있다. 아이들 과자 사줄 때 과자봉지에 있는 성분표를 보자. 아이들에게 독소를 먹여 아토피를 체험하게 할지 간식을 만들어 줄지 고민하게 될 것이다. 먹는 것으로 장난치지 말라고 했는데 어른들이 하는 장난은 그냥 무시한다.

위대한 철학자요 신학자인 존 칼빈은 구약에 나오는 정결한 음식의 규정에 큰 의미를 두지 않았다. 그것은 제사 의식에 관한 것이라고 단정했다. 그것이 개신교의 자유로운 음식 문화에 영향을 미쳤다.

많은 사람이 " 입으로 들어가는 것이 사람을 더럽게 하는 것이 아니라 입에서 나오는 그것이 사람을 더럽게 하는 것이니라"(마태복음 15장 11절) 라고 하신 예수님의 말씀을 문자적으로 해석한다. 그 결과 먹는 것에 자유로운 기독교 국가들이 주요 암 발병률이 높은 것으로 알려져 있다. 음식 정결에 관한 규정은 사문화된 것으로 생각할 수도 있지만, 종교적 관점이 아닌 건강학의 시각에서도 살펴보아야 한다.

할랄의 토대이기도 한 레위기 11장의 정결에 관한 규정은 쉽게 말해 정결한 음식과 지저분한 음식에 관한 규정이라고 할 수도 있다.

정결한 음식 규정을 식생활과 식품산업에 대한 기본 원칙으로 삼는다면 부담이 될까?

집집마다 냉장고에 있는 달걀 한 판은 영양가가 TV 프로그램 〈1박 2일〉에 등장하는 달걀 두 알과 비교가 안 된다. 닭은 자연 상태에서 1년에 알을 70개도 못 낳는다고 한다. 양계장의 닭은 한 뼘밖에 안 되는 공간에서 눈부신 인공 불빛 아래서 1년 동안 줄지도 않고 300여 개의 알을 낳는다. 이런 알에는 항생제가 들어 있고 대량 출산을 위한 여성호르몬이 배어 있다. 무정란이 우리의 식탁을 배반하고 있다.

이제 스스로 먹거리를 찾아 해결하는 게 낫다는 생각에 이르게 된다. 그런데 어떻게 할지 막연하다. 창조 질서를 따르자. 자연은 푸르기 때문에 푸른 채소를 많이 먹어야 한다. '크고 많이 나고 싼 것'을 제철에 많이 먹고 '적게 나고 작고 비싼 것'은 덜 먹어야 한다. TV 프로그램 〈나는 자연인이다〉의 자연인이 건강을 회복하는 일은 괜한 얘기가 아니다.[4]

지금 나는 유기농 마을에 카페 겸 갤러리를 차리는 상상을 한다. 메뉴판에 유기농 과일 음료를 표시하고 방부제 없는 통밀빵을 굽는다. 물론 그건 아내의 몫이다. 나는 한쪽 공간에서 그림을 그리고 잘 나온 작품이 있으면 갤러리에 걸어 놓는다. 입소문이 나고 젊은이들과 건전한 먹거리를 통한 문화선교를 하면 목적 달성이다.

이 대목에서 나는 스스로에게 "혼자 소설을 쓰면 재밌나?"라고 묻는다. 따져 보니 먹는 것으로 장난치지 않아도 충분히 살 수 있다는 걸 증명하고픈 동기였던 것 같다. 단기적으로는 수익이 작겠지만 붙박이 고객으로 늘 붐벼 안정된 수익이 가능할 것이기 때문이다. 하늘이 허락한 자연 먹거리는 착한 시민을 불러 모은다.

---

[4] 노우호(에스라하우스 원장)의 레위기 11장 강해 참조

그림 32 〈소가 있는 초원〉, 2021, 수채화, 65.1×50cm

입이 기쁘게 몸도 즐겁게

지상의 동물은 어느 종류나 할 것 없이 살기 위해 먹는다. 인간은 마치 먹기 위해 사는 것 같다. 동물들은 허기가 질 때 먹잇감을 먹고 어느 정도 배가 부르면 먹지 않는다. 그래서 맹수들도 배가 부른 상태에서는 해코지만 하지 않는다면 덤비지 않는다. 그러나 인간은 맛있는 음식이 있으면 배가 불러도 미련이 남아 자꾸 먹는다. 소화제를 먹을지언정 혀의 즐거움을 포기할 수 없다.

어느 날 동대문 일대를 지나다가 각종 고물이 널려 있는 너저분한 골목에 사람들이 길게 줄 선 모습이 눈에 들어왔다. 옛날 기록영화에나 나올법한 후미진 골목에 깔끔하게 차려입은 사람들이 줄을 쭉 서 있는 것이 왠지 배경과 어울리지 않았다. 그 순간 사진을 찍고 느낌 그대로 화폭에 담았다. 나는 직장에서 바빠 일할 때는 음식을 오래 기다려서 먹는 것을 이해하지 못했다. 맛은 덜해도 빨리 나오고 쾌적한 음식점을 선호했다. 그러나 일상이 여유로워지고 기다림의 시간을 다룰 줄 알게 되자 식당 앞 긴 줄을 견딜 수 있게 되었다.

즐길 거리가 별로 없다 보니 맛을 찾아다니는 일이 풍속이 되었다. 특정 식당 앞에 사람들이 끝없이 줄을 선 모습은 아주 흔한 풍경이 되었다. TV 프로그램 〈백종원의 골목식당〉이 골목식당에 신선한 바람을 몰고 온

탓도 있다. 이 프로그램은 무명 요리사들이 백종원의 비법과 메뉴를 배워 유명해지는 마법과 같은 플랫폼이었다. 백종원의 묘한 미소와 갸우뚱하는 고갯짓에 출연자들의 심장이 하늘과 땅을 오르락내리락한다.

식당의 이름이 나는 데는 방송인의 평가점수가 중요한 것이 아니다. 프로그램에 식당에 나왔다는 것 하나만으로 큰 인기를 끈다. 방송이 식당의 이미지를 쇄신하기 때문이다. 그러나 인기가 지속되기는 쉽지 않다. 많은 손님이 몰려오면 식당 주인이 감당을 못해 레시피의 황금률이 깨지기 때문이다. 어떤 식당은 "오늘은 00명까지만 받습니다"라든지 "00시까지 주문받습니다"라고 한다. 이런 문구를 보고 혹 부정적인 판단을 할 수도 있다.

"이 식당이 돈 좀 벌었나 보지?"

"여기 말고 식당이 없나?"

그러나 이런 식당이 장사 잘하는 식당이다. 소문이 잘 나 고객이 갑자기 붐비다가 수용할 수 있는 한계를 넘기면 어느새 고객의 미각이 먼저 알고 떠난다.

어떤 식당은 거금을 들여 대중매체를 동원하여 식당을 홍보하기도 하고 인터넷 댓글로 손님을 유도하는 경우도 있다. 어떤 먹방 프로그램의 장면을 허락도 없이 인쇄한 대형 현수막을 거는 식당도 있다. 어떻게든 입소문이 나게 하여 손님을 끌어들일 수는 있다. 그러나 이제부터 시작이다. 뚝배기는 장맛이 좋아야 하듯 식당은 음식 맛이 좋아야 한다. 정직한 재료로 최고의 레시피를 늘 유지해야 한다. 그러면 원조 맛집이 될 수 있다. 원조가 반드시 몇 십년 된 유명 음식점일 필요는 없다.

재미는 있지만 위험할 수 있는 TV 방송이나 유튜브 컨텐츠가 '먹방' 프로그램이다. 사람들은 먹방 프로그램을 보며 대리 만족을 느낀다. 뻘겋고 기름진 음식 접시가 쌓여 가는 걸 보며 희열을 느낀다. 침샘을 자극하고 소화효소가 나와 시청자의 음식 소화에 도움이 되기도 한다. 그러나 '먹방'은 보여 주는 사람과 보는 사람 모두의 건강에 악영향을 미칠 가능성이 다분하다.

전남대 식품영양학부 정복미 교수의 연구 결과에 따르면 먹방 프로그램 시청 시간이 주당 14시간 이상인 사람이 7시간 미만의 사람보다 체중이 많이 나가는 것으로 나타났다. 먹방 시청 시간이 많은 사람은 탄수화물과 육류를 좋아하지만, 시청 시간이 짧은 사람은 채소나 과일을 선호했다.

영국 리버풀대학교 애나 콧츠 박사도 정크푸드를 먹는 영상을 많이 본 아이들이 다른 아이들보다 평균 25퍼센트의 칼로리를 더 섭취하는 것으로 나타났다.[1]

일상 현장을 다루는 어느 TV 프로그램에서는 피실험자로 하여금 위(胃)가 가득 부풀도록 식사를 하게 한 후 맛있는 빵을 보여 주었다. 그랬더니 갑자기 위 스스로가 20퍼센트의 공간을 만들어 내는 현상을 관찰했다. 시각이 우리의 위(胃)를 속일 수 있으니 조심해야 한다. 느끼는 대로, 보이는 대로 먹다가는 음식이 우리를 배반하여 영양소 대신 독이 될 수 있다.

입이 즐거우면서도 건강하게 먹는 법이 있다. 소식(小食)하고 저녁을 일찍 먹어야 한다. 저녁을 7시 전에는 꼭 먹고. (나의 경우는 6시를 넘기지 않으려 노력한다. 야식은 금물. 그러면 다음날 아침 배가 고파서 일찍 먹게 되며 맛있고 소화도 잘된다. 아침과 점심 사이가 길어져 점심 식사가 달다. 밥맛이 꿀맛이니 소화가 잘되어 저녁도 일찍 먹을 수 있다. 매 끼니마다 선순환이 이루어진다.)

아이 가진 엄마는 알아서 좋은 것만 먹고 입덧할 때 당기는 음식은 꼭 먹는다. 아기를 낳고서 영양소가 골고루 들어 있는 음식을 규칙적으로 먹는다. 산모의 음식은 아이에게 모유의 필수 영양제이고 산모에게는 기력을 돕는 강장제라는 걸 알기 때문이다.

---

[1] "인기 콘텐츠 '먹방', 시청자 건강도 위험?",「메디컬투데이」, 2021.11.5.

혀를 자극하는 음식을 계속 찾아다니며 아무 때나 먹는 습관, 필요 이상으로 많이 먹고 늦게 먹는 습관이 음식과 우리의 사이를 갈라놓는다. 맛있는 음식을 즐기되 식탐을 제한해야 한다. 어떻게 먹어야 할지 모른다면 산모처럼 먹되 소식하고 저녁을 일찍 먹어야 한다는 것만 기억하자.

그림 33 〈동대문 골목식당〉, 2022, 수채화, 37.5×28cm

청계천 비둘기

김광섭의 시 〈성북동 비둘기〉는 누구에게나 친숙한 시다. 이 시는 자연에 대한 향수와 문명에 대한 비판을 주제로 한다. 비둘기는 자연을 대표하는 동물로 등장하여 의인화되었다. 도시개발로 인해 자꾸 밀려나는 변두리의 사람을 은유하는 한편 도시화 속에서 순수한 자연성을 잃어 가는 우리의 모습을 빗대었다. 성북동 비둘기의 처지는 '자연과 인간으로부터 소외되고, 사랑과 평화까지 낳지 못하는 새'로 치부된다.[1]

〈성북동 비둘기〉

김 광 섭

성북동 산에 번지가 새로 생기면서
본래 살던 성북동 비둘기만이 번지가 없어졌다
새벽부터 돌 깨는 산울림에 떨다가
가슴에 금이 갔다
그래도 성북동 비둘기는

---

1 신경림, 정희성, "심상", 「한국 현대시의 해설」 1974년 8월호.

하느님의 광장 같은 새파란 아침 하늘에

성북동 주민에게 축복의 메시지나 전하듯

성북동 하늘을 한 바퀴 휘돈다

성북동 메마른 골짜기에는

조용히 앉아 콩알 하나 찍어 먹을

널찍한 마당은커녕 가는 데마다

채석장 포성이 메아리쳐서

피난하듯 지붕에 올라 앉아

아침 구공탄 굴뚝 연기에서 향수를 느끼다가

산 1번지 채석장에 도루 가서

금방 따낸 돌 온기에 입을 닦는다

예전에는 사람을 성자(聖者)처럼 보고

사람 가까이

사람과 같이 사랑하고

사람과 같이 평화를 즐기던

사랑과 평화의 새 비둘기는

이제 산도 잃고 사람도 잃고

사랑과 평화의 사상까지

낳지 못하는 쫓기는 새가 되었다

아침 출근길에 예쁜 비둘기 한 마리를 발견했다. 화폭에 담고 싶어서 줌을 당겼다. 나를 의식했는지 한동안 포즈를 취해 주었다. 비둘기의 몸을 자세히 보니 그 색깔이 영롱하기 그지없다. 대궐 처마 밑의 화려한 색은 이 색을 따왔나 보다. 색을 재현하기 위해 무진장 애를 썼는데 물감이 좋지 않아서인지 도저히 흉내 낼 수가 없었다. 사람들은 평화의 상징으로 흰 비둘기를 좋아하지만 다채로운 빛깔을 볼 때 흰 비둘기가 회색 비둘기를 따라갈 수 없다.

비둘기가 왜 평화의 상징이 되었을까?

구약 시대 노아의 홍수 때 지구에 40주야 간 비가 내리고 샘이 폭발하여 온 땅이 잠겼다. 노아는 하나님의 명령을 받아 큰 배를 짓고 식구들과 지상에 있는 모든 동물의 암컷과 수컷을 종류대로 배에 태웠다. 그리고 땅에 물이 마를 때까지 배에서 기다렸다.

노아는 비가 그치고 나서 몇 개월 후 귀소 본능이 있는 비둘기를 날려 보냈으나, 머물 곳이 없던 새는 다시 돌아왔다. 얼마 후 비둘기를 다시 내보내자 부리에 올리브 잎사귀를 물고 돌아왔다. 이후 또 비둘기를 날려 보냈으나 다시는 돌아오지 않았다.

비둘기가 물의 재앙이 끝이 났음을 알려 주었기 때문에 인류는 올리브 나무 이파리를 문 비둘기를 평화의 상징으로 삼았다. UN의 깃발을 보면 가운데에 세계 지도가 있고 올리브 나무 이파리가 바깥을 감싸고 있다. 우리나라는 이런저런 국가의 주요 행사 때마다 흰 비둘기를 떼로 날려 보냈다. '88올림픽' 때도 개막식에서 무수히 많은 비둘기를 날려 보냈는데 개막을 알리는 성화의 불길이 너무 거세게 오르는 바람에 적지 않은 비둘기가 타 죽었다는 소문이 돌았다.

나중에 올림픽 기획을 총괄했던 이어령 교수는 말도 되지 않는 이야기라고 잘라 말했다. "벽을 넘어서"라는 평화 올림픽의 대성공을 시샘하는 세력에 의한 헛소문이 아니었을까.

평화의 새 비둘기가 '닭둘기'가 되더니 이제는 '쥐둘기'로 전락했다. 집 주변 오물 가에는 영락없이 비둘기가 서성인다. 출근길에 보면 간밤에 술취한 행인이 토해 놓은 곳에 비둘기 떼가 부리를 조아린다. 음식물 쓰레기는 고양이보다 비둘기가 더 좋아한다. 부리로 찢긴 쓰레기봉투에서 오물이 흘러나와 주변에 온통 악취를 풍긴다. 누가 심심풀이로 과자 조각이라도 던져 주면 갑자기 어디서 왔는지 셀 수 없이 많은 비둘기 떼가 하늘을 가린다.

깨끗했던 거리와 자동차, 건물이 온통 비둘기 똥으로 얼룩진다. 똥이 마르면 잘 제거되지 않아 자동차 보닛을 망쳐 놓기도 한다. 에어컨 실외기에 강한 산성을 품은 똥이 쌓이면 장치를 망가뜨리기 일쑤다.

예전 어느 라디오 프로그램에서 비둘기와 관련된 에피소드를 들었다. 어느 가난한 부부가 있었는데 아내가 닭고기를 너무 먹고 싶다고 하자 돈이 없던 남편은 한참 고민하다가 비둘기를 잡아서 요리를 해 주었다. 그런데 아내가 비둘기 고기를 너무 맛있게 먹었다는 것이다.

비둘기는 고대로부터 값싼 동물 단백질 공급원이었다. 구약성서의 레위기를 보면 비둘기는 소나 양을 제물(祭物)로 드릴 형편이 못 되는 사람이 올리는 제물이었다. 유럽과 이집트, 중국 등 여러 나는 지금도 식용 비둘기로 요리한다.

동물을 사랑하는 사람들에게 거부감이 있겠지만 골칫거리가 된 비둘기를 퇴치하느라 막대한 세금을 쓸 것이 아니라, 개체 수가 너무 많아지면 식용 비둘기를 구분해서 관리하면 어떨지. 예전 외래종 '황소개구리'가 우리나라의 생태계를 망가뜨렸으나 이 개구리가 몸에 좋다는 소문이 난 후 그 씨가 마르지 않았던가.

성북동 비둘기는 자기의 터전에서 돌 깨는 인부들과 장비 때문에 밀려났지만, 영역을 고수했다. 다이너마이트에 의한 굉음이 들려도 떠나지 않았다. 60년대 말 성북동이 서울로 편입될 당시만 해도 사람이나 짐승이나 자연에 대한 향수가 있었다. 도시의 벽이 점점 밖으로 밖으로 밀려나자 새의 귀소 본능도 흐릿해져 가고 사람의 자연 회귀 의식도 점점 황폐해졌다.

청계천의 회색 비둘기는 마냥 거기에 있어서는 안 된다. 노아의 방주에서 날아간 비둘기가 제 갈 곳을 갔듯이 어디론가 가서는 다시 돌아오지 않아야 한다. 우리가 그런 곳을 남겨 주어야 한다.

그림 34 〈청계천 비둘기〉, 2020, 수채화, 23.7×16.8cm

나쁜 벌레는 없다

자동차 역사상 가장 사랑받는 차 중의 하나가 폭스바겐의 비틀(딱정벌레)이다. 이 차는 1938년부터 독일 국민차로 출발하여 디즈니 영화의 모델이 되면서 큰 인기를 얻었다. 딱정벌레차라는 별명을 얻고 난 후 이 차는 전 세계에 팔려 나가기 시작하며 진화를 거듭해 왔다.

여기에는 영국 밴드의 전설 '비틀즈'에 의한 상승효과도 있었다. '비틀즈'라는 이름은 미국 로큰롤 밴드 '버디 홀리와 크리캣츠'(Buddy Holly and the Crickets)의 Crickets(귀뚜라미)에 대응하는 개념으로 존 레넌이 딱정벌레를 생각해 낸 것에 유래한다.

독일 차와 영국 밴드의 지속적 인기는 벌레의 속성과도 무관치 않아 보인다. 최근 연구 결과를 보니 일부 딱정벌레는 자동차가 밟아도 끄떡없다. 어떤 벌레는 새나 천적 앞에서 강력한 독물질을 뿌려 생명을 보존한다고 한다. 딱정벌레는 그리스와 로마 시대에 '죽음과 재생'을 상징했다고 한다. 딱정벌레가 극한의 추위나 가뭄 등 자연 재난이 닥치면 죽기 전에 엄청나게 번식한다고 해서 그런 의미가 붙여졌다고 한다.

딱정벌레는 모든 동물 중에서도 가장 큰 목(目)으로 약 30여만 종이 알려져 있는데 한국에는 약 8,000여 종이나 분포한다.[1] 사람들이 좋아하는 종류는 빛깔이 화려한 것들인데 어떤 것은 일곱 빛깔을 내며 구애춤을 추는 것도 있다. 딱정벌레라고 해서 다 예쁜 것은 아니다. 거무칙칙하고 못생긴 벌레, 지독한 냄새를 풍기는 벌레 등 종류가 아주 많다.

오늘 그림에 등장하는 벌레는 풍뎅잇과에 속하는 딱정벌레인데 활엽수 잎을 갉아 먹어 녹색의 광택을 내서 빛깔이 곱고 친근하다.

고운 빛깔의 풍뎅이, 꿀벌, 장수하늘소, 매미, 나비 등 일부 종류를 제외하고 곤충은 대개 사람들에게 사랑받지 못한다. 여름에 얄밉게 화를 돋우는 모기, 지저분한 파리, 틈만 있으면 거미줄 치는 거미, 징그러운 바퀴벌레와 지네, 그리마(돈벌레)…. 딸내미는 나방도 못 잡는다. 문틈에 나방이 끼어 있으면 나만 귀찮아진다.

노르웨이의 보전생물학 박사 안네 스베르드루프-튀게손(Anne Sverdrup-Thygson)은 『세상에 나쁜 곤충은 없다』에서 지구상의 모든 곤충은 다 필요한 존재라고 이야기한다. 산책할 때나 야영할 때 우리를 성가시게 하는 벌레의 필요성에 대해 그녀는 이야기한다. 모기나 깔따구는 물고기, 새에게 꼭 필요하고 파리, 모기떼는 큰 동물에게 필요하다고 한다. 검정파리(blow fly)는 상처를 낫게 하고, 밀웜(mealworm)은 플라스틱을 먹는다.

인간이 근시안으로 벌레의 존재를 가볍게 여기면 안 된다고 한다. 벌레는 사람들에게 필요한 꽃가루받이, 토양 고르기, 유기물 분해에 좋은 역할을 한다. 그들은 동물의 먹이가 되고 해로운 생물의 수를 조절하며 식물의 종자를 퍼뜨린다. 나아가 인류의 대체 식량, 의학 등 여러 분야에 없어서는 안 될 존재다.[2]

---

1 두산백과 두피디아 참조.
2 스베르드루프-튀게손, 『세상에 나쁜 곤충은 없다』, 조은영 역 (웅진 지식하우스, 2020) 참조.

환경문제를 다룬 미국의 다큐멘터리 영화 〈11번째 시간〉(*The 11th Hour*)에서 레오나르도 디카프리오(Leonardo DiCaprio)가 수십 명의 환경 전문가와 인터뷰를 진행했다. 다양한 의견을 통해 얻어 낸 중요한 해답 중의 하나가 '바이오미미크리'(Biomimicry)다. 모기의 침을 보고 초정밀 주삿바늘을 만들어 내고 거미줄의 원리로 가볍고 튼튼한 나노섬유를 뽑아낸다. 벌통에서는 꿀만 따 먹어 왔지만, 이제 육각형의 벌집에서 견고한 축조 기술을 빌려 온다.

어릴 때 짓궂게 놀던 기억이 난다. 송충이를 잡아서 태우고 지렁이는 소금을 뿌리고 거미는 보는 족족 죽였다. 왕개미를 발견하면 앞을 계속 가로막거나 손 등에 올려 끝없이 기어오르게 했다. 혹시 내 피로 배부른 모기가 있으면 밤을 새워서라도 복수했다. 그래도 내가 한 짓은 애교에 불과하다. 어릴 적 파리, 모기, 벼룩, 이를 박멸한다고 연무 차가 동네마다 다니며 하얀 연기를 얼마나 뿜어 댔는지 모른다. 차가 지나갈 때마다 그 냄새가 좋다고 쫓아다녔던 우리는 참 미련했다.

나중에 들은 이야기가 "몸속에 회충이 있는 사람은 그 냄새를 좋아한다"는 것이다. 나는 벌레 죽이는 냄새를 벌레가 왜 좋아하는지 의문을 가진다. 그리고 튀게손 박사에게 하나 묻고 싶다.

"회충도 필요한 벌레인가요?"

이와 관련해 한 가지 들은 이야기는 있다. 북한에 아토피가 없는 이유가 몸속에 회충이 있어서라고(믿거나 말거나).

대홍수 때 노아는 육지에 있는 모든 동물을 암수 종류대로 방주 안에 들였다. '모든' 동물에는 파리, 모기, 지네, 각다귀 다 포함된다. 자연 생태계에 다 필요한 종류다. 당장 성가시고 귀찮은 존재를 무조건 없애면 나중에 더 성가시고 힘든 결과를 초래한다. 낚시터에 깔따구가 너무 많다는 민원 때문에 지자체에서 살충제를 대량 살포하자 물고기가 떼죽음을 당한다.

벌레는 해충이라고 씨를 말리니 참새와 제비를 구경할 수 없게 되고 비둘기는 도심의 노숙 새가 되었다. 생태계는 이미 균열이 생겼다. 섣불리 손대면 균열이 쩍쩍 갈라질지 모르니 지금 당장 좋은지 여부로 판단하면 안 된다. 어떤 종류가 되었든 처음의 생태계에 가까워질 때까지 살살 다루어야 한다.

벌레는 인간과 공생 공존하는 존재다. 벌레는 인간보다 강한 생명력으로 도움을 줄 것이다. 때로는 설국열차에서 먹이가 되어 주듯 고단백 영양식품이 되어 주고, 인간을 정점으로 받들어 주는 자연생태계의 시놉시스 역할을 한다.

이어령 교수가 이야기한 '생명 자본주의'에 곤충도 중요한 자리를 차지해야 한다. 예전 우리 조상들은 벌레를 밟아도 죽지 않게 하려고 짚신을 헐겁게 만들어 신고 다녔다. 창조 세계에서 가장 광활한 종의 영역을 차지하는 존재를 존중하여 그 보답을 확실히 누려야 한다.

넷. 생명 / 나쁜 벌레는 없다   217

그림 35 〈딱정벌레〉, 2021, 수채화, 31×21.4cm

다 공짜예요

세상에 공짜 싫어하는 사람은 없다. 뜻밖에 공짜 물건이 생기면 웬 횡재냐고 좋아한다. 그런데 가치가 무한정한 것을 공짜로 얻는 것에 대한 감사가 없다. 편의점에서 하는 1+1, 2+1 행사상품에 대해서는 판매원에게 공짜로 줘서 고맙다고 하면서 우리에게 없어서는 안 될 공짜의 존재에게는 좀처럼 감사하지 않는다.

공기와 물(정화 비용과 세금 빼고), 햇빛과 달빛, 아침 이슬과 봄비, 푸른 산과 들, 솔바람과 풀향기, 그림같이 아름다운 풍경, 실시간 만들어 내는 구름 동영상, 온갖 꽃과 나무, 가을 풀벌레와 바람과 새가 만들어 내는 즉흥 환상곡…. 다 공짜다. 공짜!

이렇게 흔하디흔한 공짜의 존재에게 감사하지 못하는 이유가 있다.

첫째, 물리적으로 이들에게는 '한계효용체감의 법칙'이 작동하지 않는다. 테라스가 있는 집의 테라스는 싫증이 날 수도 있지만 거기에서 즐기는 바깥 공기와 이슬비에 질린 적이 있는가?

같은 음식을 매번 먹으면 질리지만 마시는 물에 싫증나는 일이 있는가?

둘째, 이 모든 것은 인간의 노력 없이 주어진 것이기 때문이다. 다른 말로 이야기하면 이것들은 인간에게 내려진 보편적 은혜이기 때문이다.

비강공명(鼻腔共鳴)[1]이 좋아서 내가 좋아하는 가수 심수봉이 부른 노래 〈백만송이 장미〉의 원곡은 1981년 라트비아(소련) 콘테스트 우승 곡인데 피식민지의 고난을 엄마 관계로 표현한 곡이다.

> … 사랑을 할 때만 피는 꽃
> 백만 송이 피워 오라는
> 진실한 사랑 할 때만
> 피어나는 사랑의 장미
> 미워하는 미워하는 미워하는 마음 없이
> 아낌없이 아낌없이 사랑을 주기만 할 때
> 백만 송이 백만 송이 백만 송이 꽃은 피고
> 수많은 세월 흐른 뒤 자기의 생명까지 모두 다 준
> 비처럼 홀연히 나타난 그런 사랑 나를 안았네
> 미워하는 미워하는 미워하는 마음 없이
> 아낌없이 아낌없이 사랑을 주기만 할 때
> 백만 송이 백만 송이 백만 송이 꽃은 피고
> 그립고 아름다운 내 별나라로 갈 수 있다네 …"

사람들이 가장 좋아하는 꽃은 장미가 아닐까 한다. 빨간 장미, 노란 장미, 파란 장미 …. 오늘 그림은 내가 좋아하는 파란 장미를 보색에 가까운 벽을 배경으로 표현했다. 먼저 테라핀유(유화 희석제)를 잔뜩 머금은 어두운 갈색으로 바탕을 칠하고 붉은 크림슨레이크와 푸른색 계통을 섞어 벽을 칠하고 난 후 큰 장미는 나이프로 잎을 펴내고 멀리 있는 장미는 붓으로 희미한 색채를 발랐다. 그런데 파란 장미는 애당초에 자연에 존재하지

---

1 코 안쪽에 있는 공간을 활용해 소리는 울리는 창법.

않는다. 사람이 만들어 내거나 화폭에서만 볼 수 있다.

신은 인간을 너무 사랑해서 매년 초여름 어김없이 억만 송이의 장미를 보내는데 우리가 노력하지 않고, 너무 많이 받아서 좀처럼 감사하지 못한다. 하늘이 허락한 것들은 대부분 공짜다. 호흡의 재료인 산소와 우리 몸의 70퍼센트를 채우는 물, 각종 박테리아와 미생물 …. 이런 것들을 돈 주고 사야 한다면 생명 유지 비용이 너무 비싸진다.

공짜가 아니어서 좋은 것들도 있다. 명절날 고스톱은 점당 100원이라도 판돈을 걸고 해야 웃음이 생겨나고, 윷놀이도 쥐포, 오징어, 땅콩이라도 걸어야 재미있다. 골프는 해 본 적이 없어 모르겠지만 당구는 진 사람이 당구비를 내야 흥미진진하고, 족구도 돈을 걸고 해야 승리가 짜릿하다. 누군가에게 선물하고 부모님을 공경할 때도 수중에 있는 공짜 물건을 주는 사람은 없다. 하늘에서도 공짜로 바치는 제물은 받지 않는다.

이스라엘의 다윗왕이 각종 전쟁에서 승승장구하자 교만의 죄를 저질렀을 때 이스라엘 백성이 전염병으로 벌을 받고 속죄하는 제사를 지내야 했다. 다윗이 제사를 지내기에 마땅한 장소를 찾게 되자 땅 주인이 왕에게 공짜로 땅과 소(제물)를 주려 했다. 그러자 다윗왕은 어찌 공짜로 구입한 제단과 제물로 제사를 지낼 수 있겠느냐고 하면서 값을 치렀다.

공짜가 전부였던 시대에는 욕심 없이 주어진 것에 만족하며 살았다. '사용가치'만 있고 '교환가치라'는 개념이 성립하지 않았다.[2] 물물교환이 생기면서 교환가치의 개념이 생겨나고 초반에는 교환하는 거의 모든 물건에는 사용가치와 교환가치가 있었다. 물물교환이 다양해지자 물건을 등가로 매기기가 어려워져 돈이 생겨났는데 단지 금액을 정하는 돈 자체가 교환가치를 가지기도 했다. 금이나 은화는 그 자체로서 교환가치를 지녔

---

2 사용가치는 소비자가 각종 소비재를 사용하면서 얻는 효용이나 만족감, 교환가치는 1:2, 1:3 상품의 상대적 가치를 말함.

다. 그래서 "악화(惡貨)가 양화(良貨)를 구축"했다.[3]

'다이아몬드 패러독스'라는 용어를 알 것이다. 다이아몬드는 먹고 사는 데 꼭 필요하지 않지만 말할 수 없이 비싸고, 물은 생명 유지에 꼭 필요하지만, 값이 0에 가깝다. 다이아몬드는 교환가치가 매우 높고 사용가치는 0에 가깝고 물은 사용가치는 매우 높지만, 교환가치가 거의 없다는 뜻이다.

사람들은 생명을 유지하는 데 필요한 자산을 교환가치만 놓고 공짜로 여겨 흥청망청 쓴다. 아무리 공짜라도 쓰는 데에는 책임과 의무가 따른다. 공짜를 무분별하게 쓰다가는 돈 없이 얻은 자산에 대해 값비싼 대가를 치르게 된다. 물값은 점점 비싸지고 신선한 공기를 사 먹는 시대가 되어 간다.

돈을 내야 쓸 수 있는 것들은 대체재(代替財)가 있으나 공짜로 주어진 물건은 대체재가 없다. 더러워지거나 부패하거나 소멸하여 더 이상 쓸 수 없게 되면 회복 불능이다.

옛날 동물의 왕국에서 보았던 그 짐승과 식물들은 다 어디로 갔나?

대체재가 없는 것들은 그 존재가치가 무한대에 가깝다. 다이아몬드와 공기값의 가치 관계를 살펴보자.

사람이 공기를 마실 수 있고 다이아몬드 1캐럿(1.2천만 원)이 있을 때는 '+'
→ 공기값(∞) + 1.2천만 원 = ∞ + 1.2천만 원/∞
공기가 숨쉬기 불가능할 정도로 오염되었을 때는 '×'
→ 공기값(0) × 1.2천만 원 = 0

개발 일변도의 야심과 과한 줄 모르고 쓰려는 탐욕이 생태계 파괴와 기후 변화라는 양상으로 나타나 공짜로 주어진 존재의 영역을 침범하고 있다. 각국의 이기적인 탄소 배출로 인해 지구 온난화가 증가하고 극지방의

---

3   불순물이 섞인 은화만 시장에 유통되고 순도가 높은 동전은 집에 숨겨 놓는 현상.

얼음이 사라지며 생태계의 교란은 드라마보다 심각하게 다가온다.

자연이 버텨낼 수 있을 정도로만 숲과 물을 이용해야 하는데 푸른 공간은 점점 줄어들고 물줄기가 막혀 야생의 생명이 터전을 잃고 있다. 이 터전은 우리 미래의 터전이다. 이제는 문명을 감싸고 있는 자산을 현재와 미래의 사용가치로 환산하는 일에 게을리하지 말아야 한다.

우리에게는 교환가치와 사용가치 모두 막대한 존재가 있다. 인간의 머릿속에 있는 지식이다. 얼마 전 투자의 귀재 워렌 버핏과의 한 끼 식사권이 200억 원이 넘게 팔렸다는 소식을 들었다. 몸뚱어리만 놓고 보면 노인 버핏은 교환가치나 사용가치는 형편없을 것이다.

유명 스포츠맨의 경우 신체 하나만으로 전성기 시절에는 몸값이 천정부지일 수 있다. 하지만 근육의 탄력이 쇠하고 지구력이 떨어지면 스포츠계에서 퇴물로 취급받게 된다. 그러나 근육이 기억하는 움직임, 실전을 통해 쌓인 경험과 두뇌에 저장된 노하우는 그 가치가 소멸하지 않는다.

경제적 부호가 되었건 유명 스포츠맨이 되었건 인간은 존재 자체로서 가치가 있다. 사람의 목숨은 교환가치와 사용가치로 측량할 수 없다. 인신매매는 사람 목숨을 돈으로 사고팔고 이용하는, 가치체계 파괴행위다. 전쟁포로와 인권유린도 보이지 않는 생명 가치 훼손이다. 인간 생명의 존재가치는 생명이 숨을 쉴 때까지만 유효하다. 인간의 존재가치를 대를 이어 살리려거든 인류를 태어나게 한 자연과 환경의 보존가치를 원래대로 찾아가도록 문명의 궤적을 자꾸 수정해야 한다.

더 깊은 차원에서는, 개개인의 가치가 타임캡슐에 영향을 받지 않기 위해 우리 생이 다했을 때, 물리적 자원과 환경에 구애받지 않는, 그곳에서 지낼 준비를 해야 한다. 그 과정은 의외로 간단하다. 공짜로 주시는 은혜의 손길을 그냥 받아들이기만 하면 된다. 억만 송이의 장미 중 내게 주는 꽃 한 송이를 받아서 들고 그냥 감격하면 된다. 내가 꺾는 꽃이 아닌 그분이 주시는 꽃으로.

넷. 생명 / 다 공짜예요   223

그림 36　〈파란 장미〉, 2022, 유화, 50×40.9cm

모가지가 길어 슬픈 짐승

우리 집에는 노루가 산다. '이탤리언 그레이하운드'(Italian Greyhound) 종인 우리 집 강아지 이름은 노루다. 생긴 모습이 노루 같아서 노루라고 이름 지었다. 인터넷에서 이탤리언 그레이하운드를 많이 검색해 봤지만, 우리 노루처럼 잘생긴 강아지를 본 적이 없다. 노루를 데리고 산책하러 나가면 사람들의 시선을 끈다.

"쟤 사슴 아냐?"

"저 강아지 봐. 노루 같아."

"얘 무슨 종이예요"

사람들의 말소리가 들린다. 그리고 목이 꼿꼿해진다. 특별히 내세울 게 없는 인생이 강아지 때문에 신분이 높아진다. 그래서 딸내미가 노루를 데리고 산책하는 걸 좋아하는지 모른다.

노루는 목이 유난히 길다. 그래서 서 있으면 자태가 근사하지만 늙어서인지 이불속을 파고 들어가는 걸 좋아한다. 목을 쭉 뺄 때를 빼놓고는 좀 애처로워 보인다. 얘가 언제 죽을지 모르기 때문에 나는 언젠가부터 노루에게서 조금씩 정을 떼려 한다. (인간은 참 이기적이다.) 언젠가 노루가 죽으면 시인 노천명의 〈사슴〉을 추모 시로 바쳐야겠다.

〈사슴〉

노천명

모가지가 길어서 슬픈 짐승이여
언제나 점잖은 편 말이 없구나!
관(冠)이 향기로운 너는
무척 높은 족속이었나 보다

물속의 제 그림자를 들여다보고
잃었던 전설을 생각해 내곤
어찌할 수 없는 향수에
슬픈 모가지를 하고 먼 산을 쳐다본다.

시인 노천명은 일제 강점기 때 정치적인 타협이 일상화되어 버린 것 같은 지식인들의 현실 속에서 이상을 바라는 삶과 지조를 지키려는 시상을 〈사슴〉에 담았다. 노천명은 아마도 '창경원' 같은 동물원에서 물을 먹고 먼 곳을 바라보는 사슴을 보았을 것이다.

그리고는 시궁창 같은 현실에 갇혀 있지만 존귀하게 살았던 과거에 대한 향수와 찾아야 할 본분을 바랐을 것이다. 사슴은 십장생 중의 하나로 귀족 집의 병풍이나 침구에 등장하는 고결한 짐승이었다. 십장생에 포함된 사슴, 황새, 거북 등 연약한 짐승은 다 목이 길다. 생명을 도사리는 맹수들로부터 목숨을 지키려고 목을 길게 빼어 들고 주변을 살펴야 하기 때문이다.

맹수에게 잡히기라도 하면 긴 목이 물려 쉽게 희생물이 되는 사슴에게는 관(冠)이 있다. 유약해 보이지만 현실에 매몰되지 않고 지조와 엄위를

지키는 표징을 가지고 있다.[1]

어쩔 수 없이 우리에 갇혀 희망 없이 살아가다가 물에 비친 모습, 관을 쓴 자기 모습을 보고 원래의 터전은 여기가 아니었다는 것을 깨닫고, 잊었던 전설을 소환한다. 그러나 노천명은 자신이 노래했던 사슴의 지조를 지켜내지 못하고 일제의 힘과 권력에 타협하여 자신의 안위를 지켰다. 슬픈 모가지를 하고 먼 산을 바라보면 조금 있다 전설(8·15 독립)을 찾을 수 있었는데, 친일파 행동을 하면서 허상의 관(冠)을 좇았다.

> 나의 가는 길 멀고 험하며 산은 높고 골은 깊어
> 곤한 나의 몸 쉴 곳 없어도 복된 날이 밝아 오리 …

이 구절은 미국의 찰스 허친스 가브리엘(Charles Hutchison Gabriel 1856-1932)이 작시, 작곡한 찬송가 544장의 일부다. 제1차 세계대전 3년째인 어느 날 가브리엘은 아들이 입영 영장을 받고 프랑스로 떠나게 되어 그를 배웅하기 위해 부두로 갔다. 아들이 그에게 작별 인사를 했다.

"아버지, 만약 제가 돌아오지 못한다면 저는 아버지를 저 영원한 집에서 만날 것입니다."

가브리엘은 시카고로 돌아오는 차 안에서 천국의 소망을 가졌던 아들의 모습을 생각하며 기도했다. 그때 머리에 떠오르는 찬송 시와 선율을 바로 노트에 적어 내려갔다.

산은 높고 골은 깊어 가는 길 멀고 험하지만 '잠깐' 눈물 골짜기를 더듬으면서 나의 갈길 다 간 후에 한숨 가시고 죽음 없는 저 천국에 들어가겠다는 확신이 기쁨으로 바뀐다. 이 찬송의 곡명인 'Where the Gates Swing'은 아들의 작별 인사에서 "문들이 세상으로 열려 있지 않은 곳"(Where the

---

[1] 이상호(천안아산경실련 공동대표), 「뉴스파고」의 〈시로 세상 읽기〉, 2020.7.9. 참조.

gates swing outward never)이라는 문구에서 따왔다.[2]

남녀 간의 사랑을 노래한 솔로몬의 아가서는 다음과 같은 문장으로 끝난다.

> 내 사랑하는 자야 너는 빨리 달리라 향기로운 산 위에 있는 노루와도 같고 어린 사슴과도 같아라(아가 8장 14절).

향기로운 산은 하늘의 본향이고, 노루와 어린 사슴은 신께서 그토록 사랑하는 우리 자신이다.

영원한 곳을 바라며 신으로부터 깊은 사랑을 받을 때 우리는 이 땅에서 조건 없는 사랑을 할 수 있다. 또 세상의 불의와 타협하지 않으면서 이해와 관용, 용서를 할 수 있다. 현실에서의 사슴과 노루는 산에서 뛰고 달려도 산기슭에서 생을 마감한다. 사람은 영원히 향기 나는 산에서 계속 뛰논다.

우리 집 노루는 목이 길어 멋지고 애처로운 짐승이다. 이불 속에만 있다가 부르면 목을 길게 빼어 들고 쳐다보는 얘는 어떤 생각을 하며 사는지 모르겠다. 헤어질 날이 가까이 오기 때문에 나는 미리부터 예행 연습을 하고 있다. 노루는 그런 준비를 하지 않는다. 죽는다는 것이 무엇인지 모르기 때문이다.

그저 주인을 보면 꼬리를 흔들고, 주면 먹고, 데리고 나가면 좋아하는 존재다. 사람이 이렇게 살 수는 없다. 관(冠)이 향기로운 사람은 높은 족속이다. 잃었던 에덴의 전설을 생각해 내고 어찌할 수 없는 향수에 영원한 산을 쳐다보며 살아야 한다.

---

[2] 김도창(지휘자), [찬송가 해설], 〈잠시 세상에 내가 살면서〉(544장)(pyungkang.com/logos_04/147309) 참조.

그림 37 〈노루〉, 2021, 수채화, 40.7×30.7cm

다섯

관계

엄마 사랑

살아 움직이는 생명체 중에서 인간이 가장 오래 어미 품에 머문다. 열 달 동안 엄마 배 속에 있다가 나와서는 한동안 누워서 바둥거리다 겨우 기어 다니더니 열 달이 지나서야 겨우 아장아장 걷는다.

송아지나 망아지, 사슴 새끼는 태어나자마자 뒤뚱뒤뚱 걷고 얼마 있다가 껑충껑충 어미를 떠나 뛰어다닌다. 초식동물은 야생에서 살아남아야 하므로 태어나자마자 걸음마를 하지 못하면 생명이 위태로울 수 있다. 그래서 어릴 때도 근육과 뼈가 발달했나 보다(사자나 호랑이, 늑대 새끼는 약하고 귀엽다).

그림에 나오는 이 아이는 엄마 품을 벗어나려면 아직 멀었다. 엄마는 유치원 갔다 돌아오는 아이를 버스에서 내려 주고서 집으로 향한다. 엄마가 아이 가방을 메고 정면을 향해 가고 있으나, 아이는 고양이를 보았는지 호기심이 가득하다. 호기심이 너무 커지면 언젠가는 엄마 손을 놓고 뛰어다닌다. 그러다가 차를 타고 멀리 갈 것이다.

엄마는 참 고달프다. 캥거루는 주머니가 앞에 있어서 넣고만 다니면 되는데 우리 엄마들은 주머니를 어깨에 메고 손으로는 아이를 붙들어야 한다. 게다가 주머니가 계속 바뀐다. 유치원 가방, 태권도 가방, 학원 가방, 학교 가방, 등록금 지갑….

대체로 새끼나 알을 많이 낳는 동물은 새끼를 돌보지 않는다. 수많은 올챙이를 일일이 돌보는 개구리는 없다. 수천 마리의 알을 낳는 물고기도 낳으면 그만이다. 그러나 몸집이 큰 포유류는 새끼를 몇 마리 낳고 젖을 물리며 돌본다. 포유류인 고래도 젖을 먹이고 새끼를 돌본다. 날개가 있는 짐승도 날기 전까지는 어미의 보호를 받아야 한다. 새끼 새는 날 수 있을 때까지 어미가 먹이를 물어다 주고 천적으로부터 보호받는다.

그래서 조류는 태어나자마자 처음 본 생명체를 졸졸 따라다니나 보다. 가축은 새끼를 일찌감치 어미에게서 떼 놓는다. 젖소가 새끼를 낳으면 얼마 후 송아지를 떼어내고 어미 소의 젖을 사람이 먹는다. 떨어진 송아지는 성장촉진제가 섞인 사료를 먹는다. 돼지도 새끼에게 잠시 젖을 먹이다가 떠나보내고 또 새끼를 낳는다. 가축은 아마도 어미의 사랑을 기억하지 못할 것이다.

아이는 모유를 먹어야 면역력이 좋아지고 정서적으로도 안정된다는 점은 이미 알려진 사실이다. 현대인들은 직장 일로 바빠서, 체형 문제로, 또는 여러 가지 형편상 아기에게 모유를 충분히 먹이지 못한다. 예전 귀족 가문에서는 유모가 대신 젖을 먹이는 경우도 많았다.

지금은 아이들이 모유 대신 분유와 우유를 많이 먹고 자란다. 특히, 칼슘이 들어 있는 우유는 아이를 빨리 키우기 위해 많이 먹인다. 문제는 우유를 필요 이상으로 먹이거나 칼슘을 과대평가하는 경향이 있다는 점이다. 소는 약 5킬로그램으로 나서 2년이 지나면 500-600킬로그램 정도로 자란다. 이에 비해 사람은 평균 3킬로그램으로 나서 약 2년 후 12킬로그램 정도의 몸무게가 된다.

사람은 송아지처럼 우유를 많이 먹을 필요가 없다. 우유는 칼슘 외에도 송아지가 자라는 데 꼭 필요한 여러 성분이 들어 있는 젖이다. 우유 속 칼슘은 100그램당 110밀리그램인데, 콩은 100그램당 240밀리그램으로 훨씬 더 많다.

에스라하우스의 노우호 원장은 하버드대학교 월터 윌렛(Walter Willet) 교수의 "우유의 단백질이 혈액을 산성화시키는데 이를 중화하기 위해 뼈의 칼슘을 빼내기 때문에 골밀도를 떨어뜨린다"는 주장을 인용하며 우유의 과다섭취가 가져오는 위험성을 경고한다.[1]

엄마의 모유는 아기에게 최적화된 완전 음식이다. 임신한 엄마는 입덧하며 음식을 가려 먹었기 때문에 배 속의 아기는 건강한 편식을 한다. 밖에 나와서도 엄마의 젖을 제일 좋아한다. 아기는 배 속에서 엄마의 심장 고동 소리를 듣고 자랐다. 아기는 엄마 품속에서 젖을 먹으며 익숙한 심장 소리에서 건강을 얻고 정서가 튼튼해진다. 너무 빨리 젖을 떼면 최적의 건강식을 멀리하게 되고 정서적으로도 기회비용이 발생한다.

모유 수유 권위자 김혜숙은 언론 인터뷰 기사에서 다음과 같이 말했다.

> 미국과 유럽 등 선진국에서는 50-80퍼센트의 엄마들이 모유 수유하고 있지만, 국내에서는 20퍼센트에 불과하다 … 스킨십으로 인한 인성 발달, 두뇌 자극을 통한 지능발달, 면역성 증가 등 장점이 많은데도 우리나라 여성들이 이를 피하는 현실이 안타깝다.

또 엄마는 불어난 살이 빨리 빠지고 자궁암과 유방암 등 여성 질환 예방효과가 있으며, 흡연하는 여성의 모유라도 분유보다는 낫다고까지 했다.[2] 물론 젖을 너무 오래 물리면 턱뼈와 소화기관 발달 등 단계적인 성장에 역효과가 난다(나는 젖을 너무 늦게 떼서 철이 늦게 들었다).

젖을 물리고 싶은 엄마의 마음과 젖 달라고 우는 아기의 마음을 거스르지 않는 것이 정답이다. 엄마는 자식을 자기 배로 낳았기 때문에 아빠보

---

1 노우호 편저, 『천재는 주방에서 만들어진다』 (에스라하우스, 2016), 274-277.
2 "모유는 아기에게 주는 신의 선물", 「세계일보」 2005.10.21.

다 그 사랑이 비교도 안 될 정도로 강력하다. 우리는 가끔 슈퍼우먼이 된 엄마의 모습을 TV 뉴스에서 본다. 차 밑에 깔린 아이를 꺼내려고 혼자서 차를 들어 올리는가 하면 사고에 의해 아이가 죽을 찰나 온몸으로 아기를 품어 살려내고 자기가 대신 죽는 경우도 있다. 화산 폭발로 폐허가 된 폼페이의 유적에서도 아이를 꼭 껴안고 죽은 엄마의 모정을 느낀다.

예전에 〈황금알〉이라는 TV 프로그램에서 황수관 박사는 이 세상에서 가장 아름다운 언어는 '어머니'라고 하며 어머니의 사랑에 대한 경험담을 나누었다. 황수관이 아주 어릴 때 홍역을 앓아 죽어 갔다. 아버지는 아들이 살 가망이 없다고 가마니와 삽을 준비했다.

"여보, 묻으러 가야지. 내놔."

그러나 황수관 어머니는 밤새 품고 있던 아들을 끝까지 붙들고 있었다. 아버지가 말했다.

"죽은 자식 품에 안아서 뭘 해. 빨리 내놔. 부모보다 먼저 죽은 놈은 자식도 아니야."

그러나 어머니는 죽은 아들을 품에 안고 기도했다. 어머니는 고름으로 뒤범벅이 된 황수관의 얼굴을 혀로 계속 핥았다. 그리고 얼마가 지나 소리쳤다.

"살아났어요!"

황수관의 얼굴에 생기가 돌았다. 그제야 아버지가 다가왔다. 아들의 얼굴에 피가 돌고 손가락이 움직이기 시작했다.[3] 어머니의 간절한 기도와 사랑이 혀에서 상처로 전달되었다.

엄마가 아이에게 젖을 먹이는 모습은 아름답다. 시대를 막론하고, 나이와 피부 색깔과 관계없이 인간에 대한 아름다움을 느낀다. 예전에 군(軍)에서 화생방 훈련을 받을 때 꼭 부르던 노래가 있다.

---

[3] MBN 프로그램 〈황금알〉의 황수관 박사 강연 중 일부.

낳으실 때 괴로움 다 잊으시고 기르실 때 밤낮으로 애쓰는 마음
진자리 마른자리 갈아 뉘시며 손발이 다 닳도록 고생하시네 …

　자식이 다 자라서 독립할 때까지 애쓰시는 어머니 마음은 죽을 때까지 멈추지 않는다. 어머니의 젖은 자식에게 생명수가 되고 어머니의 눈물은 백신이며 엄마의 손길은 새하얀 붕대다. 어머니는 우리가 어릴 때 생명줄이었다가 자라나면서 때로는 귀찮은 존재로 느껴지기도 하고 나 자신이 엄마가 되면 그 존재의 위대함을 깨닫는다. '어머니'라는 말은 세상에서 가장 아름다운 언어라고 ….

다섯. 관계 / 엄마 사랑   235

그림 38 〈엄마와 아기〉, 2022, 수채화, 40.7×30.7cm

네발자전거

최근 게리 채프먼(Gary D. Chapman)의 『5가지 사랑의 언어』라는 책을 읽고 많은 회한과 고민, 그리고 안도감을 느꼈다.
'왜 진작 몰랐을까?'
'알았더라면 더 잘할 수 있었을 텐데 ….'
'지금은 잘하고 있나?'
고민과 또 조금만 애쓰면 되겠다는 긍정적 신호가 함께 작용했다.
『5가지 사랑의 언어』는 사람들이 사랑하는 방식에는 마치 주파수처럼 각 사람에게 맞는 특성이 있는데 이것을 5가지의 사랑의 언어라고 한다. 책 저자는 이 5가지를 '인정의 말', '함께 있는 시간', '선물', '봉사'(집안일), '스킨십'으로 나누는데 부부는 서로 같은 방식 또는 최대한 가까운 속성의 언어로 소통해야 각자에게 있는 '사랑의 탱크'가 채워진다고 한다. 그래야 쉽게 싫증이 나지 않고 오래 가는 진정한 사랑을 나눌 수 있다는 메시지를 던진다.[1]
사람이 소통하는 데 다양한 언어가 있음을 볼 때 사랑은 가슴이 뜨거운 감정만을 이야기하는 것이 아니라 머리에서 나오는 의지와 의무가 함께

---

[1] 게리 채프먼, 『5가지 사랑의 언어』, 장동숙·황을호 역 (생명의말씀사, 2013).

어우러져야 한다.

우리의 뇌에서는 '화학적 작용'에 의해 감정이 생겨나는데, 특히, 뇌의 변연계에서 신경전달 물질과 호르몬을 흘려 감정을 조절한다. 사랑할 때는 도파민, 페닐에틸아민, 옥시토신, 엔돌핀 등이 분비된다. 그런데 이 물질들은 유효기간이 3년이라고 한다. 그렇기 때문에 순전히 감정만을 좇게 되는 사랑은 3년을 못 넘긴다는 이야기다. 감정적 사랑만 추구하는 사람은 '연애 중독자'가 될 수 있다.[2]

오늘 올린 그림은 한 부부가 자전거를 같이 타고 가는 장면이다. 한 자전거를 타면, 서로 다른 방향으로 가려 해도 안 되고 무게 중심을 달리해도 안 된다.

'네발자전거'라는 제목이 거슬리는가?

그렇다면 나의 의도가 맞아떨어졌다.

"세발자전거는 바퀴가 세 개이기 때문에 세발자전거인데 그림에 나오는 자전거는 바퀴가 두 개밖에 없는데 왜 '네발자전거'인가?"

누군가는 따져 물을 지도 모르겠다.

여기에서 말하는 '네 발'은 남편의 두 발과 아내의 두 발이다. 서로 시선이 달라도 목적지를 향해 함께 굴려야 하는 네발자전거는 평생 함께 타고 가야 할 인생 자전거다.

솔로몬은 이렇게 조언했다.

> 네 샘으로 복되게 하라 네가 젊어서 취한 아내를 즐거워하라 그는 사랑스러운 암사슴 같고 아름다운 암노루 같으니 너는 그의 품을 항상 족하게 여기며 그의 사랑을 항상 연모하라(잠언 5장 18-19절).

---

2 백상 경제연구원 편저, 『퇴근길 인문학 수업: 관계』 (한빛비즈, 2019), '9장 취향의 발견'(김동훈).

솔로몬은 700명의 후궁과 300명의 첩을 두었다. 그리고 인생 황혼기에 진정한 사랑을 노래했다. 그는 분명 의지적인 사랑을 말하고 있다.

내 아내와 나는 성격과 습관이 정반대다. 연인들은 정반대의 사람에게 끌린다. 그래서 나는 그녀와 결혼했나 보다. 예를 들면, 나는 감성적이고 잔잔한 영화를 …. 아내는 SF를 좋아한다. 한번은 신혼 때(97년도) 큰맘 먹고 아주 풍성한 꽃 한 다발을 사 들고 깜짝 선물한 적이 있다. 내가 얼마나 설레는 맘으로 집 문을 열었는데 …. 집사람 반응이 ….

"아니, 그게 자장면이 몇 그릇인데?"

그 이후 다시는 아내에게 꽃다발을 사준 적이 없다.

『5가지 사랑의 언어』의 프레임에 따라 해석해 보면 아내는 함께 있어 주는 시간이 그녀의 사랑의 언어였고 나는 선물이라든지 …. 편지라든지 형식적인 것이 필요하다고 생각했다. 그녀가 내게 심각한 얘기를 하거나 함께하는 시간이 길어질 것 같으면 집중력이 흐려지며 피곤해했다. 나는 내 머릿속에 있는 생각을 나누질 않았다. 그래서 그녀에게 내 별명은 '어려운 수학 문제'였다. 이제는 내가 신앙에 철이 들면서 가능한 한 그녀에게 맞추려 하면서 이전보다 친밀한 부부관계를 경험하고 있다.

사랑하기 때문에 결혼하는 것이 아니라 사랑을 지키려고 결혼하는 것이라는 말을 들은 적이 있다. 예전에 사진 하나 보고 결혼하던 시절, 또는 가문끼리 정략결혼도 하던 때는 가문과 명예를 지키기 위해서라도 결혼을 유지했다. 요즘 많은 젊은이가 혼인 신고 없이 살아 보다가 맞지 않으면 헤어진다고 한다. 사랑했을 테니 동거했을 테고 그 사랑이 식어지니 쉽게 헤어질 수 있는 도구다. 짐승은 번식하기 위해 많은 상대와 만나고 헤어지기를 반복한다.

그러나 사람에게 그런 명분은 없다. 지금 인간의 사랑 영역에서는 감정과 즐거움은 넘쳐나는데 희생이나 섬김은 찾아보기 힘들다. 지정의(知情意)의 사랑으로 결혼하고 아들딸이라도 생기면 그 사랑은 높은 단계로 올라간다. 감정이나 느낌의 수준에서 벗어나 지식과 의지를 아우르는 번지수로 확장된다.

　많은 커플이 자신과 다른 상대방에게 첫눈에 반해 도파민, 페닐에틸아민, 옥시토신, 엔돌핀에 취하여 죽고 못 사는 3년짜리 연애 단계를 지나 점점 자신과 '다름'이 불만이 되다가 다름이 '틀림'으로 인식되고 '뒤틀림'으로 발전하다가 갈라서게 된다. 『5가지 사랑의 언어』에 따르면 사랑이 변질하는 것은 서로 간 사랑의 주파수를 잘 못 맞췄기 때문이다.

　솔로몬에게는 1,000여 명의 연인이 있었다. 정략결혼이 있었다 하더라도 그는 겉으로만 보면 '연애중독'의 대표적 인물이라 할 수 있다.

　그 연애 중독자의 숱한 경험을 통해 나온 제안!

　젊어서 얻은 그 사랑을 꼭 지켜야 한다는 선언이다. 사랑하는 감정 때문에 결혼하는 것이 아닌, 사랑해 주기 위해 결혼하는 사랑, 그런 사랑이 좋은 사랑이다. 내가 만일 딸내미 결혼식 주례를 직접 할 수 있다면 이 글을 써먹을 거다.

그림 39 〈네발자전거〉, 2022, 펜드로잉/수채화, 50×17.5cm

親舊(친구) 칭구

남녀관계에 대해 알아보는 방법이 있다.

한 카페에서 잘 차려입은 중년의 남녀가 사소한 잡담을 끊임없이 주고받는 경우는 부부가 아닐 가능성이 크다. 그렇지 않으면 하늘이 부러워할 정도로 금실이 좋은 부부이거나. 반면에 옷을 대충 걸친 남녀가 별말도 없이 핸드폰을 보고 있으면 진짜 부부다. 중년의 남녀가 산행할 때도 여자가 앞서가는 경우가 남자가 앞에서 여자의 손을 잡아 주는 경우에 비해 부부일 가능성이 크다. 사설탐정이 되라는 이야기가 아니라 진짜 친밀한 사람은 말없이도 함께할 수 있다는 이야기다.

나의 경우는 다른 사람과 함께 있을 때 침묵을 잘 못 참는 성격이다. 3초 이상 침묵이 흐르면 무슨 말이라도 해야 한다. 특히, 젊은 직원과 있으면 '아무말 대잔치'를 했다. 아마도 말실수를 많이 했을 것이다. 때로는 실없는 사람이라는 평가도 받았을 것이다. 그런데 아내를 비롯한 식구들, 친한 친구하고는 아무 말 없이도 편하다. 단둘이 있어도 편하다. 직장인 중에 일없이 단둘이 편하게 만날 수 있는 사람, 아무 말 없이 함께 보낼 수 있는 사람이 얼마나 있을지 모르겠다.

누구에게나 부담 없이 함께해 주는 사람이 있다. 늘 편하고, 웃음을 주며, 상대를 높여 주고, 공감해 주는 사람이 있다. 이런 사람은 누구에게나 말없이 함께해 줄 수 있는 사람이다. 노력해서도 흉내 낼 수 없는 장기를 가진 사람이다.

오늘 그림에 나오는 한 친구가 바로 그런 친구인데 그 친구는 늘 웃는다. 가식이 없고 솔직하다. 긍정적이며 남을 배려하고 치켜세운다. 모자를 쓰고 가는 친구가 바로 그 친구다. 이 친구가 어느 날부터 모자를 거꾸로 쓰고 나왔길래 '어리게 보이려 하나 보다' 하고 생각했다. 나중에 알고 보니 암 말기 상태였다. 저 순간에도 항암 치료 중이었다. 그런데 말하는 것, 행동하는 것, 문자메시지에서 전혀 아픈 흔적을 느끼지 못했다.

그는 마지막 병실에서, 몇 센티미터 창문 틈으로 보이는 하늘이 감사하고 행복하다는 카톡 메시지를 보냈다. 하반신을 움직이지 못하고 진통제로 하루하루 버티는 환자가 보냈다고는 믿어지지 않는 글이었다. 그는 친구 목사의 전도를 받고 올해 초 편안하게 생을 마감했다.

요즘 장례식장에 가 보면 감염병 때문에 눈에 뜨일 정도로 조문객이 적다. 당연한 이야기지만 '어쩌면 코로나가 끝나도 조문 대신 봉투만 보내는 문화로 바뀔 수 있겠구나' 하고 생각한다.

지체 높은 상주가 현직에 있으면 코로나고 뭐고 상관없이 조문객이 붐빈다. 눈도장 찍으려고 밥은 안 먹어도 상주에게 인사하고 방명록은 필수. 옛말에 양반댁 개가 죽으면 문상을 와도 당사자가 죽으면 문상을 오지 않는다는 이야기가 있다. 신분과 돈으로 맺어진 인연이 얼마나 헛된 것인지 새삼 깨달을 수밖에.

많은 사람이 대소사(大小事)를 치르고 난 후 퇴직하기를 바란다. 자리와 돈으로 맺어진 많은 인연이 식장을 채울 수 있기 때문이다. 또는 그동안 뿌린 씨앗을 수확하는 데 유리하기 때문이기도 하다. "눈물로 씨를 뿌린 자는 기쁨으로 단을 거둘지니"라는 말을 자의적으로 해석하면, 그동안 축의금·조의금으로 나간 피 같은 돈을 수금해야 한다 말로 들린다. 이 대목에서 생각해 본다.

'나는 퇴직한 지 오랜 시간 후 자녀가 결혼하면 얼마나 많은 하객이 올 것인가?'

손익계산서를 따져 본다.

황혼을 바라보는 사람들이 대소사를 치르며 깨닫는 것이 친구의 중요성이다.

'내가 죽으면 가족 친지 외에 누가 오려나?'

이런 고민은 나도 예외가 아니다. 나는 '열 명의 친구보다 한 명의 적을 만들지 말자'라는 생각으로 인간관계를 맺어 왔던 것 같다. 그래서 어쩔 땐 좀 외롭기도 하다.

'오밤중에 전화를 걸어 가족과 나눌 수 없는 고민을 털어놓을 친구가 내게 몇 명이나 되나?'

'벼랑 끝에 생사의 갈림길에 서 있을 때 바로 달려와 줄 친구는 또 얼마나 있을까?'

이렇게 생각하니 고개가 떨구어진다. 교회 친구들이라도 많으면 좋은데 우리 교회는 너무 작다.

그림에 나오는 친구처럼 적도 만들지 않고 모두를 친구로 만들 방법이 있을까?

바울(Paul)이 말했다.

즐거워하는 자(者)들로 함께 즐거워하고 우는 자들로 함께 울라(로마서 12장 15절).

이를 영어로 하면 뜻이 더 명확해진다.

"Rejoice with those who rejoice, weep with those who weep."

우리 말에 "사돈이 땅을 사면 배가 아프다"라는 말이 있다. 옆집 아이가 좋은 대학에 입학하면 축하하기보다 내 자식과 비교하며 질투한다. 고등학교 동창이 아파트를 사면 흐뭇해하기보다는 남편에게 "당신 월급으로 우리는 언제나 아파트 한 칸 마련하나"라며 불평한다.

남이 기뻐할 때 함께 기뻐하고 울 때 함께 울라는 말에서 '남'은 내 사촌, 조카, 가까운 친척을 이야기하는 것이 아니다. 내가 경쟁상대로 삼아 왔던 바로 '그 사람'도 포함한다. 누가 되었든지 남의 기쁨과 슬픔을 함께 나눌 수 있으면 한 명의 적도 없이 모두를 친구로 삼을 수 있다. 미웠던 사람도 좋아지고 상처도 아물 수 있다. 허물없이 기뻐하며 슬퍼하는 내 모습을 보며 상대방의 마음이 녹는다.

인간관계를 이해득실로 따지는 사람은 절대 못 한다. 달면 삼키고 쓰면 뱉는 사람이 그렇다. 하늘에서 볼 때 하찮은 조약돌을 만지작거리며 아옹다옹하는 사람은 친구가 될 수 없다. 아니, 친구가 되어 줄 수 없다. 영원의 가치를 발견한 사람은 조약돌은 버려두고, 모두의 친구 아니 오래도록 다정한 '친구'가 될 수 있다.

다섯. 관계 / 親舊(친구) 칭구

그림 40 〈칭구들〉, 2020, 수채화, 40.7×30.7cm

혈연! 본능에 충실하자

파리 루브르박물관에 가면 한 늙은 주정뱅이인지 병자인지 모르는 사람이 어느 젊은 여자의 유두를 빨고 있는 그림을 볼 수 있다.

그림의 내용을 알지 못하고 보면 누구든지 의문을 품을 것이다.

'이 그림은 외설적인 그림인가?

그렇다고 하기엔 구도가 좀 이상한데 ….'

이 그림은 바로크 시대 프랑스 플랑드르에 살았던 루벤스의 작품〈시몬과 페로〉[1]다. 그림의 주인공은 아버지와 딸이다. 딸 페로는 그녀의 아버지 시몬이 굶어 죽는 형을 받자 감옥에 찾아가서 자기 젖을 먹여 살렸다고 한다. 원래 이 그림은 로마 시대 발레리우스 막시무스의 저서 『기념할 만한 언행들』이라는 책에 나오는 장면인데 자식이 부모를 공양하는 좋은 사례로서 "로마인의 자비"(Caritas Romana)라고 일컬어지고 있다.

우리는 부모와 자식 간의 사랑을 이야기할 때 '내리사랑'이란 말을 자주 쓴다. 부모의 자식에 대한 사랑은 조건 없는 사랑이고 본능에 따른 감정이라고 한다. 당연한 이야기다. 오늘은 내리사랑에 더불어 자식의 부모를 사랑하는 마음도 살펴보고자 한다.

---

1 페테르 루벤스의 1630년경 작품으로 캔버스에 유채(155 × 190cm)로 그림.

루벤스 그림에는 자식보다 부모를 먼저 살리려는 '오름 사랑'(사전에 없음)이 강력한 색채와 구도로 표현됐다. 딸 페로는 수유 기간 중이었는데 자식 먹이기에도 모유가 충분치 않았을 텐데 매일 아버지에게 가서 젖을 물렸다고 한다.

부모의 사랑이 보여 주기식 왜곡된 형태로, 자식의 사랑도 삐뚤빼뚤 표현되는 걸 우리는 자주 본다. 나는 한 달 전 딸에게서 생일선물과 함께 편지 한 통을 받았다. 그 편지를 읽으면서 마음속으로 많이 흐느꼈다.

감동적이어서?

아니다. 안타까워서다. 딸은 취준생인데 부모 그늘에서 벗어나지 못하는 것이 스트레스였나보다. 한동안 굳은 표정에 아무 말도 안 하고 어떤 말에도 귀찮다는 듯 찬 바람이 불었다. 애 눈치를 보니 차라리 피해 버리는 게 상책이라고 조용히 지내던 중 내 생일이 되어 딸애가 편지를 써 주었다. 내용인즉 자신이 무뚝뚝해서 죄송하다고 …, 빨리 자랑스러운 딸이 되겠다고 …. 딸은 자신이 빨리 반듯한 직장을 잡고 성공한 모습을 보여 주는 것이 부모에 대한 효도라고 생각했나 보다.

나는 몇 시간 후 딸내미 방에 들어가 떨리는 목소리로 말했다. 그 편지를 받고 마음이 아팠다고 했다. 부모는 자식이 출세하는 걸 보고 행복해하는 것이 아니라, 자식이 기쁠 때, 슬플 때, 괴로울 때 부모에게 달려와 자기 모습 그대로를 보여 주고 품에 기댈 때 기쁜 것이라고 …. 그래서 가족이라고 …. 절대자도 우리가 그분을 기쁘게 해드려서 기쁘기보다는 그분 자체를 기뻐할 때 기뻐하신다는 말도 빼놓지 않았다.

아마도 나와 내 아내가 딸에게 세상에서 성공하라고 무언의 시위를 해 왔는지 모르겠다. 살아남기 1퍼센트도 안 되는 배우 지망생이 되었으니 살 빼라고, 운동하라고, 그만 먹으라고 말이다.

알게 모르게 경제권을 가지고 압력을 휘둘러 왔던 게 아닐까?

많은 부모가 자식의 사회적 지위를 통해 만족감을 얻고 타인과의 관계에서 우위를 점하려 하는 것 같다. 부모는 자식이 어려서부터 명문 대학과 좋은 직장에 대한 꿈을 심어 주고는 온갖 뒷바라지를 해 놓고 기다려 주겠노라고 한다. 자식들은 자신들의 꿈이 무엇인지 모른 채 그냥 사회에 발을 내딛는 경우가 많다.

바울(Paul)은 이렇게 말했다.

> 아비들아 너희 자녀를 노엽게 하지 말고 오직 주의 교양과 훈계로 양육하라
> (에베소서 6장 4절).

요한(John)은 다음과 같이 말했다.

> 자녀들아 우리가 말과 혀로만 사랑하지 말고 행함과 진실함으로 하자
> (요한일서 3장 18절).

자식과 부모의 인격적 대화의 단절(여기에 부모끼리의 대화 단절이 더해지면 더욱더)은 자식을 불안하게 한다. 부모와 자식 간 모든 걸 터놓고 얘기할 수 있어야 한다(나의 경우 아들에 비해 딸과 대화가 부족하다).

가족 간에 대화가 끊어지면 자식은 위기감을 느껴 일탈하게 되고 사고를 쳐서 대화를 끌어낸다고 한다. 어떤 엄마는 게임 중독에 빠진 아들을 구해 내기 위해 게임을 배워 아들과 진짜 대화를 했단다. 일탈 행위, 게임 중독과 같은 행동을 가만히 보면 그 이면에는 부모를 향한 애정 결핍이 있다.

부모가 자식에 대한 권위를 잃는 것과는 별개로, 시대가 바뀌었으니 늙어 연금 타서 생활하고 거동이 불편해지면 일단 노인요양기관에 가는 것이 좋다는 생각은 내리사랑의 현대판 변형이다. 자식들한테 손 벌려서는

안 된다는 각박한 왜곡. 또 자식으로서 부모가 편안한 여생을 보내시라고 비켜 드리는 게 상책이라고 하는 것은 무심한 편의주의일 수 있다.

　오늘 그림은 어머니, 동생네 가족과 식사와 커피를 즐긴 후 숲길을 산책하다가 뒤에서 본 어떤 부녀의 모습을 화폭에 담은 작품이다. 원래는 서로 떨어져 걷고 있었는데 한눈에 핏줄이라는 것을 알아봤다. 그래서 그릴 때는 거리를 좁혔고 딸이 아버지에게 손도 내밀게 했다. 또 아버지 어깨를 일부러 꾸부정하게 그렸다.

　사람 관계를 뒷모습만으로도 알 수 있으니 핏줄은 못 속인다는 말이 괜한 얘기가 아니다. 세상에 보여 주기식 사랑, 편의적인 사랑은 인제 그만. 아무도 없는 숲속에서의 부녀처럼 본능에 충실한 사랑을 하는 게 어떨지. 올해 봄 아버지 하늘나라 보내 드리고 나서 오늘 어머니 미국 여행 떠나시니 지금 두 분이 유난히 보고 싶다.

그림 41 〈아버지와 딸〉, 2022, 수채화, 38×28cm

인정을 향한 그 피곤함

르네상스 시대 미술의 3대 거장은 레오나르도 다빈치, 미켈란젤로, 라파엘로다. 그런데 이들 셋은 서로 앙숙이었다. 특히, 레오나르도는 수학, 미술, 과학, 음악 등 모든 분야에서 천재였기 때문에 〈데이비드〉와 〈피에타〉 조각상으로 유명한 미켈란젤로를 무시했다. 다빈치가 조각가는 머리에 빵가루를 잔뜩 뒤집어쓴 제빵사 같다고 하면 미켈란젤로는 회화는 사람의 눈을 속이는 것이며 실제 존재하는 조각만 못 하다고 했다.[1]

인간들은 남들의 재능을 인정하려 들지 않거나 시기하는 경향이 있다.

영화 〈아마데우스〉에서도 비엔나 왕실 궁정 음악가 살리에리는 떠오르는 음악 황제 모차르트에 대한 병적 질투심으로 그 인생 자체를 지워 버리려 하기도 했다.

내가 좋아하는 『나니아 연대기』의 저자 루이스(C.S. Louis)는 그의 저서 『순전한 그리스도인』(Mere Christian)에서 말한다.

> 내가 거만한지 아닌지를 알려면 누군가에 대해 시샘하는지 아닌지 시험해 보라.

---

[1] 김려원, 『Michelangelo: 미켈란젤로 부오나로티』, 101-102.

그들의 특징은 누군가 나보다 더 많이 가지고 더 잘났으면 그를 깎아내리려 한다.

또 한편으로 남의 시선에, 칭찬에 집착하는 것을 '허영'이라고 했다. 심리학에서는 이와 관련하여 '승인 욕구'라는 말이 있는데 이것은 남에게 인정받고 평가를 잘 받으려는 욕구가 매우 강한 '팔방미인'인 타입에서 많이 보인다. 그러나 팔방미인은 누구에게나 웃고 잘 보이려 애쓰면서도 모든 사람에게 인정받지 못하면 불안해한다.[2]

잠언에 보면 교만에는 멸망이 따르고 거만에는 파멸이 따른다고 했고, "평온한 마음은 육신의 생명이나 시기는 뼈를 썩게 하느니라"(잠언 14장 30절)라고 했다. 성경에서 인간의 죄악 중에 가장 무서운 죄 중의 하나가 교만이다. 그 이유는 교만한 자는 자기가 교만하다는 것을 모르기 때문이다.

이런 사실들이 왜 이렇게 내게 불편하게 다가오는지 모르겠다. 내가 잘하는 게 있으면 속으로 (실제로는 겉으로도) 우쭐하고 남들이 나보다 잘하는 게 있으면 알게 모르게 열등의식을 가진 행적 때문이다. 직장에서나 각종 모임에서, 또는 교회에서도 남들의 시선을 의식했다. 주어진 일이기 때문에 최선을 다하기보다는 남들의 칭찬과 인정이 동기부여가 됐다. 많은 사람이 나의 행동 하나하나, 말 한마디 한마디에 주목하고 있다고 착각했다. 심리학에서 이야기하는 일종의 '스포트라이트 효과'(Spot Light Effect)가 작용했다고나 할까?

자신에 관한 관심과 평가를 과대하게 포장하는 …. 그래서 모든 걸 잘하는 것처럼 보이려고 노력하고 결과에 만족하기보다는 남과 비교했기 때문에 스스로 고단하게 살았다.

---

2 이현성, 『지적 대화를 위한 심리학 백과사전』(스타북스, 2016), 'chapter 2. 열린 관계를 위한 심리학 - 인정 받으려는 욕구가 강한 사람'.

오늘 그림은 나중에 보니 인정 욕구, 자기 과시욕이 남몰래 숨어 있는 작품이라고 느꼈다. 올리기 민망한 작품이지만 오늘 주제를 다루기 위해서는 어쩔 수 없다. 넓은 고층 사무실을 혼자 쓰고 있다는 걸 보여 주고 싶은 생각이 작품에 잠재되어 있었음을 감추지 않겠다.

17세기 바로크 미술을 대표하는 화가 벨라스케스는 〈벨라스케스와 왕실 가족〉이라는 작품에서 왕실 가족보다 자신을 주인공처럼 부각했다. 나도 그림이라는 도구를 통해 나를 나타내고자 하는 의도가 있었음을 자백한다.

'매슬로의 5단계 욕구' 이론에 의하면 인간에게는 5단계의 욕구가 있다고 한다. 매슬로는 인본주의 심리학을 근거로 욕구의 단계를 나누었다.

1단계: 생리적 욕구
2단계: 안전에 대한 욕구
3단계: 소속감과 애정 욕구
4단계: 자존의 욕구
5단계: 자아실현의 욕구

사람들은 생리 욕구가 먼저 채워지면 안전 욕구를 채우려 하고 다음 단계로 가서 5단계까지 이르게 된다. 이 이론에 의하면 인정받으려는 욕구는 4단계의 고차원적 욕구다.

매슬로의 이론을 자기 극복을 위한 도구로 삼는다면, 인정 욕구를 없애려 할 때 생리적 본능을 거스르고 안전을 무시하고, 소속에 대한 욕구나 애정도 포기해야 한다. 이런 극단적 방법은 중세 시대의 사제들이나 소승불교 스님들도 감당하지 못한다. 피조물인 인간은 오로지 절대자의 본질적 평가를 의식할 때 이 땅에서의 얄팍한 평가에서 벗어날 수 있었다.

사람들은 타인의 내면에 대해 잘 알 수 없어서 겉껍데기를 보고 판단하기 마련이다. 우리는 이런 피상적인 잣대에 잘도 속아 넘어간다. 모든 것이 생산 과잉인 시대의 '소비주의' 풍토 때문이기도 하다. 한국은 상품이 비쌀수록 소비가 더 늘어나는 '베블런 효과'나 비싸도 희귀한 상품을 소비하는 '스노브' 효과가 딱 들어맞는 나라다. 남들이 가지지 못한 명품 가방이나 구두, 고급 차로 자신을 과시하려 한다.

오늘 판교 'H' 백화점에 명품 브랜드 'H' 점이 오픈한다고 하니 백화점 일대가 수많은 인파로 북적였다. 노숙하며 기다리는 사람, 아르바이트생을 고용해 기다리는 사람도 많았다. 이런 풍경을 마주하는 내 마음이 불편했다. 명품에 목을 매는 그들이 측은한 건지 붐비는 인파에 낄 수조차 없는 내가 측은한 건지 갑자기 헷갈린다.

나는 유학 마치고 한국에 귀국해서 장비가 부끄러워 운동하기를 주저한 적이 있다. 등산도, 테니스도, 자전거마저도 장비와 운동복이 좋지 못하면 맘 편히 즐기기가 힘들다. 미국 유학 시절에는 허름한 저가 브랜드의 옷을 입고 운동해도 아무렇지 않았다. 한국에서는 등산하러 갈 때 장비와 옷을 고르는 시간이 소중하다.

이제는 겉모양으로밖에 판단하지 못하는 남의 시선으로부터, 그들의 평가로부터, 승인 욕구로부터, 비교의식과 시샘으로부터 완전히 자유로워지고 싶다. 겉모습을 보고 판단하는 남들의 평가는 나의 삶을 분주하게 하고, 시기는 뼈를 마르게 하기 때문이다. 그리고 더 중요한 것은 내 생이 다할 때 최종 재판관께서 내 삶을 절대 평가하실 것이기 때문이다.

다섯. 관계 / 인정을 향한 그 피곤함 255

그림 42 〈광화문 창가〉, 2020, 수채화, 38×28cm

아주 무서운 무기

탈무드에 이런 이야기가 있다.

비판하는 것은 살인보다 무섭다. 살인은 한 사람만 죽이지만 비판은 세 사람을 죽인다. 비판을 받는 자, 비판하는 자, 비판을 듣는 자를 죽인다.

사람의 몸에서 가장 강력한 무기는 손도 아니고 발도 아니며 두개골도 아니다. 가만히 앉아서 사람을 죽일 수 있는 혀가 으뜸이다. 비판에 관해 이야기할 때 등장하는 모간 블레이즈라는 사람이 한 말이 있다.

나는 단숨에 치명적인 타격을 가할 힘과 기술이 있다. 나는 상대방을 죽이지 않고도 승리할 수 있다. 나는 가정과 국가, 어떤 조직도 파괴할 수 있고, 수많은 사람을 파멸시킬 수 있다. 나는 바람의 날개를 타고 여행한다. 아무리 순결한 사람이라도 내게는 무력하고, 아무리 깨끗한 사람이라도 내게는 더럽다. 나는 바다보다 더 많은 노예를 거느리고 있고, 나는 절대 망각하지 않으며, 용서하지 않는다. 내 이름은 비난이다.

직장 생활을 하다 보면 능력도 있고 머리도 비상한 사람인데 맥을 못 추는 경우가 있다. 직장 생활 초년에 작은 실수나 다른 직원과 다툼으로 인해 명성에 해를 입은 까닭이 한몫 차지한다. 말하기 좋아하는 사람이나, 그에게 앙심을 품은 사람이 뒤에서 그를 욕하고 소문이 직장에 퍼진다. 당사자는 수습하려 애를 써도 이미 내려진 평점을 만회하기가 쉽지 않다.

결국, 조직에서 낙인찍혀 명예를 회복할 기회를 얻기가 좀처럼 어렵고 능력을 발휘할 기회도 쉽게 주어지지 않는다. 비난의 말이 어쩌면 회사를 떠받칠 기둥을 잘라 버리는 결과를 낳는다. 소문을 낸 사람도 손해 보기는 마찬가지다. 사람들은 그가 자신들의 허물도 들춰낼까 봐 그를 피한다. 결국, 그는 친구를 잃는다.

바리새인이 간음하다 들킨 한 여인을 예수께 데려왔다. 율법에 따르면 돌로 치라고 되어 있으니 어떻게 하겠느냐며 예수님을 시험하고자 했다. 예수께서는 아무 말도 하지 않고 땅에 무언가 글을 쓰셨다. 그리고서는 "너희 중 죄 없는 자가 먼저 돌로 치라"고 하셨다. 그러자 나이 많은 사람부터 돌을 내려놓고 떠났다. 그들이 떠나기 직전 예수께서는 천천히 허리를 숙여 땅에 뭐라 글을 쓰셨다. 많은 사람이 뭐라 쓰셨는지 궁금해하지만, 성서에는 그 내용이 없다. 어떤 학자는 정죄하는 자들의 죄를 낱낱이 기록하셨을 것으로 추측한다.

나의 짧은 소견으로는 많은 사람의 죄를 깨알같이 쓸 시간과 공간이 부족하고 잘 보이지도 않았을 것이라 짐작한다. 예수께서 부드럽고 위엄 있게 움직이는 동안 표현하기 어려운 기운이 정죄하는 자들의 마음을 압도했을 것이다. 그들이 돌을 내려놓기 전 이미 양심이 가책을 느끼도록 분위기는 조성이 되었을 것이다.

예수께서 말씀하셨다.

비판을 받지 아니하려거든 비판하지 말라 너희가 비판하는 그 비판으로 너희가 비판을 받을 것이요 너희가 헤아리는 그 헤아림으로 너희가 헤아림을 받을 것이니라 어찌하여 형제의 눈 속에 있는 티는 보고 네 눈 속에 있는 들보는 깨닫지 못하느냐 보라 네 눈 속에 들보가 있는데 어찌하여 형제에게 말하기를 나로 네 눈 속에 있는 티를 빼게 하라 하겠느냐(마태복음 7장 1-4절).

비판하는 우리에게 들키지 않은 더 큰 허물이 있으면서도 상대방을 깎아내리고 비교우위를 점하려는 우리의 못마땅한 행위를 빗댄 말씀이다.
우리 눈 속에 들보가 있는데 어떻게 상대방의 티를 제대로 볼 수 있겠는가?
먼저 나부터 돌아보고 비판할 자격이 되거든 비판해야 한다.
어느 날 유튜브를 통해 비난에 관한 적절한 예를 접했다.
어느 두 가정집이 서로 이웃해 있었는데 나이 든 주부가 옆집을 보니 새댁이 걸어 놓은 빨래가 늘 얼룩이 져 있었다. 늘 얼룩진 빨래가 걸려 있는 걸 보다 못한 이 여인이 속으로 핀잔을 주었다.
'저 여자는 빨래 하나 제대로 못 하네.'
그러던 어느 날 보니 빨래가 흠잡을 데 없이 깨끗한 것이었다. 여인이 남편에게 말했다.
"저 여자가 이제야 빨래를 제대로 하네요."
남편이 대답했다.
"오늘 얼룩진 창문을 닦았거든."
내 마음의 창이 더러우면 주변의 모든 것이 더럽다. 남들에게 좋게 보이는 것도 내겐 못마땅해 보인다. 마음에 얼룩이 있으니 상대에게서 얼룩을 찾아내려 애쓴다. 내 것부터 지워야 하는 것도 모르고.
오늘 그림에는 두 여인이 등장한다. 멀찍감치 떨어져 가지만 남남은 아닌 것 같다. 뒤의 젊은 여자가 앞서가는 여인을 쫓아가지만 다섯 걸음 이상 떨어져 간다. 나이 지긋한 여인도 엉거주춤 어색한 동행이다. 이 여인은 따라오는 젊은 여자가 불편하다. 그녀에 대해 좋지 않은 소문으로 편견이 있을 수도 있다. 자기가 험담을 했을 수도 있다. 당사자를 맞닥뜨리면 나란히 걷기 어렵다.

자신의 약점은 감추고 남의 약점은 공격하는 것은 스포츠 경기에서도 볼 수 있다. 투기 종목이 그렇다. 복싱, 태권도, 유도, 레슬링, 검도, 펜싱 등은 상대의 약점을 찾아 공격하여 쓰러뜨리고 이기는 종목이다.

칠면조는 무리 속에 상처가 난 개체가 있으면 다른 개체들이 떼로 몰려와 그 상처를 쪼아댄다고 한다. 상처 난 칠면조가 거반 죽을 때까지 공격해 댄다. 다른 칠면조들도 깃털 속에 크고 작은 상처들이 있을 것이다. 깃털이 뽑혀 상처가 드러나면 영락없이 공격의 대상이 된다.

그래서 투기 종목이 짜릿하긴 하지만 기록을 재는 경기가 손에 땀을 쥐게 해서 좋다. 자기와의 싸움이기 때문에, 자기 눈 속에 있는 들보(자세와 안 좋은 습관 등)를 먼저 빼는 종목이기 때문에 더 그렇다.

"네 눈에 있는 들보를 먼저 빼라"는 말은 남의 허물을 무조건 덮어 주라고 하는 말은 아니다. 내게 더 큰 허물이 있는데 '나는 그보다 낫다'는 교만한 마음으로 '지적질'하지 말라는 이야기다. 혀가 가시가 되어 사람을 죽이기도 하고 상처를 핥아 주거나 펄럭이는 깃발이 되어 주기도 한다.

이 대목에서 '분별력'이 중요해진다. 비판 대신 분별을 하고 비난 대신 충고를 해야 한다. 비판은 내 입의 근육이 경직되어 내뱉는 말이고 충고는 마음이 애처로워 도와주는 언어다. 상대방 앞에서 아끼는 마음으로 하는 충고는 연약한 사람을 거두고 제삼자 앞에서 하는 칭찬은 사람을 키운다. 잠재력이 계속 자라난다. 언젠가 그 사람이 성공하면 나도 성공하는 것과 다름이 없다.

그림 43 〈두 여인〉, 2021, 수채화, 47×37cm

맹세하지 말자

나는 변두리에 살고 있어서 비가 올 때면 개구리 우는 소리를 많이 듣는다. 참 정겨운 소리다. 개구리가 왜 비가 오기만 하면 우는지 이야기해 주는 전래동화가 있다.

어떤 엄마 청개구리가 있었는데 자식들한테 무엇을 하라고 하면 꼭 반대로 하는 것이다. 이리 가라면 저쪽으로 가고 저쪽으로 가라고 하면 이리로 오고 …. 그러다가 엄마 개구리가 죽을 때가 되었다. 그래서 자식들한테 유언하게 됐다. 엄마 개구리는 유언하기 전 혼자 생각했다.

'이것들이 나를 산에 묻어 달라고 하면 분명히 물에 묻을 게 뻔해. 그러니 물에 묻어 달라고 해야지.'

그리고 유언했다.

"애들아, 내가 죽거든 나를 물에 묻어 다오."

엄마 개구리가 죽자 자식 개구리들은 그제야 철이 들어 엄마 유언을 들어주려고 엄마 개구리를 물에 묻어 주었다. 그래서 청개구리들은 비가 오기만 하면 엄마 개구리가 떠내려갈까 봐 그렇게 우는 거다.

엄마 개구리 처지에서 보면 단 한 번의 거짓말이 엄청난 결과를 초래했다.

양치기 소년의 이야기는 좀 다르긴 하지만 거짓말로 인해 참상이 일어난 점에서 비슷하다. 양치기가 이리가 나타났다고 계속 거짓말할 때마다 사람들이 이리를 쫓으려고 나타났다가 번번이 속아서 돌아갔다. 어느 날 진짜 이리가 나타났는데 양치기가 이리가 나타났다고 아무리 소리쳐도 도와주는 사람이 아무도 없었다.

우리가 살아가는 세대에도 청개구리, 양치기가 얼마나 많은지 모르겠다. 사람들이 서로를 믿지 못하자 '참', '진짜', '오리지널', '순수', '원조', '엑기스', '찐' 등 거짓말이 아니라는 수식어의 강도가 점점 세진다.

싱가포르 난양공과대학에서 거짓말에 대해 벌인 설문 조사 결과에 의하면 24시간 동안 거짓말의 빈도가 6-8세 연령대는 29퍼센트, 9-12 연령대는 43퍼센트, 13-17세는 59퍼센트, 18-44세는 45퍼센트, 45-59의 연령대는 39퍼센트, 60-77세 연령대는 34퍼센트가 하나에서 다섯 개의 거짓말을 하는 것으로 나타났다. 그리고 연구팀은 거짓말의 빈도가 높아지는 이유는 타인을 자신의 마음대로 하려는 욕구 때문이라고 했다.[1]

연구내용을 보면 17세까지는 빈도가 꾸준히 늘다가 점점 완만하게 감소한다. 거짓말에 대한 학습효과를 고려해 볼 때 중년 이상의 경우에도 거짓말 빈도가 여전히 높음을 알 수 있다. 아마도 생존을 위한 거짓말이 아닐까 싶다(그림은 기사, 아니 글 내용과 직접 관련이 없습니다).

오늘 작품은 분당의 율동공원에서 접한 장면이다. 젊은 여인이 질문하고 할머니는 대답하는 모습이다. 두 인물을 부각하기 위해 뒷배경의 흙과 풀, 나무는 과감하게 생략했다. 엷게 물을 탄 갈색을 바르고 그 위에 농도 진한 각종 색을 입히고 붓을 쳐서 뿌리기 기법도 활용했다.

---

[1] "'다음번에 해줄게' … 부모의 거짓말, 자녀 성장에 부정적 영향", 「메디컬리포트」, 2019.10.8.

두 사람 모습이 가족관계는 아닌 듯하다. 젊은 교인이 노인에게 전도하고 있는지도 모른다. 그게 맞는다면 교회에 가면 무조건 복을 받는다고 말하기보다는 신뢰 관계를 쌓고 내 성실한 삶을 통해 호기심을 불러일으키는 것도 병행해 보라고 권한다.

나는 땅콩을 좋아한다. 비싼 다른 견과류는 별로다. 그래서 인터넷을 검색하여 백화점에 납품하는 최상급 생땅콩을 팔길래 1킬로그램을 주문했다. 온라인 가격이 일반 매장가격보다 비쌌다. 근데 상품을 받고서 프라이팬에 약한 불로 아무리 볶아도 내가 기대한 아삭아삭 고소한 맛을 못 느꼈다. 아무리 정성을 다해 볶아도 눅눅할 뿐이었다. 그래서 상품평을 댓글을 남겨야겠다는 생각에 별점 3점만 주고 "잔불에 아무리 볶아도 눅눅해요"라고 올렸다.

그런데 아무리 살펴봐도 내가 쓴 댓글이 보이질 않는다. 아마 별점이 낮은 댓글은 아예 보이지 않게 조작을 해 놓았나 보다. 참나! 참말을 하려 해도 입을 원천 봉쇄하네요. 어떤 온라인 매장에서는 상품 설명과 다를 경우 몇 배 보상한다고 맹세하는 글도 있던데 ···.

예수께서 맹세의 헛됨에 대해서 말씀하셨다.

> ··· 너희에게 이르노니 도무지 맹세하지 말지니 하늘로도 하지 말라 ··· 땅으로도 하지 말라··· 예루살렘으로도 하지 말라 ··· 네 머리로도 하지 말라 ··· 오직 너희 말은 옳다, 옳다, 아니라 아니라 하라. 이에서 지나는 것은 악으로부터 나느니라
>
> (마태복음 5장 34-37절).

이 말은 서로 믿지 못해서 신과 신의 피조물을 걸고 맹세하지 말라는 얘기다. 자신이 말하는 것을 남이 도무지 믿지 못하기 때문에 맹세해야만 믿게 할 수 있는 그런 삶을 살지 말라는 얘기다.

우리는 크고 작은 거짓말을 하며 살게 된다. 사회생활을 할 때 인간관계를 망치기 싫어서 거짓말을 한다.

예를 들어, 누가 머리카락을 자르고 왔거나, 새로운 정장을 입고 와서 자랑하며 "어때요"라고 하면 속으로는 완전히 망했다고 생각하면서 입으로는 "역시 …. ㅇㅇ님 감각은 못 따라가겠어요"라고 말한다. 회식 후 계산할 시간이 되면 갑자기 전화 받는 척하고 밖으로 나가는 예도 있다. 이런 것들은 그나마 애교에 속한다.

대중매체, SNS, 각종 홍보 매체는 자극적인 내용으로 구독, 조회 수를 늘리기 위해 확대, 과장, 왜곡된 정보를 마구 생산해 낸다. 이로 인해 무고한 인생이 송두리째 매장당하기도 한다.

요즘 50대 여성도 쉽게 할 수 있는 아르바이트(알바)가 있다. 바로 '댓글 알바'인데 이 알바는 각종 온라인 상품 거래 후기를 올리는 알바다. 좋은 상품평 몇 개당 얼마 하는 식이다. SNS 다룰 줄 알고 타자 칠 줄 알면 쉽게 돈을 벌 수 있는 자리다.

이런 허위 댓글에 의해 손해 보는 첫 번째 사람은 소비자다. 그러나 2차 피해자는 판매자 자신이다. 상품이 댓글과 많이 다르다는 것을 깨닫게 된 소비자는 결국 다시는 그 상품을 사지 않기 때문이다. (판매자들: 한탕만 하고 말 거니까 괜찮아요) 더 나아가 거짓 광고를 단속하려는 정부의 규제 비용도 발생한다.

프랑스 철학자 장 자크 루소(Jean Jacques Rousseau)는 "자연으로 돌아가라"라고 했다. 자연 상태에서는 사람들이 욕심도 안 내고 거짓말로 속이고 뺏을 일도 없어서 필요 최소한도로 국가 제도가 필요하다고 했다. 우리는 누가 강제해서가 아니라 나 자신이 말에 책임을 져야 한다. 더 나아가 내 존재 자체가 말에 대한 보증이 돼야 한다. "맹세코 이렇게 하겠다"라고 맹세해야 한다면 이미 그 사람은 신뢰를 잃어버린 사람이다. 그리스도의 정신을 가진 사람은 그 얼굴이 말의 보증수표가 되어야 한다.

"그 사람이 그렇게 말했단 말이지?

그럼 됐어."

이런 반응을 끌어내야 한다. 세상이 이런 사람들로 꽉 찰 때 불신 비용은 더 이상 필요 없게 된다. 물론 "당신이나 잘하세요"라는 독자의 반응은 이미 예상했다. 수많은 시행착오를 겪어 온 반면교사로서 똑같은 전철을 밟지 않게 하려는 애타는 심정으로 이 글을 썼다는 점을 밝힌다.

그림 44 〈무제〉, 2021, 수채화, 50×36cm

열대어 잔혹사

　집에서 키우는 반려동물의 종류는 헤아릴 수 없이 많다. 강아지, 고양이, 물고기, 새, 햄스터, 곤충, 도마뱀, 거북이 등 그 종류를 열거조차 할 수 없다. 집에 맹수나 뱀 같은 위험한 동물을 키우는 일도 있는데 그 기원은 오래전으로 거슬러 올라간다. 주로 왕실이나 귀족들이 권위를 상징하기 위해 키웠다. 꽃과 화초 등 반려식물은 정원(庭園)을 가꿔 오기 시작한 역사와 함께 더 오랫동안 우리 곁에 있었다.
　반려동물의 경우 자기들이 좋아서 가정집에 들어온 것이 아니라 사람들의 일방적 필요 때문에 집에서 길러져 왔다. 그들이 살던 환경이 아니니 병에 걸리고 스트레스를 받는다. 사람들의 스트레스를 풀려고 그들에게 스트레스를 준다. 집에서 키우던 맹수나 뱀이 가족을 무는 경우는 이유를 짐작할 수 있다.
　나는 개만 기르는 게 아니라 관상용 물고기 키우는 것을 좋아한다. 물 많이 주지 않는 화초를 작업실에 걸어 놓는 것도 좋아한다. 아주 어릴 때는 금붕어를 키웠고 커서는 열대어를 키웠다. 내가 초등학교에 입학하기 전 어머니가 어항에서 금붕어를 꺼내 요리를 해 준 기억이 아련히 남아 있다. TV 프로그램 〈세상에 이런 일이〉에 나올법한 일인데 어머니는 생사람 잡지 말라고 부인하신다. 하도 잡아떼시니까 이게 실제 일어났던 일인지 꿈이었는지 분간이 가지 않는다.

　이어령 교수는 50년대 말 생선을 사 먹기도 어렵던 시절에 금붕어를 사다 길렀다고 한다. 그런데 같은 붕어인데 왜 금붕어는 못 먹고 붕어는 먹을 수 있는지 의문을 제기했다. 금붕어에는 '金'자가 들어가 '볼거리'가 되고 붕어는 '먹거리'라는 것이다. 붕어는 '맛'이고 금붕어는 '멋'이라는 말도 덧붙였다.[1]

　지금도 작업실에 어항이 있는데 구피 딱 한 마리가 있다. 원래는 10마리 정도 있었는데 반년 전 다 죽고 딱 한 마리가 남았다. 그리고 남은 한 마리의 존재에 대해 완전히 잊고 있다가 한참을 지나서 보니 여전히 꿋꿋하게 살아 있었다. 이 아이는 어항 속의 마지막 잎새가 되었다. 어항을 치우고 싶어도 파란색 구피 한 마리 때문에 치우지 못하고 있다. 아니, 혹시 애마저 죽을까 봐 틈틈이 먹이를 주고 있다. 외로울 텐데 혼자서도 잘살고 있다.

　오늘 올린 어항 그림을 보면 형형색색의 구피가 아름다운 자태를 뽐내고 있다. 직접 관상어 가게에 가서 여러 가지 색깔의 물고기를 맞추어 골랐다. 그리고 집에 있는 예쁜 유리 꽃병에 물고기를 넣었다. 그런데 인구밀도, 아니 어족밀도가 너무 높아서인지 먹이를 많이 먹여서인지 얼마 못 가서 다 죽었다.

　그리고는 큰 어항을 사서 구피를 넣고, 새우와 베스를 키워 보기도 했는데 번번이 다 죽었다. 그리고 보니 대학생 시절 집에서 대형 수족관에 수많은 열대어를 키웠었는데 어느 날 보니 수족관이 매운탕이 되어 버렸다. 온도가 너무 높아져 물고기가 전부 둥둥 떠 있었다.

　화초는 대롱대롱 걸어 두는 형태의 물을 많이 주지 않는 것을 좋아하는데 이것도 번번이 말라 죽었다. 작업에 몰두하다 보면 물주기를 잊는다.

1　이어령, 『생명이 자본이다』, 141-142.

참고로 화초는 머리 위에서 흔들리고 있고 바로 옆에는 물통이 있다. 나는 지금 깨닫는다. 진짜로 물고기와 화초를 좋아하는 게 아니라 단지 눈요깃거리로 취급한다는 것을. 열대어에 진짜 취미가 있는 사람은 물고기를 잘 키울 뿐만 아니라 새끼 물고기도 배양하여 나누어 준다.

난(欄)을 아끼는 사람이 그 이파리를 가꾸는 모습은 실로 결혼하는 신부에게 화장하는 것 같다. 그 윤기를 보면 벌과 나비를 넣어 그림을 그리고 싶을 정도다.

나와 그 사람들의 차이점은 무엇일까?

그 사람들은 대상을 그 자체로서 사랑하여 필요한 모든 것을 공급해 준다는 것이고 나의 경우는 눈요기만 한다는 것이다. 물고기에게 어느 때 얼마만큼의 먹이를 줘야 하고 화초는 어떤 환경을 좋아하는지 몰랐다. 단지 내 눈에 보기 좋은 것을 인테리어 소품으로 이용했다.

예수께서 한번은 혼혈 민족이 산다고 무시 받던 사마리아를 지나가시게 되었다. 그리고 수가성이라는 곳의 여인이 남의 눈을 피해서 가장 뜨거운 시간에 물을 길어 우물가에 왔다. 낯선 유대 남자가 여인에게 물을 좀 달라고 했다. 비천한 여인에게 말을 거는 한 남자에게 놀란 여인은 어찌할 바를 몰랐다. 예수님은 바로 여인의 상처 입은 곳을 정면으로 다루셨다. 혼자 산다던 그 여인의 정곡을 찌르는 말을 하셨다.

"혼자 산다는 네 말이 옳다. 네게 다섯 명의 남편이 있었고 지금 사는 남자도 네 남편이 아니다."

여인은 이 말에 놀라 자신의 과거를 꿰뚫는 이 남자가 선지자 중의 하나라고 생각하자, 예수께서 "내가 주는 물을 마시는 자는 영원히 목마르지 않을 것이다"(요한복음 4장 14절)라고 말씀하시며 그 여인을 어둠에서 해방해 주셨다. 사람을 피해 다니던 여인은 곧바로 두레박을 내려놓고 마을 사람들을 이끌고 왔다.

사람들의 눈길을 피해 살던 외로운 이 여인은 그리스도를 만나 자기의 정체성을 깨닫고 과거에서 풀려날 뿐 아니라 미래에 대한 희망이 생겼다. 예수님이 물를 달라고 하신 것은 갈증 때문만은 아니었다. 여인을 불쌍히 여겨 물을 매개체로 그녀의 필요를 구체적으로 다루셨다. 여인은 가장 연약한 상처를 촌철살인의 관심과 사랑으로 치유 받았다.

하찮은 물고기 이야기로 시작하여 너무 거창한 곳까지 왔다. 우리는 나의 만족을 채우고자 관심의 대상에게 다가가는 경우가 많다. 내가 필요해서 다가가고 필요 없어지면 그 존재를 잊게 되는 일이 반복되어서는 안 된다. 누군가에게 사랑을 느낄 때 내 이성과 감성, 의지가 함께 사랑하는 것인지, 일시적 감정을 만족시키고자 상대를 끌어들이는 것인지 생각해 봐야 한다. 그렇지 않으면 나의 경험처럼 엄한 물고기의 생명이 달아나고 화초가 말라 버리는 일이 끊이지 않을 것이다.

그림 45 〈화병 속 구피〉, 2020, 수채화, 50×36cm

말로 사랑받기

최민식이 주연으로 나오는 영화 〈올드보이〉가 있다. 해외에서는 영화를 너무 잔인해서 못 보겠다고 한다. 최민식이 한 일식집에서 산낙지를 통째로 씹는 모습이 그들에게 낯설고 역겨웠다. 나도 〈올드보이〉가 잔인해서 두 번은 못 보겠다. 나에게 잔인한 장면은 따로 있다. 최민식이 마을에서 친구의 소문을 잘못 냈다가 끔찍한 복수를 당한 후 목숨을 살려 달라고 하며 자기 혀를 칼로 자르는 장면이다.

이 경우는 자기가 자기 혀를 자르는 경우이지만 죄지은 자의 혀를 자르는 형벌도 있다. 뉴질랜드의 마오리족은 거짓말을 가장 나쁜 죄로 여겼다. 거짓말 한 자에게는 혀를 절단하는 형벌을 줬다고 한다. 마오리족 토속촌에 가면 혀가 잘린 남자가 한 아이를 양육하고 있는 조각상이 있다. 거짓말을 해서 아내에게 버림받았나 보다.

아프리카의 어느 부족은 부족민 중 한 명이 범죄를 저지르면 사람들이 모여서 그의 과거 행적 중에 칭찬받을 만한 일을 끄집어내어 돌아가면서 계속 칭찬한다. 두렵고 부끄러워 얼굴을 못 들던 그 죄인은 어느 순간 진정으로 죄를 뉘우치고 새사람이 된단다.

이처럼 우리의 혀는 잘만 쓰면 약이 되기도 하고 독이 되기도 한다. 그러나 말을 많이 하면 할수록 독이 되는 경우가 더 많은 것 같다. 그래서 우리 속담에 말에 관한 이야기가 수도 없이 많다. 그 예를 들어 보자.

- 말 한마디로 천 냥 빚을 갚는다.
- 발 없는 말이 천 리를 간다.
- 낮말은 새가 듣고 밤말은 새가 듣는다.
- 가는 말이 고와야 오는 말이 곱다.
- 가만히 있으면 중간이라도 간다.
- 칭찬은 뒤에서 하고 비판은 앞에서 하라.
- 세 치 혀가 사람 잡는다.
- 호랑이도 제 말을 하면 온다.

이처럼 굳이 인터넷 검색을 하지 않더라도 수많은 속담이 내 머릿속에 떠오른다. 주로 우리 몸에서 아주 작은 혀가 내 인생을 좌우하고 타인의 운명을 가를 수 있다는 이야기들이다. 입을 놀리기만 하는 것은 서로에게 도움이 안 된다. 특히, 화가 난 상태에서 뱉는 말은 득보다 실이 크다. 부하의 행동에 화가 난 상사가 감정이 섞인 말을 한마디 하면 요즘 세상에서는 갑질이 된다.

그러나 화를 식히고 나서 상대방의 처지에서 곰곰이 생각하면 좋은 말이 나온다. 부드러운 언어와 따뜻한 미소가 전달되면 기억에 남을 만한 충고가 될 수 있다. 글은 썼다가 지우면 되지만 한번 뱉은 말은 주워 담을 수 없다. 이미 오염된 냄새는 줄어들지 않고 계속 퍼져 나갈 뿐이다.

오늘 그린 그림은 내가 두 번째로 좋아하는 수채화 작가인 스페인의 알바로 카스타그넷(Alvaro Castagnet)의 두 여인간 대화 모습이 담긴 작품을 모작(模作)한 것이다. 제일 좋아하는 수채화 작가는 조지아의 조셉 주브크비치(Joseph Zbkvic)다. 조셉 주브크비치의 회색빛 유럽 건물 묘사를 따라갈 사람은 아무도 없다. 조셉 주브크비치에 비해 알바로 카스타그넷은 매우 강렬한 붉은 색으로 주제를 부각하고 원색으로 시선을 자극한다. 알바로처럼 갈필(渴筆: Dry Wash)을 자유자재로 쓰는 사람을 나는 보지 못했다. 오늘 그림도 그의 강렬한 채색을 그대로 카피했다.

거실에 있는 두 여인은 어떤 관계로 보이는가?

젊은 여인이 앉아 있는 것을 봐서는 모녀 관계 같다. 내가 알기로는 모녀 관계는 부부 다음으로 가까운 관계다. 그래서 말로 상처를 가장 많이 주는 관계다.

예수께서 그 제자들과 손을 씻지 않고 빵을 먹자 구약의 율법에 정통한 바리새인이 불만을 품고 "왜 손을 씻지 않고 음식을 먹느냐"고 묻자, 예수께서 이렇게 답하셨다.

> 입으로 들어가는 것이 사람을 더럽게 하는 것이 아니라 입에서 나오는 그것이 사람을 더럽게 하는 것이니라(마태복음 15장 11절).

바리새인은 겉은 깨끗하고 거룩한 척했지만, 혀로 남을 비판하고 정죄하며 심판했다. 이들은 더러운 말로 무고한 인생에 생채기를 냈다.

나는 말을 함부로 해서 크게 당황한 적이 있다. 결혼하는 친구의 집에 초대받아 갔는데 예비 신부에게 가서 "작년에 봤을 때보다 좋아 보인다"라고 했는데 그녀는 작년에 봤던 여자가 아니라 새 여자친구였다. 친구들이 자꾸 내게 눈짓했지만, 못 알아들었다. 그때 신부가 눈치를 챘는지 못 챘는지 나는 아직도 확인을 안 하고 있다.

말하는 것만 보자면 사람을 네 가지 부류로 구분할 수 있다. 지식은 많은데 말을 많이 하지 않는 사람, 지식도 많고 말도 많은 사람, 지식도 없고 말도 안 하는 사람, 마지막으로 아는 것은 없는데 말은 많은 사람이다. 뒤로 갈수록 나쁜 사람이다, 아는 것도 없으면서 말을 많이 했던 저자의 행적을 고발한다.

그는 얕은 지식에도 아는 척하고, 자주 임기응변식으로 말했다. 그것이 자신에게 하나도 도움이 되지 않는다는 걸 깨달은 지금 그는 말을 아끼는 편이다. 다른 사람들은 지식을 감추고 있었다는 것을, SNS로 인해 저자의 얕은 지식이 바로 들통이 날 수 있다는 것을 잘 몰랐다고 한다.

입으로만 하는 임기응변의 말은 귀에만 들린다. 마음으로 하는 말은 가슴으로 듣는다. 그래서 꼭 해야 하는 말이 있다면 마음으로 해야 한다. 김대중 대통령은 원래 대중 공포증이 있었다고 한다. 그러나 그는 마음에 하고 싶은 말이 맺혀 있었기 때문에 메시지가 가슴에서 밀고 올라와 입에서 터졌다. 김대중 전 대통령처럼 솔직하고 진실하게 말하면 메시지 전달이 잘되고 떨리지도 않는다.

누구나 말을 잘해서 성공하고 싶어 한다. 말을 잘해서 좋은 인간관계를 맺고자 한다. 그러나 그 비결을 알면서도 잘 실천하지 못하는 것이 '잘 들어주는 것'이다. 자꾸 말을 걸고 싶은 사람은 입을 다물고 귀는 여는 사람이다. 좋은 상담자는 상대방의 말에 맞장구쳐 주며 그가 꼭 하고 싶은 말을 입 밖으로 내뱉게 하는 사람이다. 그러고 나면 상대방은 힐링 되고 듣는 나 자신은 보람을 얻는다.

침묵하고 듣기를 잘하는 사람은 사랑받게 되고 친구가 모인다. 대화를 주도하는 사람은 낮에는 주목받는 것 같지만 밤에 만날 친구가 없다. 아침에서 저녁으로 갈수록 외롭다. 이제 나도 낮이나 밤이나 외롭지 않도록 친구를 많이 만들어야겠다. 가슴과 귀로 대화하는 전략을 구사해야겠다.

그림 46 알바로 캐스타그넷 작품 모작(模作), 2021, 수채화, 40.7×30.7cm

소리의 추억: 접촉 전달 접속

한 병사가 죽을 듯 기진맥진하여 지휘관에게 도착했다. 대개 전쟁에서 패배하면 여러 명이 오는데 혼자 오는 것을 봐서는 승전보임에 틀림이 없었다. 마라톤 평야에서 아테네까지 40킬로미터를 쉼 없이 달려온 그는 "승리!"라는 말 한마디를 남기고 죽었다. 아테네는 이 병사 덕분에 육지에서 패배한 페르시아가 바다를 통해 침투해 오는 것에 대비할 수 있었다. 고대 역사를 보면 소식을 전할 때 사람이 직접 가는 수밖에 없었다.

멀리 가야 할 때는 짐승의 도움을 받았다. 소나 낙타가 멀리 가고 지구력이 있었으나 말을 길들이기 시작하면서 더 빨리 소식을 전할 수 있게 됐다. 말 탄 사람과 마차, 또는 전차를 위해 세계 각지에 길이 생겨났다. 마차 바퀴가 진흙에 빠지지 않도록 돌길도 만들어졌다. 기원전 페르시아가 제국을 다스리기 위해 만든 왕도(王道)는 수천 킬로미터의 거리를 며칠 만에 달릴 수 있었다고 알려져 있다.

"암행어사 출두요!" 하면 생각나는 것이 예전 인기 TV 드라마 〈어사 박문수〉였다. 암행어사가 들고 있는 마패에는 말 여러 마리가 그려져 있는데, 어사는 마패에 표시된 숫자대로 말을 쓸 수 있었다. 우리나라도 말이 달릴 수 있는 사통팔달의 도로를 내고 역참을 만든 것이다. 특히, 정부나 군사 정보를 나르는 파발마(擺撥馬)가 중요한 역할을 했다고 배운 바 있다. 이렇게 사람이 직접 소식을 전하는 방식을 '접촉'이라 이름하기로 한다.

접촉을 통한 소통은 전쟁이나 재난 등 생과 사의 촉각을 다루는 데는 너무 느린 방법이었다. 접촉보다 조금 더 빠른 방식은 '전달'이다. 일정한 도구와 수단, 또는 상징으로 소통하는 방식이라 할 수 있겠다. 전달의 가장 초보 단계로 불이나 연기, 깃발 등을 생각할 수 있다.

옛날 영화를 보거나 전쟁 유적지에 가 보면 봉화나 깃발을 볼 수 있다. 전쟁 시에는 적이 침투했는지, 가까이 왔는지, 공격을 개시해야 하는지 등을 알려 주었다.

『삼국지』에서 형주를 지키고 있던 관우와 동오 쪽 손권의 전투를 보자. 수많은 전쟁과 싸움에서 잔뼈가 굵은 관우는 동오의 공격을 막고자 형주에 봉화대를 밀집하여 쌓았다. 봉화대 모습을 본 손권의 장수 여몽은 몸져누웠다. 형주를 뚫을 자신이 없어진 것이다. 그러자 이름 없는 장군이지만 꾀가 많았던 육손이 나섰다. 병사들을 변장시켜 봉화대를 뚫는다. 봉화가 제 기능을 발휘하지 못해 형주는 손권에게 함락당한다.[1] 이 전투를 계기로 관우는 손권에게 최후를 맞는다. 관우가 봉화대만 믿고 전장을 잠시 비웠던 결과다.

편지는 자동차나 기차가 발명된 후에 빠른 속도로 전해졌다. 그러나 산간벽지나 멀리 떨어진 곳은 아무리 빨라도 며칠은 걸린다. 멀리 있는 나라에 보내는 편지는 배로 날라야 했기 때문에 편지가 전해진 후에는 상황이 종료되는 경우가 많았다. 소식을 거의 실시간으로 전할 수 있는 전신(伝信)은 전기가 발명된 이후 드디어 모습을 드러냈다.

미국에서 철도용 전신이 발명된 후 모스(Morse, Samuel Finley Breese)가 점과 선으로 된 터치로 알파벳을 만들 수 있는 부호를 만들었다. 모스 덕

---

1 설민석, 『설민석의 삼국지 2』(세계사 컨텐츠 그룹, 2019), '7장. 용의 오만, 초심을 잃은 영웅들: 동오의 역습 형주 상륙작전 편'.

분에 우리나라도 서울과 부산이 거의 동시에 문자를 주고받을 수 있었다. 스마트폰이 나온 지금도 승진 등 좋은 일이 있으면 일부러 전보를 통해 축하 메시지를 보내고 있다. 정감 있고 옛스러운 멋으로 회귀를 하는 셈이다.

전화기는 1870년 미국의 알렉산더 그레이엄 벨(Alexander Graham Bell)이 발명한 것이 아니고 이탈리아인 안토니오 메우치(Antonio Meucci)가 25년 전 먼저 디자인했다고 최근 알려졌다. 어쨌거나 상대방의 생생한 목소리를 실시간으로 들을 수 있는 기계는 비즈니스와 일상에 마법을 가져다주었다. 전화기는 사랑과 우정과 상처의 숱한 사연을 남겼고 영화나 드라마의 중요한 장면에 자주 등장했다.

전화기의 초기 형태는 손잡이를 돌리면 전화국 교환수가 전선을 이리저리 꽂던 방식이었다. 그러다가 다이얼을 돌리면 기계가 알아서 척척 연결해 주는 '자동 연결식'으로 발전되었다. '111'은 국정원 신고, '112'는 도둑 신고, '113'은 간첩 신고, '114'는 전화번호 문의, '116'은 시간 정보, '119'는 화재나 긴급 호송 신고 …. 긴급 전화번호는 삶에 편의성을 가져다주고 생명도 살렸다. 어떤 사람은 갑자기 환자가 생기자 급한 나머지 "119가 몇 번이야?"라고 소리쳤단다.

오늘 올린 그림에 등장하는 전화기도 다이얼을 돌리는 자동 연결식 엔틱 전화기다. 이 전화기는 가족의 단골 식당 2층에 자리 잡고 있는 인테리어 소품이다. 내가 수화기를 들고 통화하는 시늉을 하자 딸이 사진으로 찍은 장면이다. 초등학생들이 쓰는 싸구려 얇은 도화지에 그렸는데 이 종이는 도무지 '웨트 온 웨트'(Went on Wet) 기법을 받아들이질 않는다. 덧칠하고 또 덧칠하느라 애를 먹었고, 나중에는 색이 너무 둔탁해져서 흰색을 활용했다. 분칠한 것 같은 얼굴 피부는 그 때문이다.

'딸깍' 동전 두 입으로 이용하는 공중전화는 도로 한가운데 추억으로 남았다. 공중전화도 불편하다고 느껴 점점 자취를 감추더니 '걸어 다니며 통화'할 수 있는 휴대전화기가 미국의 회사 모토로라에 의해 1973년 처음 등장했다. 당시의 전화를 일명 '벽돌폰'이라고 불렀는데 이 폰은 지금도 다용도로 사용이 가능하다. 전화뿐 아니라 도둑 때려잡기와 운동은 물론 못도 박을 수 있다.

휴대전화는 정말 '유비쿼터스'의 삶과 업무를 가능케 했다. 걸어 다니며, 놀러 나가서, 심지어 화장실에서도 모든 장소에서 원하는 시간에 통화하는 것이란 상상 못할 편리함을 가져다주었다.

휴대전화가 가져다준 불편함 또한 작지 않았다. 내가 실무자였을 당시에는 밤이나 낮이나, 평일이건 휴일이건 사정 봐주지 않고 전화벨이 울려댔다. 전화벨이 울리는 순간 상사의 전화인지, 긴급 업무인지 느낌이 확…. 휴대전화가 정말 원망스러웠다. 참! 방법은 있었다.

2G폰 당시에는 기지국이 많지 않고 전파의 강도도 떨어져서 전화가 먹통이 되는 지역이 꽤 있었다. 여름휴가 가거나 휴일에 놀러 갈 때 전화가 아예 터지지 않는 두메산골이나 산꼭대기로 간다. 상급자가 전화를 걸어도 연결되지 않는다. 상급자는 화가 나더라도 속으로 분을 삭여야만 한다.

하마터면 잊을 뻔한 게 있다. 우리나라 베이비붐 세대 후기 세대에게 향수로 남아 있는 일명 '삐삐'(전자 호출기). 해외에서는 페이저로 부르는데 상대방 호출기에 내 번호를 입력하면 상대가 근처의 공중전화기로 내게 전화를 거는 방식이다. 남녀관계에서 삐삐 메시지를 무시한다면 그 즉시 관계는 결딴난다고 봐야 한다. 그것도 '8 2 8 2 8 2 8 2'라는 번호가 찍혀있는 경우 말이다. 대학생 연애 시절 "삐~" 소리를 얼마나 기다렸는지 모른다.

최초의 상용화된 스마트폰 역시 1996년 노키아가 만들었다.[2] 이후, 마이크로소프트, 애플, 삼성·LG 등 각국의 가전기업들이 잇달아 스마트폰

---

2 그전에 IBM이 먼저 개발했으나 인터넷 환경이 열악하여 상용화되지 못함.

을 개발하고 하루가 멀다고 업그레이드하여 소비자의 주머니를 노린다. 전화 기능만 놓고 보면 스마트폰은 휴대전화와 별다를 게 없다. 그러나 전체 기능으로 보면 스마트폰은 '내 손 안의 컴퓨터'요 '전방위 네트워크 플랫폼'이다.

스마트폰이 개발되면서부터는 '접속'의 시대가 도래했다. 이전에도 컴퓨터가 있었기에 이메일 송수신이나 SNS가 가능했다. 그러나 스마트폰이 일상화되면서 문자메시지, 카톡, 페이스북, 라인, 인스타그램, 트위터 등을 통해 전방위적으로 접속이 이루어진다. 심지어는 물리적으로 한 공간에 있으면서도 접속한다.

우리 집은 넓은 평수도 아닌데 같이 있을 때 카톡으로 대화할 때가 있다. 전달과 접속의 차이점이 많이 있겠지만 접속은 불특정 다수의 사람들과 만남이 가능하고 익명성을 보장할 수 있다. 따라서 SNS 댓글과 같이 익명성이 보장되는 경우 오히려 소통이 막히거나 왜곡되는 현상도 종종 나타난다. 실제로 보면 얌전한데 SNS에 접속하기만 하면 딴사람이 되는 이들도 있다.

인터넷 속도와 서버 용량의 진화와 함께 실제 같은 그래픽, VR·AR 실용화 등에 따라 다양한 접속의 형태가 메타버스(Metavers)로 향하고 있다. 제임스 카메룬(James Cameron) 감독이 13년 전 가상 세계를 배경으로 만든 영화 〈아바타〉가 메타버스의 세계를 예언했다.

아내와 별거 중인 남자가 여성 AI와 사랑에 빠지는 2009년 개봉 영화 〈허〉(Her)도 다시 주목받고 있다. 메타버스가 일상이 된다면, 머지않아 메타버스를 위한 민사·형사, 화폐·금융, 종교 등을 위해 사회제도를 다 뜯어고쳐야 할지도 모른다.

접속의 시대에 들어선 사람들은 '포노 사피엔스'(Phono-sapiens)가 되어가고 있다. 전문가들이 독식했던 지식은 외울 필요가 없는 대신, 풍부한 정보를 잘 활용하면 모두가 다 박식해질 수 있다. 이제 스마트폰을 신체의 일부처럼 활용하는 '포노 사피엔스'가 문명을 만드는 시대에 어떻게 대처하느냐가 미래의 운명을 가른다.[3]

홍선대원군처럼 쇄국으로 일관하여 디지털 문명에 뒤처져도 안 되고 디지털 격차, 관계 단절, 가족 해체 등 새로운 디지털 문명이 가져오는 부작용을 간과하면 더 큰 문제다.

접촉에서 시작하여 접속에까지 왔다. 예전의 허름한 동네에서는 접촉과 전달, 접속이 모두 이루어졌다. 빨래터에서, 우물가에서 이웃과 이야기하고 아무개의 안부를 묻는다. 때로는 각종 소문이 뭉게뭉게 퍼져 간다. 서울 한복판에도 마을마다 대청마루 하나씩은 있어서 아줌마들이 모이고 그늘에서 아기는 잠자고 학생들은 하굣길에 들러 숙제한다.

예전에는 마을마다 공동체 정신, 거창하게 말해 밈(Meam)이 있어서 소통이 자연스러웠다. 만나서 이야기하고, 그걸로 부족하면 이장 집에 부탁해서 안내방송을 했다. 김 씨네, 박 씨네 집안사를 알고 서로 간섭한다. 이것이 멀티채널 쌍방향 소통이 아니겠는가.

공동체 안에서 다양하게 이루어지는 소통을 'FFMC'(Face to Face Multi Chatting)라 부르기로 한다. 디지털의 힘으로 소통이 광폭으로 발달한 지금은 옆에 사는 사람이 누구인지도 모른다. 한 빌라에 사는 사람에게 인사를 해도 별 반응이 없다. 그 사람이 혹시 SNS에서 나하고 수없이 만난 사람일 수도 있다. 어쨌든 같이 사는 공간에서 무시당하는 것 같아 기분이 나쁘다.

인간의 언어는 원래 하나였다. 인간이 너무 교만해져 언어가 달라지고 각자 흩어졌다. 메소포타미아의 수메르 문명 시대에 사람들은 소통이 너무 잘되어 하늘까지 높아지려는 바벨탑을 일사불란하게 쌓았다. 계속 높아지고자 하는 교만과 욕심으로 인해 하늘이 사람과 언어를 흩어 놓았다.

---

3   최재봉, 『포노 사피엔스』 (샘앤파커스, 2019), 서문.

그 후 5,000년 가까이 흘렀다. 이제는 좋은 의도로 모여야 한다. 더 높아지고 싶은 탐욕으로 인해 흩어졌던 우리는 이제 다시 모여 소통해야 한다.

미래의 새로운 가치를 위해, 생명을 살리기 위해 소통해야 한다. 서로를 알고 이해하며 품기 위한 쌍방향 전파가 통해야 한다. 세대 갈등과 신분 차이로 인한 상처를 꿰매고 출신과 지역을 아우르기 위해 대화해야 한다. 이러한 소통은 접촉과 전달이 누적되어 발전하는 접속의 나선형으로 뻗어 나아가야 한다. 이러한 소통의 틀에 좋은 알맹이를 담기 위해서는 나 자신과의 진지한 소통이 먼저 이루어져야 한다.

우리는 자신으로부터 들려오는 소리를 '들으려고'만 한다. 나의 욕구와 나의 바람이 무엇인지 내 귀에 들리면 곧바로 이야기하려 한다. 남과 이야기하기 전에 먼저 나 자신과 양방향 소통을 해야 한다. 내가 하는 말을 듣기만 하지 말고 '이야기해 줘야' 한다. 타인에 대한 나의 말이 자신의 이익만을 위한 것인지, 상대방을 위하고 공동체에 도움이 되는지 …. 먼저는 육체와 머리의 영역을 넘어, 내 양심이 무얼 말하고 있는지 숨죽이고 대화해야 한다.

그 양심은 사람이 탄생할 때 부여된 마음이다. 그 마음은 신실한 사람들에게서 민감하게 드러난다. 신실한 사람은 대화에 앞서 그리스도의 마음과 접속하여 진정한 나를 발견하고 그분이 원하시는 인격으로 변해야 한다. 그러고 나면 사회에, 이웃에게, 가족에게 도움이 되는 화자(話者)가 된다.

이제 포노 사피엔스의 가지 무성한 디지털 채널에 '생명력 있는 컨텐츠'를 보낼 수 있다. 생명력 있는 컨텐츠는 가상의 세계로 융성할 문명에 기생할지 모르는 디지털 범죄와 부정을 향한 메가폰이다.

그림 47 〈소리의 추억〉, 2022, 수채화, 34×24.7cm

못다 한 이야기

　이 순간까지 느드러운 삶에 관한 생각이 달아날까 봐 그림의 느낌이 사그라질까 봐 단숨에 달려왔다. 소재가 연결되고 생동감이 식지 않게 노트북 전원을 끄지 않았다. 사진 찍고, 그림 그리고, 성경 읽고 인문학 서적을 보며 가졌던 묵상, 공직생활을 하며 익힌 경험과 생각, 글의 재료가 모여 있던 머릿속 구조가 흐트러지기 전에 집중해서 자판을 누르고 그림을 편집했다.
　글이 자꾸 옆으로 새려 할 때는 '온유하고 겸손한 것이 강함을 이긴다'며 '여유와 부드러움이 조급함을 달래는' 정신을 자꾸 되뇌었다.
　47가지 주제를 다 담을 것으로 여겼으나 찬찬히 보니 무언가 빠진 것 같은 아쉬움이 남는다. '느드럽게', '모두 가치', '목자처럼', '생명', '관계'의 다섯 가지 큰 주제로 묶어 세부 주제와 그림을 균형 있게 안배하려 노력했지만, 생각의 조각이 흩어지고 분산되는 듯한 아쉬움이 남는다. 삶의 문제를 통전적으로 볼 필요가 있는데 일부 주제에 치우치거나 소홀히 다룬 것이 있음을 인정한다.
　남은 지면을 통해, 우리 인생을 시간순으로 다루어 보기로 한다. 우리는 태어나는 순간부터 '물질과 시간'에 구속받는 존재가 된다. 보고 듣고 만지고 생각하고 움직이는 모든 것이 시간과 공간에서 이루어진다. '시간'

은 동그란 시계의 바늘과 함께 흐른다.

일 년은 365일(8,760시간), 하루는 24시간(1,440분 또는 86,400초), 1시간은 60분, 1분은 60초, 1초도 0.1초, 0.01초, 0.001초, 0.0001초, 0.00001초로 나누어진다. 동그란 벽시계는 아날로그 방식이기 때문에 째깍째깍 소리 없이 돌아간다. 0.00001초에서 시간을 더 쪼개도 또 쪼갤 수 있다. 점과 같이 시간도 끝없이 쪼개진다. 그렇기 때문에 우리 모두가 영원 속에 살고 있는 거다. 하루살이도, 일년생의 벌레도 무한의 시간 속에 살아간다.

우리가 밟고 있는 땅을 보자. 면(面)을 밟고 있는 것 같으나 사실은 수많은 선과 선을 이루는 점을 밟고 있다. 그 점들이 무한대로 펼쳐 있고 무한대로 쪼개진다. 발바닥과 땅 사이에는 미세한 벌레가 기어가고 수많은 세포가 숨을 쉰다. 공간을 채우는 물질은 분자 → 원자 → 원자핵과 전자 → 양성자와 중성자 → 쿼크 → …. 물리학이 발전하면 쿼크도 더 쪼개질 것이다.

이제 하늘을 보자. 우리 눈으로 볼 수 있는 우주는 1,700개 이상의 은하(Galaxy)로 구성되는 것으로 추정되고, 각 은하에는 최대 100조 개의 별이 있다. 은하 간의 거리는 수십억 광년이 떨어진 것도 있어 맨눈으로 보기 어렵다.[1] 우리가 속한 '우리 은하' 속에 미약한 '태양계'가 포함된다. 태양을 도는 별 지구는 태양의 100분의 1의 크기다. 우리의 공간은 끝없이 작고 상상할 수 없이 크다.

'시간과 속도' '크기와 거리' '방향'은 인간이 편의상 만들어 낸 개념이다. 영국의 그리니치 천문대가 시간의 기준점이 된 것은 영국이 그 기준을 선점했기 때문이다. 동서남북은 방향의 기준을 잡기 위해 인위적으로 만들어 낸 개념이다.

---

[1] "넓은 우주의 빛나는 별들, 은하계에 별이 몇 개 있을까?", 과학기술정보통신부 정책블로그, 2020.5.19.

시간과 물질의 영향을 받는 사람은 생겨나는 세포보다 죽는 세포가 많아질 때 노쇠하고 세포분열이 멈추면 생명도 멈춘다. 생명이 끊어진다는 것은 시간과 공간의 제약을 받는 육체에서 벗어난다는 뜻이다. 이러한 제약을 벗어나면 인간은 비로소 시간 없는 세상, 물질 없는 세상, 우리의 지각으로는 이해 못할 세계에 존재하게 된다.

서양의 관점에서는 인생과 역사를 선(線)으로 보고 동양철학에서는 원(圓)의 개념으로 본다. 서양에서는 인간이 살다 죽어 마지막 때에 결산해야 한다고 하고 시간은 시작과 끝이 있다고 믿는다. 동양에서는 인간의 시간은 끝없이 도는 수레바퀴라고 여긴다.

인도에서 시작하여 아시아 종교에 영향을 미친 경전 『베다』의 결론 부분 '우파니샤드'(가까이 앉다)를 보면 사람의 구성체 중 변하지 않는 영(靈) 아트만은 계속해서 윤회하는데 윤회가 멈추는 것을 해탈이라고 한다.[2]

이번 장 '못다 한 이야기'에서는 인생을 06시에서 18시로 정하여 앞서 나눈 내용을 시간순으로 다루고, 인생의 시간을 봄, 여름, 가을, 겨울에 빗대어 설명한다. 이것과 더불어 그리스도의 십자가 형벌을 시간대별로 묘사한다.

인생 06시 - / 春 / 빌라도 앞에 서다

06시, 안락한 엄마 자궁에서 편히 자던 아기는 탯줄을 끊고 세상에 나와 시간과 공간을 지각한다. 출산이 낳은 고통의 자양분을 먹은 아이는 슈퍼 면역체계를 형성하며 앞날을 대비한다. 아기는 오래 바둥거리다 한참 지나서야 겨우 걷는다.

초등생이 되면 엄마 손을 놓지만, 곁에 부모가 있어 겁이 없다. 호기심이 커 가고 정서가 발달할 때쯤 조기교육을 받는다. 예전처럼 풀과 나무,

---

[2] 채사장, 『지적 대화를 위한 넓고 얕은 지식2』 (웨일북, 2015), 308-310.

벌레와 새, 물고기가 이제 아이의 상상력을 간질이지 못한다.

　초등생이 되고 얼마 있다 사춘기가 되어서는 성장통을 겪는다. 낳아 준 부모를 방해꾼으로 여길 때도 있다.

　수많은 학생이 입시교육에 매달려 천부적 재능을 발견하지 못한 채 다양한 경험 없이 전공을 택한다. 사회가 요구하는 학업에 지쳐 정신적 고통이 따른다. 이제 정해진 틀에 진입하기 전 성적에 따른 서열에서 자유로워지고 심장 소리에 귀를 기울여야 함이 옳다. 꿈을 좇는 젊은이는 마음이 바라는 대로, 손이 움직이는 대로 경험하고 가슴 뛰는 순간 재능에 돛을 달아야 한다.

　06시부터는 봄의 계절이다. 완연한 봄날 대학을 졸업하고 남자는 군을 제대하면 연인을 만나 사랑을 하게 되고 봄바람에 들판이 파릇파릇 싹으로 물들지만, 줄기에 잎이 자라도 아직 자기 힘으로 할 수 있는 게 별로 없다. 벌과 나비가 꽃가루를 날라 주어야 하고 강렬한 태양 빛과 이른 비가 필요하다. 하지만 자원을 더 얻고자 하는 인간의 욕심이 생태계를 파괴하여 자연이 인간을 도울 힘이 점점 떨어진다.

　✝ 아기가 세상에 태어나는 순간 나사렛 출신 그리스도는 아기의 인생을 걸고 로마의 빌라도 총독 앞에 서신다. 아이처럼, 어린양처럼 순결한 그분에게 총독은 죄가 없다고 선언했지만, 대중은 죽이라고 선동한다. 아이가 시험점수로 자격을 통보받듯이 예수님은 피의자 대신 재판정에서 사형선고를 받으시고 채찍질에 살이 찢긴 채 골고다 언덕을 오르신다.

09시 - / 夏 / 십자가에 못 박히다

　인생 09시는 본격적으로 활동하는 시기다. 혈기 왕성하고 자신감으로 충만하지만, 욕심으로 피곤하고 비교의식으로 좌절하기도 한다. 명심할 것은 중심이 흔들리지 않고 더 늦기 전 확실한 미래를 설계할 때라는 점이다.

논어에서 나이 30을 이립(而立)이라고 했듯이 모든 기초와 자기 뜻을 세우는 때다. 뜻을 세울 때는 갈림길에서 후회하지 않을 길을 택해야 한다. 넓은 길, 기득권에 안주하는 길보다는 불변의 가치가 있는 길을 택해야 한다. 함께 길을 걸어갈 반려자가 생기면 둘이 네발자전거를 타듯이 무게 중심을 함께 하고 시선을 맞추어야 한다.

나이 40은 '사물의 이치를 터득하고 세상일에 흔들리지 않을 불혹(不惑)'이다. 세상일에 흔들린다는 것은 스트레스가 많고 유혹도 따른다는 뜻이다. 불안을 이겨 내기 위해 술 담배, 쇼핑, 음식을 탐하거나 음란물과 약물에 잘 중독된다. 긴장과 스트레스를 이기는 방법은 칼빈(Calvin)의 소명의식으로 일을 기뻐하고 마음은 불변의 가치로 채우는 것이다. 채워서 비우는 평안이 유혹을 따돌릴 수 있다.

09시부터는 여름이 시작된다. 햇살이 강하고 뜨거워 땀이 줄줄 흐르고 말라 소금기를 남긴다. 그림자는 더 짙게 드리운다. 먹구름이 몰려와 바람이 불고 강한 빗줄기가 두드린다. 때로는 폭풍이 몰려와 외투를 벗기려 한다. 끝까지 견디면 구름이 걷히고 햇살에 의해 스스로 외투를 벗는 여유의 삶을 살 수 있다. 겉껍데기를 보고 판단하는 '타인지향형'의 삶에서 벗어날 수도 있다. 이제 자녀가 크고 부모는 노쇠해 책임이 막중해지는 인생 12시로 향한다.

✝ 09시에 그리스도가 십자가에 못 박히신다. 모세의 율법에 따르면 사람이 죄지을 때마다 양을 죽이고 태워야 하는데 모든 인류가 죄지을 때마다 속죄하려면 수천, 수만, 수억 마리의 양도 모자라다. 나사렛 출신 그리스도는 흠 없고 순전한 양이 되어 신의 분노를 온몸으로 감당하신다. 인생의 12시가 되기 전, 십자가의 혜택을 받은 자들은 윤동주의 시를 기억해야 한다. 십자가 밑에 나아가 붉은 꽃처럼 피어나는 핏방울을 어두워져 가는 하늘 밑에 흘리는 마음으로 구속의 기쁨과 한없는 용서를 배워야 한다.

12시 - / 秋 / 목이 마르다

12시는 두 개의 바늘이 겹치는 시점이다. 가장 높은 곳에 매달린 시곗바늘처럼 인생이 절정에 달하는 50쯤의 나이는 정오에 걸린다. 이제 하늘의 뜻을 알고 사물을 보면 그 이치를 깨우치는 50세 '지천명'(知天命)을 분기점으로 열매는 익어 간다.

인생의 시간이 12시가 되면 지나왔던 날들을 돌아보며 걸어온 길이 옳은지 자신에게 묻는다. 넓고 편한 길을 가다가도 '막다른 길'을 마주하지 않도록, 좁지만 끝없는 가치가 있는 길을 찾게도 된다.

나이 60이 되면 이순(耳順)이라 하여 이론상으로 듣는 대로 이해하고 경륜이 쌓여 남의 말을 사려 깊게 판단한다. 지식과 내공이 쌓여 말은 삼가고 남에게 맞장구쳐 준다. 상대가 속 시원히 말을 내뱉도록 가슴과 귀로 대화하는 사람은 이순(耳順)에 걸맞는 사람이다. 고난으로 굳은살이 박이도록 잘 훈련된 사람, 존재하는 것만으로 인해 질서를 평정하는 온유한 그 사람이다.

12시부터는 가을로 접어든다. 낮을 기다리는 익은 곡식을 추수해야 할 계절이다. 가을에는 뿌린 대로 거둔다. 길가 밭, 가시밭, 돌짝 밭에 떨어진 씨앗은 열매 맺지 못한다. 성실과 정직으로 경작한 좋은 밭에는 향기로운 열매가 풍성하다. 수고로이 흘린 눈물과 땀방울이 정직하다. 노력 없이 얻은 열매는 나누지 않기 때문에 금방 썩는다.

가을에는 감사해야 한다. 삶이 속일지라도 감사하는 일상의 감사가 50~60대의 어깨를 가볍게 한다. 그 감사는 마음의 부자를 키운다. 욕심을 비워 내 작은 것에 감사하여 모든 여건에서 행복할 수 있다. 이제 인생의 시간은 겨울, 15시로 향한다.

✝ 정오의 뜨거운 뙤약볕이 십자가 위로 쏟아져야 할 시간, 그림자가 없어져야 할 시간에 땅이 그림자로 덮인다. 태양을 달이 가려서 예루살렘에 어둠이 임한 것이 아니었다. 태양 빛이 온 땅에서 사라졌다.

예수님이 죽으셔야만 인류의 수고와 짐을 끝장낼 십자가형을 완성하기 위한 전주곡이 울려 퍼진 것이다. "나의 하나님, 나의 하나님, 어찌하여 나를 버리시나이까"라고 외치실 때 신의 아들이 신과 철저히 분리됨으로써 신과 인간을 잇는 다리가 놓이기 시작한다.

15시~18시 / 冬 / 돌아가시다

인생의 시곗바늘이 15시를 가리킨다. 100살을 넘게 산 김형석 교수의 '인생 황금기' 중의 황금기에 다다랐다. 예전에 61세에 잔치를 치르다가 칠순 잔치로 넘어가고 이제는 팔순이 되어야 가족 모임을 한다.

일과 중 15시가 넘으면 일을 벌이는 것보다 정리하는 것이 더 많아진다. 인생의 시간도 15시가 넘으면 아들딸 키워 시집보내고 비로소 여유를 찾고 땀을 식힌다. 솔로몬이 말했듯 '노인의 면류관'이 되는 손주를 보고 생명의 기운을 찾는다. 삼청동 담벼락의 'We are Young 노인 벽화'처럼 허리 꼿꼿이 펴고 걸으면 젊은 주자에게 지혜를 건네주게 된다. 온고지신(溫故知新)의 바통을 넘겨줄 수 있게 된다.

15시부터는 겨울이 시작된다. 인생의 겨울이 차갑고 메마른 것만은 아니다. 겨울 추위는 대나무 마디마다, 떡갈나무의 나이테마다 인고의 성장을 낳는다. 성냥팔이 소녀의 겨울 스토리는 따스하기 때문에 오래 전해진다. 영하 50도의 추위를 일부러 찾아가는 황제펭귄은 천적 없는 곳에서 허들링(Huddling)[3]으로 생명을 낳고 키운다.

겨울은 춥기 때문에 따스하다. 모여서 체온을 느낄 수 있기 때문에 행복을 전할 수 있다. 가진 것을 베풀어 다 비우면 하늘에 마일리지가 쌓인다. 겨울이 깊어지면 하늘이 가까워지기 때문에 점점 더 행복해진다. 이

---

3 황제펭귄이 영하 50도에서 몰아치는 폭풍(Blizzard)을 견뎌 내기 위해 운동선수가 동그랗게 어깨동무하듯이 원으로 밀집하여 안쪽 온도를 10도 정도 높이고 밖의 펭귄과 안쪽의 펭귄이 지속적으로 교대하는 동작.

제 인체의 시계는 물질과 시간에서 벗어나는 시각으로 향한다.

✝ 그리스도는 15시에 마지막 숨을 거두신다.

"내가 목마르다" 하셨지만, 쓸개 탄 포도즙을 들이키지 않고 진통제를 거부하셨다. 고통을 완벽하게 감내하시기 위함이다. "다 이루었다"라고 선포하셨을 때 십자가에서 찢기는 고통과 희생 제물의 역할은 끝이 났다. 생명이 멈추는 순간 솔로몬 성전의 휘장이 위에서 아래까지 찢어졌다.

이제 신과 사람 사이를 가로막았던 커튼이 벗겨지고, 누구든지 그리스도의 표식이 있으면 제사장을 통하지 않고, 신에게 나아갈 수 있게 됐다. 겨울에 태어난 신의 아들이 그 아버지에게 가는 길에 빛을 밝혀 주었다.

이제는 우리가 헤어져야 할 시간이다. 18시가 되면 저녁은 빨간 노을로 물들고 사람들은 차에 몸을 싣고 집으로 향한다. 이제 곧 "철수야, 영희야" 소리가 들리면 거리는 고요해질 것이다. 인생을 살다가 부름을 받으면 땀 흘려 모아 놨던 부동산과 차지했던 땅, 은행 잔고와 주식 자산 다 놓고 가야 한다. 놓고 가기 싫어 시간을 붙들려고 해도 인위적으로 붙잡아둘 수 없다.

지금의 순간은 0.0001초, 0.001초, 0.01초, 0.1초로 흘러가기 때문에 순간을 특정할 수 없다. 순간은 미래였다가 어느새 과거가 된다. 현재 최선을 다한다는 말은 아날로그 시곗바늘을 따라 모든 순간 최선을 다한다는 뜻이다. 자신이 누구인지, 무얼 위해 사는지, 어디로 가는지 깨우친 사람은 늘 최선을 다한다. 이 땅에 태어난 의미를 발견하고 영원한 가치를 알고, 이웃의 소중함을 알기 때문이다. 그런 삶이 다하면 18시가 되어 영원히 아름다운 곳 에덴을 향해 간다.

에덴을 볼 수 없는 사람은 순간의 만족과 '영원한 보상이 따르는 수고'를 바꿔치기하는 사람이다. 영리해 보여도 우둔하고 우주의 시간으로 볼 때 하루살이보다 나을 게 없는 사람이다. 성공만을 목표로 사는 사람은 인생 18시를 대비하기에는 너무 분주한 삶에 지친다.

　성공으로 향해 갈수록 목적지가 막연하고 불안해 휴식하지 못한다. 경쟁에 빠진 사람은 '혼자 누리는 성공'보다 '모두 함께하는 승리'로 눈을 돌려야 한다. 십자가의 승리를 알게 된 사람은 남 눈치 볼 이유를 모른다. 남의 성공에 배 아픈 기억도 사라진다. 더 이상 땅에 쌓아 놓지 않고 이웃에게 베풀어 하늘을 풍요롭게 한다.

　인생 18시 이후, 몸뚱이로는 가늠할 수 없는 진짜 행복을 누리기 위해서는, 영원히 그 행복에 겨운 존재가 되기 위해서는 조건 없이 내어주는 은혜의 손길을 그냥 받아들이면 된다. 신이 인간을 너무나 사랑해서 초여름마다 보내 주시는 억만 송이의 장미 중 내게 주는 꽃 한 송이를 받아들고 그냥 감격하면 된다. 내가 꺾는 꽃이 아닌 십자가 곁에 피어난 꽃을 그분이 주시면 그 향기에 취하고 그 곁에 머물기만 하면 된다.

그림 48 〈18시00분〉, 2021, 수채화, 38×28cm

다섯. 관계 / 못다 한 이야기   295

그림 49 〈광채〉, 2022, 유화, 60.5×45.4cm

그림 50 〈마음의 고향〉, 2023, 나이프유화, 45.4×34cm